"一带一路"系列丛书

"一带一路" 国别概览

马来西亚

李向阳　总主编

葛红亮　编著　　王春贵　审定

大连海事大学出版社

图书在版编目(CIP)数据

马来西亚 / 葛红亮编著. — 大连：大连海事大学
出版社，2019.9

("一带一路"国别概览 / 李向阳总主编)
国家出版基金项目
ISBN 978-7-5632-3857-6

Ⅰ.①马… Ⅱ.①葛… Ⅲ.①马来西亚-概况 Ⅳ.
①K933.8

中国版本图书馆CIP数据核字(2019)第207151号

大连海事大学出版社出版

地址：大连市凌海路1号　邮编：116026　电话：0411-84728394　传真：0411-84727996

http://www.dmupress.com　E-mail:cbs@dmupress.com

大连海大印刷有限公司印装　　　　　　　　　　大连海事大学出版社发行

2019年9月第1版　　　　　　　　　　　　　2019年9月第1次印刷
幅面尺寸：155 mm × 235 mm　　　　　　　　印数：1～3000册
印张：13.5　　　　　　　　　　　　　　　　字数：205千

出 版 人：余锡荣　　　　　　　　　　　　　项目策划：徐华东
责任编辑：张宏声　　　　　　　　　　　　　责任校对：杨　洋
　　　　　　　　装帧设计：孟　冀　解瑶瑶　张爱妮

ISBN 978-7-5632-3857-6　　　　　　　　　　定价：68.00元

"一带一路"国别概览

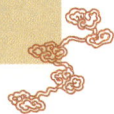

丛书编委会

总序

　　2013年秋，国家主席习近平在哈萨克斯坦和印度尼西亚出访期间，先后提出共建"丝绸之路经济带"和"21世纪海上丝绸之路"的倡议，倡导共商、共建、共享理念，得到国际社会广泛关注和积极响应。"一带一路"倡议旨在积极发展与沿线国家的经济合作伙伴关系，共同打造政治互信、经济融合、文化包容的利益共同体、命运共同体和责任共同体。

　　"一带一路"倡议源自中国，更属于世界，它面向全球、陆海兼具、目的明确、路径清晰、参与方众、反响热烈。五年间，"一带一路"倡议从理念转化为行动，从愿景转变为现实，在顶层设计、政策沟通、设施联通、贸易畅通、资金融通、民心相通等方面都取得了显著的成果，为实现世界共同发展繁荣注入推动力量、增添不竭动力。目前，我国已与100多个国家和国际组织签署了共建"一带一路"合作文件。共建"一带一路"倡议及其核心理念被纳入联合国、二十国集团、亚太经合组织、上合组织等重要国际组织成果文件。

　　"一带一路"沿线国家地理地貌、风俗人情、经济发展、投资环境各不相同，极有必要对其进行系统的介绍和分析。此外，目前针对"一带一路"沿线国家的研究仍不够深入，缺少系统、整体的研究资料。大连海事大学出版社组织策划的"'一带一路'国别概览"丛书（首批65卷）适逢"一带一路"倡议提出五年后下一个阶段深入推进的需要之时，也填补了国内系统地介绍"一带一路"沿线国家国情的学术专著的空白，获得了国家出版基金项目资助，并入选教育部全国高校出版社主题出版选题。

　　"'一带一路'国别概览"丛书（首批65卷）联合中国社会科学院、北京大学、山东大学、宁夏大学、广西民族大学、上海对外经贸大学、黑龙江大学等多家高校及研究机构编写，并组织驻"一带一路"沿线65个国家的前大使对相关书稿进行审定。本套丛书不仅涵盖了各国地理、简史、政治、军事、文化、社会、外交、经济等方面的内容，突出了各国与丝绸之路或海上丝绸之路的历史渊源，力争为读者提供全景式的国情介绍，还从"一带一路"政策出发，引用实际案例详细阐述了中国与各国贸易情况及各国的投资环境，旨在为"一带一路"的推进提供强大的智力支持，加快科技成果转化，促进合作人才培养，帮助我国"走出去"的企业有效地防控风险，从而全方位地助推"一带一路"建设。

"'一带一路'国别概览"丛书（首批65卷）的顺利出版得益于大连海事大学出版社的精心策划和组织，也凝聚着百余位相关领域专家学者的心血，在此深表感谢。

国家主席习近平曾深情地说："'一带一路'建设承载着我们对美好生活的向往，将把每个国家、每个百姓的梦想凝结为共同愿望，让理想变为现实，让人民幸福安康。"我们也希望本套丛书可以为"一带一路"建设架起一座沟通的桥梁，推动"一带一路"倡议在沿线国家向更深远和平稳的方向发展。

"'一带一路'国别概览"丛书编委会

2018年6月

前言

　　马来西亚，全称马来西亚联邦，在地理位置上处于东南亚的中心地带，是海上东南亚与陆上东南亚的连接点。与此同时，马来西亚还是东南亚多元民族、多元文化与多元宗教"万花筒"的缩影。在经历数百年的殖民统治后，马来西亚在二战结束后成为英联邦内的一个独立主权国家，并在20世纪70年代成为东南亚地区首个对华建立正式外交关系的国家。马来西亚是中国在面向东南亚发展友好合作关系进程中一个非常重要的战略合作伙伴；同时也因其处在"一带一路"枢纽地带、良好的经济基础与多元文化等众多优势，马来西亚在共建"一带一路"进程中有着独特的地位，扮演着重要角色。

　　马来西亚是东南亚地区一个典型的海上国家，全境被海洋分割为东、西两部分，分别是位于马来半岛的西马和位于加里曼丹岛北部的东马。马来西亚属于典型的热带雨林气候，国土面积有将近四分之三的热带雨林覆盖率，森林资源丰富。此外，马来西亚还拥有丰富的油气资源、锡矿资源和橡胶等农产品资源。由于地处枢纽地带及物产丰富，马来西亚在古代就吸引了来自中国、印度等周边国家的海外移民，并发展成为地区闻名遐迩的海上贸易中转站。由于早期深受儒家文化、印度教文化、伊斯兰文化以及西方文化的影响，马来西亚文化多元化、多样性特别明显；而多元族群的存在（马来人、华人与印度人为主）使这种文化多样性不仅得以保存，而且还不断地得到传承。在马来西亚这一多元文化、多元民族国度，君主立宪制下经过选举的苏丹是国家最高元首，而总理为政府首脑；同时，根据1955年的"社会契约"，华人和印度人尊重马来人的"特权地位"。如今，马来人的特权虽然依旧存在，但"马来西亚人的马来西亚"日渐成为马来西亚政府寻求建立一个民族间相互尊重、相互理解与相互宽容的多元文化共存社会的目标。

马来西亚的政治发展、经济腾飞与对外交往均颇为引人关注。政治上，一般政治学家会将马来西亚视为政治发展较为成功的国家。经济上，马来西亚的经济发展起飞于20世纪70—80年代。彼时，马来西亚抓住了世界经济全球化发展的契机，利用西方发达国家的产业转移，发展出口导向型经济，稳步推进国家工业化的发展。以此，马来西亚成为亚洲"四小虎"之一。如今，马来西亚失去了以往较高的经济增长率，正处于"中等收入陷阱"阶段，而马来西亚政府正在致力于推动国家经济结构和体制性结构的调整与改革，希望以此实现"2020年宏愿"。对外交往中，马来西亚的外交政策主要是为了捍卫和发展其在国防、经济和其他领域的各种利益。进入21世纪以来，马来西亚的对外政策总体上更具全面性、动态性和务实性。

中马关系历经久远，最早可以追溯到公元前2世纪，而在3世纪，马来半岛的古代王国已经与中国建立了早期的朝贡关系。古代中马关系的发展顶峰是在马六甲王国封建时代，而这在很大程度上也奠定了中马随后关系发展的基础。当代中马关系正式建立于1974年，迄今已有40多年。在两国领导人和政府的共同努力下，中马两国关系虽有曲折，但总体顺利；如今，中马关系已提升为全面战略伙伴关系。中马关系的发展是全面而比较成熟的、机制化的，覆盖政治、经济、安全与人文等多个领域、多个层次。无疑，这些均为马来西亚积极参与共建"一带一路"奠定了非常重要的基础。在马来西亚第十四届大选后，以马哈蒂尔为首的新政府依然表达了对参与共建"一带一路"与发展中马友好合作关系的积极意愿。鉴于此，马来西亚参与共建"一带一路"尽管面临一些挑战与问题，但其前景总体可期，也是乐观的。

本书的编写并非编者一己之功，得到了广西民族大学教育部区域与国别研究基地东盟研究中心与大连海事大学出版社的大力支持；同时，也得到了好朋友龚晓辉老师与广西民族大学东盟学院研究生付琪琦、刘长新、曾政的协助。对此，编者一并表示感谢。

由于编者能力有限、精力有限，书中难免有不到之处，恳请专家同行及读者朋友们不吝指正、批评。

编　者
2018年6月

目录

第一章 地理

第一节　地理位置

马来西亚位于东南亚地区的中心位置，是亚洲大陆和东南亚群岛的有机衔接部分，也是东亚国家经由南海，西向连通南亚、中东、非洲、欧洲及南向连通大洋洲的枢纽，因此，我们可以说，马来西亚南北向连着亚洲和大洋洲，东西向则连通着太平洋和印度洋，是两大洲、两大洋相交的十字中心。特别是其西临著名的马六甲海峡，由于地理位置的重要性十分凸显，因此战略价值极高。

马来西亚全境国土总面积32.98万平方千米，被南海分隔成东、西两部分，分别是位于加里曼丹岛北部包含沙捞越和沙巴在内的东马来西亚（简称"东马"）和位于马来半岛南部的半岛马来西亚或西马来西亚（简称"西马"），两地间距最远约1 500千米，最近约530千米。其中，西马位于马来半岛南部，北与泰国接壤，南与新加坡隔柔佛海峡相望，东临南海，西濒马六甲海峡与印度尼西亚苏门答腊岛，由11个州和2个联邦直辖区组成，面积约13.06万平方千米；东马由沙捞越、沙巴2个州和1个联邦直辖区组成，面积约19.92万平方千米，与印度尼西亚、菲律宾、文莱相邻，西部和北部濒临南海，沙巴州的东北部与苏禄海相邻，东南部与苏拉威西海相接。

马来西亚作为一个海洋国家，海洋与陆地的面积比例为2∶1，海域面积约63.78万平方千米，其中内水和领海面积为16.1万平方千米。马来西亚全国陆地边界线总长为2 669多千米，海岸线总长却多达

4 492千米，其中西马海岸线长1 737千米，东马海岸线长2 755千米。

第二节　气候

马来西亚处于赤道地带，属典型的热带雨林气候。马来西亚全年高温多雨，无四季之分，温差极小，夜间平均气温为23～28 ℃，白天平均气温则为31～33 ℃，日温差大约7 ℃，年温差也只在1 ℃左右；相对湿度大，平均湿度为80%。而在高原地区，夜间平均气温则可低至16～18 ℃，形成了不少凉爽宜人的避暑之地，其中位于吉保山脉中段、距离首都吉隆坡东北方约50千米处的云顶高原，就是著名的旅游避暑胜地，其平均海拔在2 000米以上。

马来西亚全国年平均降雨量为2 000～3 000毫米。总体来看，马来西亚全年雨水充沛，年平均降雨量，西马为2 000～3 000毫米，东马在3 000毫米以上。雨量的多少主要受季风的影响，每年10月至翌年3月，受来自亚洲大陆东部的寒冷东北季风的影响，形成雨季，降雨量大，其中10—12月降雨量最大；每年5—9月，由于受从印度洋及爪哇海吹来的暖湿的西南季风的影响，降雨较少，有时会一个星期不下一次雨，气温较高，而其中6、7月是降雨最少的月份。在每年10月至次年2、3月的季节里，马来西亚的雨季颇有特色，几乎每天下午都会有一场暴雨，来势快，下得猛，结束也干脆利索，极少有连绵细雨，而且往往伴随着惊天动地的雷声。

受气候条件影响，马来西亚自然条件总体优越，植物茂盛，物种繁多，森林覆盖率在75%以上。

第三节　地势地貌

马来西亚虽然被海洋分隔为东马和西马，但实际而言，在地质上同属巽他大陆架中部，原本属于同一块古代大陆，长期出露，更新世以后才被上升的南海隔开。因此，我们可以看到，巽他弧贯穿全境，构成地形骨架，并支配两地山脉走向。这同时也造就了马来西亚地盘稳定，少地震和火山灾害的有利地理环境。

马来西亚地面长期遭受侵蚀，起伏不大，仅局部地区因岩性与构造的关系，呈现陡峻崎岖的地貌，因而马来西亚全境的地貌主要为平原、丘陵和山地。除少数山脉外，通常海拔不超过2 000米，海拔在500米以下的山地约占全国国土面积的1/5。不同于中国的地势自西向东呈下降态势，马来西亚的整体地势是从中部向沿海逐渐降低，中部是茂密热带雨林覆盖的高原和山脉，大部分的沿海地区都是平原，也有大面积的沼泽地。受此影响，马来西亚永久性可耕地占比不高，仅占3%，而农业用地的占比也仅仅为12%；相比之下，森林和林区的占比却高达68%。

由于南海的分隔，马来西亚全境中的西马和东马在地形地貌方面还呈现出一定的差异与部分的相似性。

西马地形北高南低，山脉由北向南纵贯，将马来半岛分成东海岸和西海岸两部分，沿海为广阔的冲积平原，土地肥沃；而中部为山地，由西向东排列分别为滨登山脉、中央山脉、本农山脉、大汉山脉、东部山脉，其中大汉山是西马的最高峰，海拔2 185米。位于彭亨州的彭亨河为马来西亚第二大河流，全长434千米，流域面积29 137平方千米，主干河流发源地正是大汉山，最终注入南海。

西马地形北高南低，巽他弧的西段作西北—东南走向纵贯马来半岛，排成8条并行山脉，山脉外侧是低丘，沿海为宽窄不等的平原。西马最大的山脉是吉保山脉，亦称主干山脉或中央山脉，由花岗岩等构成，它拥有西马7座海拔2 000米以上的高峰中的5座，也是经济开发程度不同的半岛东、西两部的分界。吉保山脉的长冈岩带是世界上最大的锡矿带，迤逦南北，纵贯全境。山脉西坡的山足丘陵是西马的矿山、种植园、铁路、公路和城镇的集中地带，为全国经济荟萃地区。西马东半部北段是一片宽阔高地，高地外侧的海岸平原既不宽广也不连续，为一片洁白的沙滩，长着木麻黄天然防风林，海风吹来，发出松涛般的呼啸。平原宽度不超过8千米，许多长条低丘突出海滨形成岬角或沙咀，有屏蔽河口的作用。东海岸北部的吉兰丹平原面积较大，宽约60千米，也是重要的农业区。半岛南部有星散丘陵和平原，是重要的垦殖区。西马西部沿海有土层深厚的冲积平原，地势低平，海拔50米以下，平均宽20~30千米，沼泽连绵，水雾迷蒙，土壤肥沃，地下水位高，是主要的农作物产区。全境河流以吉保山脉为分水岭，分别向东、西两侧注入太平洋和印度洋。西海岸的岛屿较大，如凌家卫岛（浮罗交怡岛）和槟榔屿，是山脉没入海中的残丘，有深水港，可以供船舶躲避风暴，补给淡水，历史上就是马六甲海峡北口的要津。

东马则以森林覆盖的丘陵和山地为主，西部沿海为冲积平原。东马全境河流密布，水力资源丰富，克罗克山脉纵贯南北。基纳巴卢山为东南亚最高峰，它的海拔为4 101米。位于沙捞越州中部的拉让河则是马来西亚第一大河流，全长592千米，流域面积3.9万平方千米。沙捞越由东南向西北倾斜，东南边境为山地，西部为平原，北部是冲积平原，内地多是森林覆盖的丘陵和山地。伊班山脉位于沙捞越东部，山峰海拔多在2 000米左右。沙捞越的山脉北侧为缓和的丘陵和条条并行的单面山，夹有三块火成岩高原。南海沿岸平原海拔不到25米，宽度最大不到200千米，面积1.8万平方千米，是沙捞越的粮食与经济林木的重要产区。沙巴由中部向东西侧递降，中、西部为山地，东部为平原。沙巴山脉主要有地垒形成的西部山系和构造复杂的中部高地，前者包括克罗克在内的四条山脉。山脉东坡地堑谷形成丹南、建宁欧、兰脑等8个山间盆地，为沙巴内地的主要耕作区。中部高地蕴藏多种金属矿，高地以东有一系列低丘、准平原、河谷低地、三角洲和岛屿，各级地面皆较平坦，适宜农牧。沙巴地区西部沿海也是重要的农业区，主要种植水稻。沿海岸线有大面积的沼泽地，分布着美洲红树。

第四节　水文

马来西亚全境水系较多，水资源丰富。不过比较起来，在水系构成方面，东马要比西马复杂得多。相比之下，东马河流非常多，河水深度够深，水流量也够大，因此主要的河流极具通航价值。主要河流包括：（1）拉让河，马来西亚第一大河，全长592千米，流域面积3.9万平方千米，支流多而长，特别是在下游，岔流如网，有4个较大的河口，海潮能倒灌60千米之远；（2）基纳巴唐岸河，全长560千米，流域面积1万多平方千米，河口宽960米，水深10米，可通航距离为320千米；（3）卢帕河，马来西亚最宽的河流，河口以上50千米一段，河面宽度达4～5千米，再向上溯20千米，还可以行驶吃水2米的轮船。

西马河流以吉保山脉为分水岭，由此向东注入南海，向西注入马六甲海峡。因此，西侧河流又称马六甲海峡水系，以霹雳河为最长，约350千米，流域面积1.5万平方千米。东南亚最大的丁明歌水坝和历史悠久的珍德罗水坝就修建在这条河的上游。而东侧河流则被称为南海水系，以彭亨河为最长。它是西马最大的河流，全长434千米，流域面积2.9万平方千米。

西马东邻南海的海岸有很多火成岩小岛，分别集中在南、北两方：北方岛屿附近海底有石油和天然气，南方岛屿是船只经南海去新加坡海峡途中的天然航标。东马的沙巴东临3 000～5 000米深的海盆，海岸线在马来西亚全境内最为曲折，沿岸多为低矮的丘陵和平原，山脉大多与海岸相交。因而，沙巴的海岸具有明显的锯齿形，也拥有多个天然优良海港。

马来西亚被南海分割成东、西两部分。南海是世界三大边缘海之一，内有深海盆，平均水深1 212米，最深处大致位于中部，达5 559米。不过，东马与西马之间的纳土纳群岛和阿南巴斯群岛等大部分岛屿却均属于印度尼西亚。

第五节　自然资源

❀ 一、植物资源

由于地处东南亚热带海洋气候带，马来西亚长年高温潮湿。大型树木的生长在马来西亚获得了极其有利的条件，马来西亚由此成为当今世界上森林覆盖率极高的国家之一。马来西亚拥有大片珍贵的热带雨林，被列为世界上12个最大生物多元化的国家之一。相关数据显示，截至2002年，马来西亚全国森林覆盖率为74%，其中天然树林1 954万公顷，约占国土总面积的60%；不仅如此，马来西亚还有

339万公顷土地被专门划为国家公园野生动物保护区。

马来西亚的森林覆盖率高，树木的种类繁多，与马来西亚海洋国家的身份和高山、丘陵和平原的地形地貌相呼应，相匹配。

据有关资料，马来西亚的沼泽林种类主要包括下述几种：一是分布在西马西海岸和东马沙巴州东海岸一带泥泞海滩的沿海沼泽林；二是分布在内陆的山脚一带的淡水沼泽林；三是分布在西马西海岸和东马北海岸，特别是沙捞越州拉让三角洲一带的泥炭沼泽林；四是分布在西马东海岸沙地和东马的沙滩林；五是分布地区遍布马来西亚的热带雨林和灌木林。当然，如今随着农业技术的进步，马来西亚不少淡水沼泽林已经被改造，用于种植水稻，进而服务于马来西亚农业的发展。

与此同时，马来西亚全境国土面积的四分之三都分布着热带雨林。这些热带雨林由常绿阔叶树构成。这些阔叶树的树种主要有龙脑香属、异萼翅属、婆罗树属、坡垒属和青梅属。而在西马，热带雨林则通常分为平地雨林和丘陵雨林，它们分别生长在平原地区和丘陵地带。"靠山吃山、靠水吃水、靠树吃木"，由于拥有丰富的森林资源，马来西亚自然而然地发展成为世界上最大的热带木材出口国之一，而森林和木材工业则成为马来西亚国民经济的重要组成部分，为国家带来了巨大的经济收入。当然，马来西亚还十分重视森林资源的可持续开发与发展。一方面，针对此前广泛存在、一度比较猖獗的非法伐木活动，马来西亚政府近年来采取了一系列积极措施，有效地打击了木材的非法采伐；另一方面，马来西亚政府还积极推广森林种植计划，大力扶持"森林种植发展私人有限公司"这个政府特别机构的发展，确保森林资源的开发与保护、可持续发展的有序进行，进而在推动木材加工原料增长的同时，也确保马来西亚森林覆盖率居高不下，使森林木材加工行业长期成为马来西亚国民经济的重要组成部分。

与森林资源的丰富多样一致，马来西亚也拥有多样性的热带花卉，而这则构成了马来西亚另一重要的植物资源。有关资料显示，马来西亚已知的开花植物有8 000多种，其中包括2 000种树、200种棕榈和800多种兰花。因而，除森林资源加工之外，马来西亚在花卉种植与出产方面也有不俗的成绩，进而使国民经济有更多的收入构成。马来西亚在这一方面主要以种植和出产热带兰花闻名于世，有品种繁多的各色兰花，既有人工栽培的兰花，也有大量生长在深山密林里的野生兰花。借助这些自然资源的巨大潜力，马来西亚如今已经发展起了规模庞大的兰花产业，每年生产大量的兰花瓶苗、兰花盆花和兰花切花，并在国际市场上有着不俗的表现。据统计资料，兰花的国际市场庞大，世界上有500万的兰花爱好者，他们对在自己家里或温室里种植兰花的投入在25亿美元左右，他们是主要的盆栽兰花消费者，其中以美国、欧洲与日本市场最甚。在美国，2002年盆栽兰花的市场就已经达到了1.06亿美元，而欧洲和日本同类产品的市场规模也是与美国相似的。而马来西亚则每年均会在国际市场上分一杯羹。相关数据显示，此前马来西亚每年的兰花出口额高达3 300万欧元。当然，除兰花外，马来西亚的花木资源还包括其他多种类型。例如，生长在原始森林中的莱佛士花，又名玉莲，是世界上最大的花，盛开时直径最大可达2米，被称为"花王"。此外，马来西亚还生长着龙舌兰、观音竹、长春花、常青藤、热带蕉等常见的观赏性花木。

不仅如此，由于地处热带地区，水热条件非常好，马来西亚还拥有丰富多样的热带水果。这些水果大多全年均可以在马来西亚品尝到，在马来西亚各地的分布较为广泛。以著名的被称为"万果之王"的榴梿为例，马来西亚生长的榴梿种类多样，包括"猫山王""霹雳皇""坤宝""葫芦"等众多品种。此外，马来西亚还盛产莲雾、芭乐、椰子、甘蔗、杧果、香蕉、菠萝、番木瓜、红毛丹等热带水果。作为一种国民经济资源，热带水果如今已经成为马来西亚对外出口的重要商品。据中国第一食品网的数据，马来西亚联邦农业销售局（FAMA）表示，马来西亚出口的新鲜水果，包括榴梿、菠萝和波罗蜜，2016年的出口额接近1.42亿美元，而2017年则增加到1.657亿美元以上。而仅从榴梿的出口额来看，根据马来西亚官方的数据，2017年其实现了翻番增长，从2016年的1 750万美元增长到2017年的3 550万美元以上[1]。为此，马来西亚政府希望马来西亚将来有更多的榴梿果园，以生产出优质的水果出口到更多的海外市场。其中，中国大陆、中国香港地区、澳大利亚、欧美等是马来西亚热带水果的重要销售市场。例如，2017年11月初，马来西亚政府就在中国南宁举办了

---

[1] "马来西亚新鲜水果出口有望达到1.65亿美元"，第一食品网，2017年10月13日，http://www.foods1.com/news/2714372。

为期3天的马来西业榴梿节。这是马来西亚政府依托中国—东盟博览会平台，首次在中国举办的以榴梿为主题的农产品推介活动，而推介会上不乏"猫山王"等马来西亚顶级的榴梿品种。显然，以榴梿为例，马来西亚的热带水果在区域合作中已经广泛获利。正如时任马来西亚农业与农基产业部部长阿末·沙贝利在此次南宁榴梿节开幕式上所言："我们共享和平与繁荣。现在，我很高兴我们有了相同的口味，那就是马来西亚榴梿的味道。"①

✿ 二、动物资源

极高的热带雨林覆盖率和丰富的森林资源为动物在马来西亚生存、繁衍提供了绝佳的环境与条件，这使得马来西亚成为野生动物资源十分丰富的国家，拥有异常繁多的动物种类。相关数据显示，在马来西亚，已知的哺乳动物就有286种，鸟类736种，两栖动物和爬行动物406种，昆虫10万余种。其中，就包括马来貘、马来长嘴鳄、苏门答腊猩猩以及世界最重的野牛等多种特色动物。为此，马来西亚在国家独立后不久便专门成立了国家动物园，以期更好地保护马来西亚种类繁多的动物资源。

马来西亚的哺乳动物主要有大象、野牛、犀牛、马来貘、鹿、马来虎、猿、猴、狸、马来熊、羚羊、野猪、黑豹、豺、穿山甲、大蝙蝠等。大象是生活在热带雨林里最大的哺乳动物，目前在马来西亚的数量约为800~2 000头。近年来，由于雨林面积的减少，大象与人类之间的冲突频现。生活在低地林的野牛是一种群居动物，每群数量约为20头，现主要分布在霹雳州、吉兰丹州、彭亨州和登嘉楼州的森林里。苏门答腊犀牛是马来西亚唯一的犀牛种类，主要分布在高海拔森林地区，彭亨州兴楼、森美兰州弄边、霹雳州和吉兰丹州四地的国家公园是苏门答腊犀牛重要的栖息场所。马来貘是马来西亚最常见的动物之一，在高海拔和低海拔地区都有分布。马来西亚的鹿类动物有水鹿和羌鹿，身形体瘦、腿长、尾短，分布于全国各地。此外还有小鼷鹿，它是世界上最瘦小的有蹄哺乳类动物，生活在热带山地丘陵茂密

---

① "2017马来西亚（南宁）榴梿节在南宁落下帷幕"，广西新闻网—广西日报，2017年11月7日，http://www.gxorg.com/news/20171107/2003.html。

的森林灌丛和草丛。由于性格谨慎胆小，小鼷鹿因此不易被外界见到。马来虎是珍贵的动物品种，主要分布在吉兰丹州、登嘉楼州、彭亨州和霹雳州等地。这些年来，马来虎得到了马来西亚有力的保护，因此马来虎的数量一直比较稳定，仅霹雳州就有250多只。此外，马来西亚还有丰富的灵长类动物资源，主要包括猩猩、树懒、长臂猿、合趾猿、长尾猴等。其中，猩猩主要分布在沙巴州。马来西亚政府还特别在沙巴东岸的山打根附近设立了希皮罗人猿保护区，据悉这里是世界上最大的人猿自然保护区。

马来西亚有着丰富的热带雨林资源，因此也是各类爬行动物的天堂。在马来西亚，蛇是最主要的爬行动物。有关数据显示，在马来西亚，已发现的蛇类就有150种以上，包括热带巨蟒、眼镜蛇、金环蛇、树蛇、蝮蛇、竹叶青等。当然，还有其他的爬行动物，例如巨蜥、壁虎、海龟、鳖、鳄鱼等。这些爬行动物在马来西亚分布广泛，在东马和西马都有。鳄鱼主要分布在沙捞越州的大型河流中。潮龟，又名巴达库尔龟，是一种栖息于河流中的龟，主要分布在霹雳州、吉打州、登嘉楼州和彭亨州的河流中。马来西亚无疑是海龟的天堂，目前世界上仅存的7种海龟中有4种在马来西亚被发现，分别是棱皮龟、绿海龟、玳瑁海龟和黎德利海龟。其中，棱皮龟是龟鳖目中体型最大的龟类，最大体长可达3米，体重可达800～900千克，西马东海岸是棱皮龟的主要登陆地点。其他重要的海龟登陆点还有登嘉楼的兰道阿邦，而沙巴州的海龟岛则是海龟栖息的主要地区。

与此同时，马来西亚的鸟类资源也丰富多样。其中猎鸟就有40多种，其他有名的鸟类包括孔雀、鹑、野鸡、犀鸟、咬嘴鸟、九宫鸟、苍鹰、翠鸟、鹦鹉、太阳鸟、啄木鸟、鹧鸪、鹌鹊、翡翠鸟等。鸟类在马来西亚的分布很广，不同种类鸟的分布因海拔和栖息地不同而异。候鸟主要分布在西马西海岸、沙巴州和沙捞越州的泥泞海滩，重要的迁徙地有霹雳州的牛拉、沙捞越州的布律岛以及沙巴州的海岸地区。其中，沙捞越被称为"犀鸟之乡"。据估算，在每年8月至翌年4月的鸟类迁徙季节中，约有100万只的鸟要飞经马来西亚。

当然，马来西亚作为海洋国家还有丰富的鱼类资源。在马来西亚沿海和内河都有大量的鱼类，主要鱼类品种有鲭鱼、白鱼、小鳁鱼、鲹鱼、宝刀鱼、鲷鱼、墨鱼、金枪鱼等，以及海虾、龙虾等海产品。

总体来看，马来西亚是一个动物资源异常丰富的国家。而在其中，蝴蝶、巨猿和兰花被誉为马来西亚"三宝"。马来西亚有2 000多种蝴蝶，其中以国蝶——红颈鸟翼蝶最为珍贵。为此，早在1950年马来西亚尚未独立的时候，沙捞越就发行了世界上最早的蝴蝶邮票，而图案正是红颈鸟翼蝶。此外，马来西亚还有以美丽著称的蝴蝶，例如梦幻公主蝶、爱神凤蝶等。不过，马来西亚在动物资源保护方面同样存在着问题，动物生存和繁衍也面临着不少的挑战。近年来，由于栖息地减少和毁灭、非法捕猎等，马来西亚现有约42种哺乳动物、34种鸟类、14种爬行动物濒临灭绝。

❧ 三、矿产资源

马来西亚的矿产资源虽然不比动植物资源丰富，但种类也不少，储存量也相当可观。据相关数据，马来西亚已经探明的矿产有30多种，主要矿产资源有石油、天然气、煤、锡、铁、铜、金和稀土等。

在马来西亚，石油和天然气在该国矿产资源中占有重要地位；马来西亚是一个石油、天然气比较丰富的国家，也是亚洲最大的原油和天然气净出口国、东南亚第二大石油生产国。截至2015年，马来西亚的石油储量为4.93亿吨，储采比为16.5。马来西亚探明的石油多为轻质油，油质好，含硫低，主要分布在近海地区的三个储油盆地：马来盆地，面积约22.4万平方千米，北部主要分布一些气田，南部形成一些背斜型油田，主要油田包括杜兰油田、塞利基油田等；沙捞越盆地，面积22万平方千米，主要储油层在北部的巴兰河三角洲地区和中央鲁康尼亚；沙巴盆地，面积约3.4万平方千米，证实石油储量10亿桶以上。目前，在马来西亚进行油气作业的外国公司有英荷壳牌公司等。来自中国的中石油与中石化在马来西亚也有炼油业务。

马来西亚除油气资源丰富外，还有大约17亿吨的煤炭蕴藏量。这些主要分布在沙捞越州、沙巴州、霹雳州、雪兰莪州和玻璃市州，其中14亿吨（约82%）位于沙捞越州。沙捞越州的美里-皮拉煤田煤层厚1~3米，为高挥发分、中灰分、低硫次烟煤，资源量超过3.87亿吨。锡里泰克煤田煤层厚约1米，宾士卢煤田蕴藏有2 000万吨高挥发分烟煤，热值可达7 000~7 500大卡/千克，主要作冶金用煤。沙巴州的煤田主要分布在梅里瑙盆地，至少有2亿吨烟煤。虽然煤炭蕴藏量丰富，但是马来西亚并未大规模开发这些煤炭储存。受此影响，马来西亚目前还是煤炭纯进口国，每年需从印度尼西亚、澳大利亚、中国和南非进口大量煤炭。据马来西亚2007年的贸易统计数据，马来西亚在2006年进口的煤炭达到了1 110.3万吨。其中，从印度尼西亚进口的煤炭累计达721.8万吨，占总进口量的65%；从澳大利亚进口的煤炭达360.7万吨；从越南进口的煤炭达17.1万吨；除此之外，还从新加坡进口4.7万吨，从中国进口3万吨。由此可见，在马来西亚的煤炭进口国家中，印度尼西亚是重要的首选煤炭进口国。

锡是马来西亚除油气资源以外最重要的矿产资源。马来西亚的锡矿品位世界最高，2005年的数据显示，马来西亚的锡矿储量为100万吨，仅次于中国，居世界第二位。马来西亚锡矿主要分布在西马。在西马，除槟榔屿州外，其他各州都蕴藏着大量的锡矿。锡储量最丰富的地区是霹雳州的近打河谷地带和首都吉隆坡地区。特别是西马的最高峰——大汉山，据称，这里有着世界上最大的锡矿带。马来西亚的锡矿石以砂矿为主，锡矿往往还伴有独居石、钛铁矿和磷钇矿等。

铁是马来西亚除锡之外的另一重要矿产。马来西亚的铁矿储量超过1亿吨，其中包括磁铁矿、赤铁矿、褐铁矿、砖红壤铁矿，主要分布在彭亨、登嘉楼、柔佛三州。不过相比其他矿产资源，马来西亚铁矿床规模均不大，主要矿床有登嘉楼州的武吉伯西、柔佛州的佩莱卡南和沙巴州塔瓦伊高原铁矿。武吉伯西和佩莱卡南铁矿主要矿石矿物为磁铁矿，塔瓦伊铁矿为残余矿床，推测矿石储量7 500万吨，含铁40%～49%，含镍0.4%～0.55%，矿区面积约15平方千米。

此外，马来西亚的矿产资源还包括铝土矿、金矿与铜矿等。铝土矿资源主要分布于沙捞越州的武吉峇都、武吉格邦、伦乐—斯文丹和丹绒史布朗，沙巴州的武吉门家堡和柔佛州的四湾岛地区。1994年的资料显示，马来西亚的铝土矿储量为1 400万吨。近些年来，马来西亚对外铝土矿开采和对外出口呈现出剧增的态势。2015年，马来西亚铝土矿剧增，占比达43%，超过澳大利亚，成为中国最大的铝土矿供应国。据悉，彭亨州是马来西亚第三大州且是关键的铝土矿生产州。该州首府关丹开采活动在过去几年急速发展，以满足来自头号铝生产国中国的需求。不过，疯狂的开采导致舆论哗然，很多人抱怨水污染及环境破坏。为此，2016年1月15日，马来西亚实施一项禁令，禁止所有的铝土矿开采活动并冻结新的出口许可，时效三个月。马来西亚金矿资源同样丰富，已知储量规模在10吨以上的有18处，其中原生矿8处，砂金矿10处，在东马、西马均有分布，主要集中在西马中部金矿带（包括彭亨、吉兰丹、登嘉楼等州）、沙捞越西部的巴乌和武吉涌、沙巴州的马穆特及塞加马河谷，其中以西马的吉兰丹州蕴藏最为丰富。马来西亚的铜矿则主要分布在东马沙巴州基纳巴卢山南坡的马穆，铜矿石储量近2亿吨。不仅如此，马来西亚的稀土储量规模也很可观，在全世界排名中位列第十。此外，在马来西亚，黏土、高岭土、灰岩等工业矿物储量也比较大，还勘测到蕴藏有硅砂、白云岩、重晶石、耐火黏土等多种矿物。

第六节　　行政区划

　　马来西亚分为13个州和3个联邦直辖区，即西马的玻璃市州、吉打州、槟榔屿州、霹雳州、雪兰莪州、森美兰州、马六甲州、柔佛州、吉兰丹州、登嘉楼州（原名"丁家奴州"，2005年更名）、彭亨州11个州，东马的沙巴州、沙捞越州2个州，以及吉隆坡、纳闽和布城3个联邦直辖区。13个州中面积最大的是沙捞越（12.4万平方千米），最小的是玻璃市（795平方千米）。各州的行政首长称为苏丹或州长，其中玻璃市、吉打、霹雳、雪兰莪、森美兰、柔佛、吉兰丹、登嘉楼、彭亨9个州由世袭苏丹担任州行政首长，槟榔屿、马六甲、沙巴和沙捞越4个州由国家元首任命的州长担任州行政首长。西马的11个州下设县，东马的2个州下设省。

第七节　　地缘特征

一、地缘枢纽地位

　　马来西亚拥有非常良好的地理条件和位置条件，使其在地区有着显著的区位优势和地缘战略价值。其中，要属地缘枢纽地位最为凸显。具体来看，马来西亚的地缘枢纽价值集中彰显在下述三个方面：

一则，马来西亚是位于东南亚地区中心位置的海洋国家。借此，马来西亚实际上地处两大洲、两大洋相交的十字中心，南北连接亚洲和大洋洲，东西则连通太平洋和印度洋，处于十分有利的地理位置。这样看来，马来西亚作为东南亚枢纽地带中心位置毋庸置疑。

二则，马来西亚是亚洲大陆和东南亚海洋国家的重要衔接部分，北面与泰国接壤，南向与新加坡隔柔佛海峡相望，东临南海，西部与西南部隔马六甲海峡和印度尼西亚的苏门答腊岛相望，与菲律宾、文莱等国家相邻。这意味着，马来西亚既连接着来自中国西南地区、中南半岛等内陆的贸易，也连接着经由南海来自中国沿海城市、东亚其他国家的贸易。如果说广西是"一带一路"倡议国内的有机衔接门户，那么马来西亚则是"丝绸之路经济带"和"21世纪海上丝绸之路"倡议在东南亚这一枢纽地带的衔接点。那么这样来看，马来西亚作为重要的有机衔接国家，在区域合作发展与共同繁荣进步进程中有着不俗的地缘政治与地缘经济价值。

三则，马来西亚还扼守着马六甲海峡。马六甲海峡连接着南海与印度洋，从北纬6°延伸到北纬1°，北接印度洋的安达曼海，南与太平洋的南海相连，全长1 000千米，是亚洲、非洲、欧洲与大洋洲之间相互往来的海上重要枢纽，历来被美誉为"东方的直布罗陀"。马六甲海峡大部分时间风平浪静，有利于船只航行，是世界上通航历史最悠久、航运量最大和最繁忙的海峡之一，平均每日轮船穿行量在200艘以上，其中约50%为油轮。可以说，马来西亚所处的位置正好扼住两大洋之间交通的咽喉。身为马六甲海峡最重要的沿岸国，马来西亚在该海域有着大面积的领海，被视为最重要的对外航运通道。不仅如此，在马六甲沿岸还分布着马来西亚大部分重要的城市，这些城市是马来西亚社会和谐与经济繁荣的重要支柱。由于极其有利的位置，马六甲海峡为马来西亚在东南亚地区及区域地缘政治、地缘经济方面均赋予了重要的地缘价值内涵，对于马来西亚经济社会来说意义非凡。

❧ 二、地缘复杂环境

与此同时，马来西亚在地缘层面还表现出非常明显的地缘劣势，而这主要表现为马来西亚的复杂地缘环境。具体来看，包括以下两个方面：

其一，东马通向海洋和向海洋发展均面临着显著的约束性条件。东马虽然濒临苏禄海、苏拉威西海，却由于菲律宾和印度尼西亚的阻隔，必须要通过重重岛屿和海峡才能通往太平洋。不仅如此，由于美英殖民地条约及人为的原因，菲律宾海上界线距离东马沙巴州海岸线非常近。显然，这无疑束缚了沙巴州面向海洋发展，地区向海发展交通物流、临海产业等不得不面临约束。

其二，西马同样难以自由进出大洋。西马邻近马六甲海峡，但是，由于这一海峡特殊的地缘战略价值，美国、日本等大国在这一海域的角逐与竞争异常激烈；不仅如此，该海峡及其周边海域还面临着来自东南亚的海盗、海上武装抢劫、海上恐怖主义等非传统安全的威胁。因而，这无疑使马来西亚处于大国角逐的旋涡中心，该国的地缘安全由于复杂的传统与非传统安全因素不得不面临着极大的挑战。同时，西马虽然临近印度洋，但由于受印度尼西亚群岛和印度安达曼群岛的阻隔，实际上也没有与印度洋直接接壤。这无疑使马来西亚进出大洋的战略通道面临其他国家的约束和监控。

总结马来西亚复杂的地缘环境，主要的原因大致体现在两个层面：一是马来西亚在地理上被分隔为东马和西马，这使马来西亚全境的地缘战略价值大打折扣，也使自身的安全防卫面临着来自东南亚其他国家及大国的巨大威胁；二是马来西亚与周边国家存在微妙的关系，如马来西亚长期与新加坡等存在海礁争端，也与印度尼西亚、菲律宾等在历史上存在着复杂的纠葛和矛盾。目前，虽然由于东盟的存在，马来西亚与东南亚其他国家的复杂关系有所改善，但是马来西亚自身被"一分为二"的地理特征及周边复杂的地缘政治、经济关系，依旧使马来西亚不得不面临着复杂的地缘战略环境。

第二章　简史

第一节　古代部分

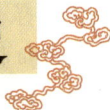

自公元后有史记载以来直至西方殖民进入的这一段时期是马来群岛的奴隶社会和封建社会时期。在这漫长的岁月中，有数个奴隶制或封建王国，或更替，或并存于马来群岛地区。需要强调的是，马来群岛地区并不仅仅限于今天马来西亚的地理范围，而是指古代使用马来语的主要区域，包括今天的马来西亚、印度尼西亚、文莱、新加坡及泰国南部和菲律宾南部等地区，覆盖范围甚广。

一、15世纪以前

有关资料记载，在中国汉代，马来半岛已经有国家出现。据《汉书·地理志》记载，马来半岛上皮宗最早的古国为都元国（地处今登嘉楼州龙运一带）[①]。都元国是一个港口国家，西汉末年，王莽（前45—公元23）派往印度黄支的使者曾经过此地。时至中国三国时代，吴国使节朱应、康泰出使扶南，南宣国化，经历百余国，其中就包括位于马来半岛和泰国、缅甸部分地区的柔佛、顿逊国。后来朱应著有《扶南异物志》，康泰著有《吴时外国传》，对马来半岛王国都有记载。2世纪初以前，在马来半岛比较有影响的土邦国家为狼牙修、羯荼等。2世纪，马来半岛东北部（今吉打至北大年一带）出现了一个受

---

① 《汉书》原文所指为"皮宗"，一般学者认为"皮宗"指的就是马来半岛。

印度教文化影响的占国，这就是狼牙修，中国古籍也称之为龙牙犀角。2—5世纪，狼牙修曾一度被扶南国征服，直到6世纪，因扶南国的衰退，狼牙修才逐渐恢复国力并强盛起来，最终成为马来半岛北部强国，并成为马来半岛又一贸易中心。该国人民、贵族和国王的衣饰有严格区别，居住条件相差悬殊，阶级对立明显，奴隶制占统治地位，生产以农业和渔业为主，盛产沉香。狼牙修与中国及印度往来密切，在515—568年期间曾四次遣使到中国。狼牙修的统治一直延续到16世纪初。羯荼始建于公元初，位于今马来西亚吉打州附近。由于该地盛产樟脑、檀香、黄金和锡，而且位于古印度与中国国际贸易通道的中途，十分适合过往商船停泊和交换商品，所以很快就成为当时重要的国际贸易中心。羯荼和印度的关系十分密切，并深受印度文化的影响。印度人不仅带来了水稻种植技术，也带来了印度教和佛教。9世纪左右，吉陀国取代了羯荼。11世纪初，因受到印度南部注辇（朱罗）王朝的攻打，吉陀王朝逐渐衰落。同时，暹罗王国也控制了马来半岛北部的小王国。到14世纪，该地区出现了由马来人统治的吉打国，并臣服于暹罗的素可泰王朝。

　　5世纪中叶，顿逊国日渐衰微，马来半岛国家逐渐分裂。至16世纪以前，大大小小王国纷纷建立。在中国史传中，可考查的就多达11个国家，有：丹丹、盘盘、赤土、狼牙修、佛罗安、单马令、彭坑、吉兰丹、丁家庐、满剌加、柔佛等。这些国家大多和中国发生过贸易或朝贡的关系，其中就包括由马来半岛原住民所建立的丹丹、赤土和狼牙修等王国。7—8世纪，马来半岛地区先后出现了登牙浓、蓬丰、淡马锡等土邦政权。它们大多受印度文化的影响，以农业和贸易为主要的经济形态，同时具备一定规模的政治法律制度，在人口组成上则由逐渐迁移过来的马来人为主。

　　7世纪开始，众多的马来古国纷纷臣服于苏门答腊强大的室利佛逝王国。提到室利佛逝王国，就将有关东南亚历史学研究的学者带到了东南亚研究中争论最长的问题之一。虽然西方学者乔治·考德斯认为，室利佛逝王国位于苏门答腊岛东南部巨港地区的穆西河上，是最早的海洋大国之一，在7世纪崛起，一直延续到13世纪末，但是国内外历史学界对室利佛逝王国的存在与存在的时间段仍有着较大的争议，重建室利佛逝王国历史的观点受到质疑。尽管如此，后来出土的文物遗址进一步证实了这一判断。考古学者从巨港发掘的一块早期碑铭中发现，682年室利佛逝王国发动了一场强大的远征，而此次远征的凯旋给室利佛逝王国带来了"胜利、权力和财富"；686年，室利佛逝王国再度远征，对"爪哇"进行了讨伐。由此，考古学家和部分历史学家认为，室利佛逝王国在7世纪晚期出现在历史舞台上，从这开始便给世人一种急于确立其领先地位的印象。在后期的发展中，室利佛逝王国取得了非凡的成就，以至于一个室利佛逝王国的统治者能够自信到宣布他本人是"整个世界所有王国的最高君主"。

归结来看，室利佛逝王国取得非凡成就的主要原因有：一是建立与中国的特殊关系。由于室利佛逝王国位于苏门答腊岛南端，处在通往中国的海上交通线上，且坐落在东北季风的路径之上，因此与其他马来半岛王国相比，其在地理位置上拥有着显著的优势。在这一基础上，室利佛逝王国的统治者充分地运用了中国朝贡贸易体制，在承认中国为最高宗主的基础上，维持和不断发展与中国的朝贡贸易，使自身在这一贸易中受惠良多。据历史记载，仅在960—983年间，室利佛逝王国就至少派出8个使团出访中国。

二是利用特殊的地理位置保障室利佛逝王国对包括中国在内的国际市场的物产需要。由于其有利的地理位置，室利佛逝王国易于通过河流进入苏门答腊岛和马来半岛的丛林地区，而且使附近海岸的红树林处于其掌管之下。因此，在东南季风和东北季风间歇期间，来自附近王国的珍珠、乳香、玫瑰香水、丝绸和锦缎等各类物品在此地集散。室利佛逝王国由此成为享誉盛名的地区贸易中心，给外国人留下了深刻的印象。对此，一名中国官员于1178年曾这样评价：室利佛逝王国是最重要的港口，是前往中国开展贸易所必要途径的地点。

三是保持与"奥朗—劳特人"（Orang Laut）之间相互依赖的共生关系。"奥朗—劳特人"是河海民族，对室利佛逝王国附近海域的海路相当熟悉，原本是从事海上劫掠的海盗。随着室利佛逝王国的强大和崛起，"奥朗—劳特人"逐步建立起对室利佛逝王国的忠诚和拥戴。"奥朗—劳特人"由此也转变为室利佛逝王国周边海域海路的保护者，转变成为其他海上劫掠者的克星。至此，室利佛逝王国开始享有平静和安全的海上环境，其统治者还曾一度自称为"海上国土之王"。

尽管如此，由于来自马来半岛爪哇和印度的挑战及权力中心的转移，室利佛逝王国对"奥朗—劳特人"的权威逐渐衰微，贸易中心也随之不复当年的繁华，室利佛逝王国在1000年左右开始逐步走向衰落。根据明史档案记载，到13世纪末14世纪初，室利佛逝王国最终被满者伯夷所灭[①]。

满者伯夷在13世纪末兴起于马来半岛的爪哇地区，至14世纪初势力逐步强盛，以"军国主义"武装国民，在灭室利佛逝王国后建国并统一了马来群岛和马六甲海峡。然而，满者伯夷对马来群岛的统一昙花一现，由于王位继承问题，王国发生内斗，最终分崩离析。在泰国入侵马来半岛后，王国势力更是日薄西山，最终在15世纪末期为伊斯兰教势力灭亡。

二、马六甲王国时期

马六甲王国是马来西亚历史上的第一个封建王国，位于马来半岛的西南岸，在马来西亚历史中占据着十分重要的地位。虽然它仅存在了百余年（1400—1511），但它完整、系统的政治、经济、法律体系对马来西亚其他各州都产生了十分巨大的影响，并且为伊斯兰教在马来西亚的传播、发展，以及后来成为国教奠定了坚实的基础。

关于马六甲王国的建立存在不同说法。根据《马来纪年》的记载，苏门答腊满者伯夷王国派兵攻打淡马锡王国，淡马锡国王仓皇北逃，经过柔佛海峡，到达了现在马六甲城内的一个小渔村，在这里建立起了马六甲王国。关于马六甲一词的起源，一种说法是，马六甲是室利佛逝王子拜里美苏剌（Parameswara）到达渔村时曾倚靠休息的那棵树的名字。另一种说法是，室利佛逝王子拜里美苏剌是满者伯夷王朝统治者的女婿。1389年满者伯夷王驾崩，因为他没有儿子继承王位，所以他的众女婿为了抢夺王位展开了一场混战，拜里美苏剌也参与其中，但最终战败。为了躲避追杀，他逃离了满者伯夷，并从此开始了流亡生活。在逃往淡马锡后，拜里美苏剌受到统治淡马锡的一位暹罗将军多摩智的盛情款待。但是没多久，为了夺权，拜里美苏剌杀死了多摩智将军，成为淡马锡新的统治者。根据《马来纪年》，淡马锡

---

① 室利佛逝王国在遭遇满者伯夷猛烈进攻之际曾向明太祖朱元璋求援，大明王朝虽然加封来使为三佛齐王，但鉴于路途遥远，援助不及，未对室利佛逝王国派出援兵。

在拜里美苏剌统治6年后，遭遇暹罗讨伐，最终沦陷，拜里美苏剌只好再次逃亡，最终到达马六甲。在6名"奥朗—劳特人"及当地马来人的帮助下，拜里美苏剌在此建立了马六甲（满剌加）王朝。

虽然说法有所差异，但马六甲王朝受到中国大明王朝的庇护后得以发展却是一个不争的事实。王朝建立初期，马六甲还只是一个小渔村，屡屡遭受外敌侵扰，其中尤以暹罗最甚。1403年，明成祖朱棣向海外扩张势力，特派中官庆尹出使马六甲。两年后，马六甲国王拜里美苏剌遣使奉金叶表随中官庆尹来华求援。明成祖随即下诏封拜里美苏剌为马六甲王国国王，赐国玺一方、紫袍一袭、黄伞一柄。随后在15世纪的头二十年中，大明王朝不断派遣海军巡游至马六甲海峡，保护了马六甲王国免受暹罗等国的侵扰，使其逐步发展为独立的王国。

全盛时期的马六甲王国是闻名于世的港口和经贸中心。由于其位置处于航海及经贸的中心，又有良好的深水港口，东连资源丰饶的东方文明古国，西接印度、阿拉伯世界及欧洲西方列强，马六甲不仅成为繁荣一时的商业中心，同时成为东西方多种文化互相渗透及交流的地方。在马六甲经商的有印度人、阿拉伯人、波斯人、中国人、菲律宾人、暹罗人等，在这里交易的物品有布、茶、锡、金、香料、鸦片等。在最繁荣的时期，马六甲流行着84种不同国家的语言，来此地经商的外国商船络绎不绝，穿戴不同的外国商人更是摩肩接踵。

随着贸易的发展，马六甲的港口贸易制度逐步健全。当时通用以锡和金制造的货币，并建立起了一种公认的度量衡。政府设立四个港主专司港口事务。四个港主分别管理各个区域来的商船，并为他们引见盘陀诃罗（相当于首相）、分配货栈、发送货物、安排食宿和预订象只，并征收港税。按规定，西方来的商船要按其货价缴纳6%的税，土著及东方来的货船则免税或是缴纳3%的税。除了按规定缴税外，商人往往还要向港主及有关官员和国王赠送礼品、货物。因此，马六甲的苏丹、贵族和各级官员也都因港口的繁荣而富裕。

马六甲建国初期，国力还十分虚弱。为了在政治上取得邻国支持，保障国家安全，它很快同中国明朝政府、苏门答腊各国政府建立了官方关系。在经济上，由于阿拉伯商人逐渐增多，马六甲王国与阿拉伯世界的经济联系日渐紧密。由此，以伊斯兰教为主的阿拉伯文化逐渐被马六甲王国的统治者所接受。当时拜里美苏剌与苏门答腊的伊斯兰教国家巴塞国王的女儿结婚并改信伊斯兰教，其名字也随之改为伊斯坎大繁沙。随后一系列依据伊斯兰教规制定的富国强民政策出台，马六甲王国在15世纪中叶逐渐强大起来。

　　到了第三任国王穆罕默德·沙统治时期，马六甲已建立起了一套较为完备的君主制度。1445年和1456年，马六甲第五任国王苏尔·沙两次出征北方强国暹罗，大获全胜，马六甲国势鼎盛，经济繁荣，军事强大，随后不久便征服了马来半岛的其他王国。同时，马六甲已经转型为一个伊斯兰教国家，其国王改称苏丹。苏丹是国家的最高元首，其下有三位大臣，分别是盘陀诃罗、天猛公和奔呼卢盘诃黎，掌管国家的政务、军务、司法和财政。15世纪中叶，著名政治家、军事家和外交家敦·霹雳连任三朝的盘陀诃罗，马六甲王国在军事和外交上都取得了重大的胜利。第五任国王苏尔·沙统治时期，经过武装斗争，马六甲与暹罗达成互不侵犯协定。第六任国王苏丹曼苏尔·沙在位时期，以武力征服了马六甲海峡沿岸各国，其疆域和势力范围几乎包括整个马来半岛和苏门答腊，马六甲王国进入鼎盛时期，成为当时东南亚最强大的国家。其时，由于马六甲王国地理优越，各国商贾聚集海港，华人、爪哇人大量前往，伊斯兰教文化同时也以马六甲为中心逐步向马来群岛传播，在马来世界日渐兴盛。

　　到1488年，第八任国王马哈穆德·沙继位。马六甲王国虽然再次扩大了版图，但由于统治阶级内部尖锐的矛盾斗争，逐渐衰落。随着西方列强于16世纪相继而来，葡萄牙人最终于1511年消灭了马六甲王国，开始了马来半岛的殖民史。

第二节　近代部分

一、葡萄牙、荷兰殖民统治时期

　　从10世纪开始，东西方之间的贸易，特别是东方的香料贸易，完全由穆斯林商人垄断。欧洲一些国家为了打破垄断，直接从东方产地取得香料和其他原料，从14世纪后期便纷纷到东方寻找新的贸易通道

和伙伴，葡萄牙就是最早产生这种兴趣的殖民主义国家。由于马六甲
所处的战略位置十分重要，加之又是东南亚国际贸易中心，因此成为
葡萄牙的重要目标。

1509 年，葡萄牙海军上将雪奎拉率领强大舰队首次到达马六甲
港，试图入侵马六甲，被当时的苏丹马哈穆德·沙派兵赶走，并活捉
了 20 多个葡萄牙人。两年之后，由 18 艘军舰组成的葡萄牙舰队再次来
到马六甲并要求释放人质和赔偿损失。由于要求未得到完全满足，葡
萄牙军队开始进攻马六甲。战斗初期，葡萄牙侵略者受到马六甲当地
人民的英勇抵抗，苏丹更是亲自带领官兵作战，葡萄牙人曾一度被击
退。然而，在经过近半个月的顽强抵抗后，装备落后的马六甲军队终
不敌拥有强大海上武装力量的葡萄牙殖民者，马六甲陷落。苏丹马哈
穆德·沙逃亡至柔佛、彭亨和廖内群岛，并以此为根据地建立一个新
的王国，号称柔佛廖内王国[①]。

葡萄牙人占领马六甲拉开了马来亚近代史的序幕，随之而至的是
西方殖民势力的不断扩张。此后，葡萄牙人到处烧杀抢掠，拆除伊斯
兰教堂，建造城堡和基督教堂，并强迫人们皈依基督教。由于当地人
民的反抗，葡萄牙人统治的范围仅限于马六甲城及近郊的一些地方。
当时的最高长官称为总督，由大法官、市长、助教等人组成的咨询委
员会协助总督处理行政事务。将军协助总督处理军务，是海陆军的最
高统帅。当时马六甲军队的规模为 500 ~ 600 人，并有 1 ~ 2 艘装备齐全
的军舰。

由于葡萄牙人加征高额税收，对英国商人和穆斯林商人百般刁
难，贸易受到很大影响，马六甲由此逐渐衰落，柔佛马来人和苏门答
腊岛亚齐等伊斯兰国家也趁机来扰。到 16 世纪后期，葡萄牙统治下的
马六甲在东南亚国际贸易的地位被苏门答腊新兴强国亚齐所取代。

16 世纪末期，葡萄牙的海军力量开始走向衰弱。荷兰作为新崛起
的欧洲国家，将目光投向远东，荷兰东印度公司于 1602 年成立后便开

---

① 柔佛廖内王国，下辖柔佛、彭亨、丁加奴、廖内及吉里沃群岛等地。然
而，柔佛廖内王国自建之初到王国灭亡一直国运不济、经济不振，长
期受到西方殖民者和其他王国的侵扰。时至 1699 年，苏丹马尔廷为其叔
侄篡位，马六甲王国的直系王国至此告终。

始策划占领马六甲。1630年，荷兰舰队开始封锁马六甲海峡，试图武力侵占马六甲。为了取得马来半岛柔佛和亚齐两国的支持，荷兰人出台允许伊斯兰教存在的政策。经过长达十余年的海上封锁和进攻，荷兰人终于在1641年1月占领马六甲。葡萄牙人在马六甲维持了长达130年的统治，将之奉为其在远东地区的贸易中心；然而，随着荷兰完成对马六甲的占领，葡萄牙人对马六甲的统治终告结束。

荷兰人在马六甲推行了与葡萄牙人不同的政策，以马六甲为贸易中心，倾力发展其在远东地区的贸易。但是，在荷兰人统治时期，之前葡萄牙殖民者执行的高税赋政策却继续延续下来。此外，荷兰人还特别规定所有香料、锡、胡椒等都要由荷兰东印度公司专卖。由此一来，马六甲的经济发展日渐衰退，荷兰人只能像海盗一样逼迫来往于马六甲海峡的商船前来马六甲进行贸易。

最后，由于荷兰作为英国的盟国在英法战争中被法国侵占，1795年法国军队占领了荷兰，包括马六甲在内的荷属海外殖民地的统治暂托管于英国。虽然马六甲在1814年英国、荷兰签订《伦敦条约》后归还荷兰，但10年后《英荷条约》的签订使得马六甲再次回到英国殖民者的手中。以此为标志，荷兰对马六甲150余年的殖民统治正式画上句号。

❧ 二、英国殖民统治前期

早在16世纪末，英国人为了在马六甲海峡沿岸寻找和建立贸易基地，曾与葡萄牙人发生过多次冲突，后来被迫转到印度和今印度尼西亚地区。为了开辟商品市场、控制对华贸易通道和在远东地区建立海军基地，18世纪后期完成将法国势力驱逐出印度和控制印度后，英国继续向东扩张，再次来到马六甲海峡。1771年，英国殖民者侵入槟城。1786年，弗朗西斯·莱特（Franeis Light）代表东印度公司与吉打苏丹签订条约，占有槟榔屿，开始将槟城发展为英国在远东地区的军事及商业中心。

英法战争期间，荷兰作为英国的盟国曾遭到法国的进攻，为防止法国军队占领殖民地，荷兰国王要求各海外殖民地将行政权移交给英国。借此，英军于1795—1814年占领了马六甲。英国东印度公司通过采取支付少许金钱和武力强迫等手段，收买和强占了马来亚的一些地方。其中，强占新加坡则成为其在亚洲扩张的重要步骤。因为英国在侵占新加坡后，便有了控制马六甲海峡和马来半岛的战略前沿，对维护大英帝国在远东地区的航运、贸易安全等利益都有着十分重要的战略意义。1819年1月30日，英国为了有效地控制马来半岛的商业，以每年8 000西班牙元的代价获准在新加坡设立商馆。由于占据着优越的地理位置和英国殖民者的自由贸易政策，新加坡港口贸易得到了迅猛的发展。到1820年，新加坡贸易额开始超越马六甲；到1825年，新加坡的贸易额则已远远超过了马六甲和槟榔屿，成为英国在整个远东地区进行掠夺的重要基地。

1824年，英荷签订《伦敦协议》（亦称《英荷条约》）。根据协议内容，两国重新划分了在马来半岛及附近地区的势力范围：荷兰把马六甲转让给英国，以此换取了英国人在苏门答腊的明古蔺（Ben-Coolen），同意不再在马来半岛建立殖民地；英国则把苏门答腊等地划归荷兰，答应不再在新加坡以南的岛屿建立殖民地，但在取得马六甲后控制了整个马来半岛。1826年，英国把槟榔屿、马六甲、新加坡合并为海峡殖民地（The Straits Settlements），由英国东印度公司管理。1832年，海峡殖民地的行政中心从槟榔屿迁到新加坡。1830—1851年，海峡殖民地由孟加拉总督管辖，后归印度大总督管辖，到了1867年转为由英国殖民部直接管理。海峡殖民地遂成为英国皇家殖民地，由英国殖民大臣指定的总督在行政、立法两委员会的协助下进行统治。行政会议包括财政司、律政司等部门的多名高级官员以及多名非官方成员。立法会议除高级官员外，还包括13名非官方议员，其中2名由商会选出。新加坡、槟城和马六甲三地再分别设立辅政司，在市政委员会的协助下进行管理。

海峡殖民地的建立，奠定了英国在远东的霸权。英国不仅对贸易霸权感兴趣，而且还图谋抢占原料和矿产资源，从1870年开始对马来半岛各邦采取了主动干预的政策。同时，马来亚许多州的统治者为了解决州内的纷争而向英国殖民者求援。在殖民厅接管海峡殖民地的10年内，一些马来半岛西海岸的马来州属也同时被英殖民者控制，海峡殖民地的商人也希望英国政府介入马来半岛产锡州属的内政。

1874年1月，海峡殖民地总督克拉克以平息霹雳地区内部矛盾为由[1]，与侨领和各州苏丹在霹雳州邦咯岛签订了著名的《邦咯条约》。该条约规定，霹雳州受到英国殖民者的保护。以同样的方式，到1895年英国殖民者又先后把霹雳、雪兰莪、森美兰、彭亨四地变为其"保护邦"。1896年，英国殖民者进一步把霹雳州、雪兰莪、森美兰、彭亨四个邦合并成马来联邦（Federated Malay States），并以吉隆坡为首都。马来联邦设立总驻扎官，向海峡殖民地总督负责。初期英国殖民者在马来联邦设立州务会议，讨论宗教和马来人风俗等问题，苏丹权力受到削弱；后来为了缓和同苏丹之间的矛盾，英国殖民者于1909年设立了联邦会议，苏丹和英国驻扎官及商人代表坐在一起共同讨论财政、立法等事宜，但苏丹并没有决定权和否决权。1927年联邦会议改组，苏丹不再参加，改由官方议员13人、非官方议员11人组成。由于各州苏丹的抗议和反对，到赛西尔·金文泰任海峡殖民地总督（1929—1934）时，才将财政与立法权交回以苏丹为主席的州务会议，各州苏丹的权力和地位显著回升。

泰国却克里王朝时期仍领有马来亚北部各州的总主权。在设立海峡殖民地和马来联邦之后，1909年英国通过与泰国的长期谈判，订立了《曼谷条约》。根据条约，泰国同意将马来北部的四个州的总主权让予英国。同年，英国殖民者又与吉打、玻璃市、吉兰丹签订条约；1914年，英国殖民者又侵吞了马来半岛一个独立的土邦——柔佛；1919年，英国殖民者和丁加奴签约，规定其受英国的保护。在此基础上，英国殖民者将吉打、玻璃市、吉兰丹、柔佛和丁加奴五个州合并为马来属邦。至此，英国已占领全部马来州属。马来属邦各邦由海峡殖民地总督管辖，但因内部安定仍保留了较大的自主权，由邦元首签署法令。虽然各邦在施政方面同样听从英国驻扎官的意见，但苏丹的自治权比较大。马来属邦没有设立统一的立法会议，只是各邦设立以苏丹为首的州务会议。与此同时，英国殖民者也侵入沙捞越和沙巴地区，排挤荷兰势力。至此，西马和东马均沦为英国殖民地。

---

① 霹雳州内部因锡矿争夺发生了被历史学家称为"拉律战争"的混乱，其时间一直从1862年延续至1873年。

第三节　现代部分

一、第二次世界大战前英国殖民统治下的马来亚

英国殖民主义者的入侵，加速了马来亚封建经济的解体，殖民地经济开始在马来半岛形成。英国殖民当局强迫当地人种植橡胶，把粮田变成种植经济作物的种植园，并从中国和印度拐骗大批劳工到该地当苦力，在马来亚大规模开采锡矿。据统计，仅1901年英国就从马来亚掠夺了47 475吨锡。除此以外，英国资本还控制了马来亚工业、农业、商业和交通运输等各行业。超额利润年年流入西方，马来亚当地的劳动人民却贫困如洗，英国的殖民统治造成了马来亚经济畸形发展。

虽然英国在马来亚设立了各种形式、不同级别的立法会议，但殖民地总督和各级驻扎官对殖民地和保护国的重大问题始终拥有绝对的决定权，英国的分区统治制度使马来亚长期处于分裂状态。

（一）分而治之政策

马来半岛居民原来以马来人为主体，沿海地区有少许异族客商。19世纪以来，随着外贸、锡矿和橡胶业的发展，对劳工的需求递增，致使外来移民急速增加，马来亚逐步发展成为由马来人、华人、印度人三大族群构成的多元民族地区。

英国政府对各民族采取分而治之的统治手段。对于马来人，除殖民地官员外，英国政府允许其保持自己的宫廷结构并直接统治辖区内的人民；对于华人，在海峡殖民地建立之初设有甲必丹制度，即任命华侨领袖为甲必丹来管理华侨事务，后来还正式成立了华民保卫署，专门负责华人各项事务；对于印度人，主要通过其移民劳工机构进行管理。

为了获得马来苏丹的支持和配合，巩固殖民统治，英国政府有意推行马来人优先的政策。殖民政府与苏丹签订协议，承认马来人是当地的主人，承认和维护马来人在政治、经济、文化等各方面的特权。为此，殖民政府在政治上除保留苏丹封建统治的宫廷结构外，还主要

出马来人担任政府各级官员；经济上也规定非马来人不得占有马来人的保留地；在文化教育上则拨款建立了不少马来学校。殖民政府通过各种舆论宣传马来人优先的观念，致使广大马来人，尤其是上层人物和知识分子，一直认为自己是马来亚理所当然的主人，理应享受更多特权，并把本族经济的落后归咎于其他民族。

英国殖民者"分而治之"的政策，使得马来亚三大民族极少往来，各自保留自己独特的经济、文化和社会生活领域，与这种多元社会结构相适应的是战前政治运动的民族性。

（二）马来亚本土民族主义的觉醒

1904—1926年，受埃及和土耳其影响，马来人兴起了宗教改革运动。1926年，马来人开始注意本族人经济落后的社会问题，在海峡殖民地率先成立了以维护马来人经济地位的马来协会。马来亚共产党在1930年4月30日正式成立后，成功领导了1934年第一次全国总罢工和1936年第二次全国总罢工，获得初步胜利，民族解放运动继续向前发展。1937年前后，全马各地还出现了各种以抵制华人和印度人影响、保护马来人政治经济权力为目的的马来人协会。在印度尼西亚民族主义的影响下，也曾有些激进马来人抨击英国殖民者在马来半岛的统治，提出马来人和印度尼西亚人应联合起来建立独立的大伊斯兰国家的主张，并于1937年建立激进组织"马来亚青年联盟"，但影响力较小。

华人在马来亚本土的觉醒主要受到当时中国政治的影响，如：1906年同盟会在新加坡建立了支部；1912年前后，中国国民党在马来亚建立华文学校；1927年南洋共产党建立；1930年马来亚共产党正式建立。到1938年，随着南洋华侨筹赈祖国难民总会（难侨总会）在新加坡的建立，马来亚遂成为东南亚抗日的中心。

相比马来人和华人，印度人的政治运动相对较弱。在印度民族主义的影响下，马来亚的印度人成立了一些以维护印度人经济利益为目的的团体，但都无太大影响力。综上所述，虽然马来亚三大民族的民族主义在二战前都逐渐觉醒，但是其主要矛头都未对准英帝国主义，因此，直到太平洋战争前夕，英国在马来亚的殖民统治基本上都是稳固的。

❧ 二、第二次世界大战中的马来亚

日本在袭击珍珠港、发动太平洋战争后不久，就对英属马来亚发起进攻。当时，日军有三个师，兵力约5万人。马来亚的英国守军约6万人，加上后援的4万多人，总兵力共达10万人左右。战争前夕，英国的两艘主力舰"威尔士亲王"号和"反击"号也开抵新加坡。但由于武器装备相对落后、准备不足等原因，当日军于1941年12月8日发动攻势后，英国守军溃不成军，两艘主力舰未发一炮便被击沉；日本陆军在海军配合下于12月31日占领关丹。1942年1月11日，日军攻占马来亚首都吉隆坡。1月30日，马来半岛全部沦陷。2月8日，日军强渡柔佛海峡，进攻新加坡。英军全线溃败，损失惨重，退守新加坡。当时的华侨抗日动员总会和政府也组织了1 000多人的华人义勇军参加战斗。2月15日，新加坡英国守军投降，山下奉文与英国殖民者签订协议，至此，日军全面打败了在马来亚的英军，从入侵到占领马来亚仅用了50多天的时间。从此，日本法西斯取代英殖民主义者开始对马来亚实行残酷血腥的统治。

日军入侵马来亚后，对当地人民烧杀抢掠，无恶不作，社会秩序极度混乱，马来亚进入历史上最黑暗的时期。

日军占领新加坡后随即设立了军政部，于3月7日任命了昭南特别市（新加坡）市长及马来亚十州知事，管理各地政务，但最高权力仍旧掌握在军政部长手里。为了掠夺战略物资，控制马来亚的经济，确保当地日军供给，镇压反抗，巩固统治，日本军政府在占领新加坡不久后，即在各地将居民集中在一起以进行"大检证"。凡是被认为是抗日分子的民众便被杀害，被害者达数万人。之后，其又建立起庞大的警察部队，以防范和镇压人民的反抗。

日本军政府为了灌输日本大东亚共荣圈的思想，开设多个中小学，推行日语教育。同时，继续承认马来亚各州苏丹的特殊地位，征集马来人担当各级官员和警察，成立各种马来人的社会宗教组织。1945年日本战败前夕，还许诺让马来亚在大印度尼西亚内独立。日军还极力促使印度人的反英民族主义，释放被俘的印度军人，倡导建立印度独立联盟、印度民族军和自由印度政府。与此同时，日本军政府又征集了大量的印度人修筑泰缅公路，死伤者无数。

日军占领期间，日军始终把华侨看成敌民，不仅残酷镇压，而且还有意挑拨马华两大族群间的关系。日军专门用马来人组成的警察部队镇压以华侨为主的抗日部队，并散布华侨掠夺马来财富等言论，致使马华两族矛盾日益尖锐，为战后民族矛盾激化埋下隐患。

日军的暴行和统治激起了马来亚人民的强烈反抗。最初反抗日军的是马来亚共产党和新加坡沦陷前被解散的华侨义勇军成员。他们开始分别组成零星的游击队，随后联合成马来亚共产党领导下的马来亚人民抗日军。从1942年到1945年，马来亚人民抗日军迅速发展到数千人，逐渐活跃于马来亚全境，并在全马范围内开展游击抗日斗争。在此期间，中国等国家和地区的抗日力量也对马来亚人民抗日军进行了物资援助和技术培训，极大增强了马来亚人民抗日军的抗战能力。马来亚人民抗日军后来与潜入的英军取得了联系，共同作战，有力地打击了侵犯之敌，是马来亚抗日的主要力量。

❧ 三、第二次世界大战后初期的政治形势

（一）马来亚联邦（1946—1948）

1945年8月15日，日本宣布无条件投降。同日，盟军宣布在马来亚建立军政统治。10月10日，英国政府在国会上透露了对马来亚的战后政策。为了整合英属马来亚，建立一个全国性统一的行政管理系统以恢复马来亚的经济，英国殖民者策划在马来半岛实行联邦体制。在接受了爱德华的建议后，英国政府把马来联邦、马来属邦、海峡殖民地所属槟城及马六甲合并成一个政体，称为马来亚联邦。随后，英国政府派使团奔赴马来亚，强迫各州苏丹签订条约以放弃权力。马来亚联邦于1946年4月1日宣布正式成立，建立后的联邦仍属英国皇家殖民地，第一任总督由爱德华担任。

马来亚联邦计划以《马来亚政策白皮书》的形式正式公布，其主要内容有：新加坡为单独的皇家殖民地，马来亚其余地区合并称为中央集权的马来亚联邦，以总督为最高行政官员，下设行政、立法两大会议；在马来亚出生，或是1942年2月15日前15年期间在此地居住的非马来人均可获得公民权，所有公民拥有平等权利和享有同等权利，包括进入民事服务机构工作，公民权将不分民族、条件宽松地赋予全

体的人民；苏丹战前的一切统治移交英国政府，在总督的主持下，苏丹主持各邦的协商委员会，对宗教问题提出意见。

在这一计划下，原来间接统治的保护国成为英国的直接殖民地。而新马分离，有助于强化建立一个英国在远东的中心殖民地，防止华人超过马来人，引起民族骚乱。但是，由于战争已经使马来亚发生了深刻的变化，英国殖民者想加强殖民地统治的政策愈发难以实现。从联邦计划颁布伊始，便开始遭到马来人的强烈反对。在强烈的反对浪潮下，英殖民政府最后只好放弃马来亚联邦的建议，取而代之的是在1948年宣布的马来亚联合邦计划。

（二）马来亚联合邦（1948—1963）

在1946—1948年期间，英国殖民政府尝试把马来半岛11个州合并成为马来亚联邦的计划遭到了马来民族主义者的强烈反对。苏丹和贵族领导的大部分马来人民代表本族利益，反对剥夺苏丹权力，给予非马来人公民权。

马来人的反抗最为激烈，1945年12月，第一次万人抗议示威爆发。1946年3月1日，在短期内成立的马来人协会领袖纷纷聚集吉隆坡，宣布苏丹被迫签订的协议无效，并决定建立马来民族统一机构（简称巫统）。1946年4月1日，巫统发动全体苏丹和马来人以戴孝、拒绝出席成立典礼、撤走各级协商委员会的马来人成员等方式来抵制联邦的成立。不合作运动甚至扩大到拒缴地税、警察辞职和暴力袭击英国人。

面对马来人掀起的第一次民族运动高潮，英国政府被迫让步。经过英国政府代表、苏丹和巫统领导人的多次协商，1948年2月马来亚联合邦成立，代替原来的马来亚联邦，但新马分离的政策仍旧实行。

新建的马来亚联合邦由高级专员代替总督，中央设立行政、立法和苏丹三种会议，由高级专员指定并对其负责的行政、立法会议拥有行政、立法和财政权力。苏丹的宫廷统治依然存在，各州也设立行政和立法会议。马来人的特权得到承认，新的获取公民权的条件更为严格，规定自动获得公民权的除马来人以外，还有在联合邦出生的第二代华裔及印度人，其他人要获得公民权则需要15年居留期以及符合语言等有关条件。显然，是英国政府出卖了非马来人的公民权利，以获得马来人在政治上的妥协，而由英国人独掌大权的马来亚殖民地性质并未得到改变。

马来亚联合邦成立后不久，英国殖民者为了全面扼杀民主力量，以三名欧洲种植园主遭杀害为借口，于1948年6月宣布马来亚全国进入"紧急状态"。受此影响，战后如火如荼的马来亚政治运动一蹶不振。从1949年开始，殖民政府采取了以下一系列措施以争取华人的支持：

第一，推行移民新村运动。强迫森林附近所有居民迁居到特别划定的地点，集中建立了600多个新村，其中大部分是华人。

第二，支持华人政党建立。在殖民政府的支持下，1949年2月，以陈祯禄为首的马华公会成立。马华公会开始以集资安置新村居民和争取华人平等公民权为主要任务。

第三，倡导民族协调。1949年1月，殖民政府倡导成立马华亲善委员会，后又扩大为社群联络委员会。

四、马来西亚的成立及新加坡的脱离

（一）马来西亚的成立

因为英殖民政府不会允许只代表一个民族的政党争取独立，1955年分别代表马来人、华人和印度人的三大政党，即巫统、马华公会和印度人国大党联合组成联盟。联盟由东姑·拉赫曼领导，以向英国殖民政府争取马来亚联合邦的独立为主要目的。第一届马来亚联合邦大选于1955年7月27日举行，联盟在52席中赢得51席，使得联盟有更大的信心向英政府争取独立。在经过多次和英政府的谈判后，马来亚联合邦最终在1957年8月31日宣布独立。这一天后来也被定为马来西亚的独立纪念日。

1961年，东姑·拉赫曼建议马来亚联合邦、新加坡、沙巴、沙捞越和文莱合并，组成一个名为马来西亚的新国家。最初，几乎所有沙巴及沙捞越的政党都反对成立马来西亚，因为他们担心这两州将受到马来人的统治。不过，经过一番解释后，在1962年进行的民意调查显示，70%的沙巴及沙捞越人民支持成立马来西亚，而文莱则拒绝加入。于是，由马来半岛11个州、新加坡、沙巴及沙捞越组成的马来西亚联邦在1963年9月16日正式成立，人口约为1 000万。

巫统建议成立马来西亚的主要目的有：一是试图阻挠社会运动在新加坡和沙捞越的迅速发展；二是试图以沙巴、沙捞越及文莱的加入来平衡以华人为大多数的新加坡人口；三是推动沙巴及沙捞越更快地取得独立；四是为了加强彼此之间的经济合作，以促进经济与社会发展。然而，马来西亚联邦成立不到两年，由于经济上和政治上的原因，新加坡于1965年8月脱离马来西亚而独立，建立了新的共和国。

（二）新加坡的独立

历史上，新加坡曾是马来西亚的一部分。18世纪至19世纪初，新加坡即为马来亚柔佛王国的一部分，后被英国以租借的方式占领。第二次世界大战期间，新加坡被日军占领。1945年日本投降后，英国恢复对新加坡的殖民统治。1959年6月，新加坡实行内部自治，成为自治邦。

作为英国的自治邦，新加坡面临着重重困境而无法独立，时任总理李光耀所在的人民党一直希望与马来亚合并。经过反复权衡，马来亚总理东姑·拉赫曼于1961年5月27日提出成立"马来西亚"的计划。1963年9月16日，新加坡正式并入马来西亚。

然而，合并并没有给新加坡带来富裕、稳定和安全感。印度尼西亚不满马来西亚这个强大邻居的出现，在马来西亚成立不久后便断绝了与马来西亚的外交关系，禁止马来西亚商人到印度尼西亚经商，使得很多新加坡商人破产。因此，新加坡并未因并入马来西亚而获得预想中的经济利益。合并也没有理顺马来西亚和新加坡紧张的政党关系、民族关系。新加坡两次爆发华人和马来人之间的民族骚乱。新加坡不仅与东姑·拉赫曼领导的马来人有摩擦，也与马华公会的华人有冲突。在这一背景下，马来西亚政府和新加坡政府的关系日趋紧张。

令双方不曾预料到的是，这些分歧和冲突非但无法通过协商解决，反而持续扩大。因难以满足新加坡总理李光耀的诸多政治诉求，东姑·拉赫曼最后被逼动用国会议员表决，将新加坡逐出马来西亚联邦。1965年8月9日，马来西亚众议院通过一项宪法修正案，允许新加坡脱离联邦。同一天，李光耀宣告新加坡脱离马来西亚成立一个独立的国家。同年9月，新加坡成为联合国成员国，10月加入英联邦。直至今日，新加坡国徽右侧仍保留着一只老虎，象征着新加坡与马来西亚之间在历史上的紧密关系。

第三章 政治

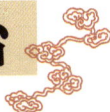

第一节 国家标志

一、国旗

马来西亚的国旗呈横长方形，长与宽之比为2：1。主体部分由14道红白相间、宽度相等的横条组成。左上方有一深蓝色的长方形，上有一弯黄色新月和一颗14个尖角的黄色星。14道红白横条和14角星象征马来西亚的13个州和政府。蓝色象征人民的团结及马来西亚属于王室统治政权，黄色象征国家元首，新月象征马来西亚的国教——伊斯兰教。

二、国徽

马来西亚的国徽中间为盾形徽，盾形徽上面绘有一弯黄色新月和一颗14个尖角的黄色星，盾面上的图案和颜色象征马来西亚的组成及其行政区划。盾面上部列有5把入鞘的克里斯短剑，它们分别代表柔佛州、吉打州、玻璃市州、吉兰丹州和登嘉楼州。盾面中间部分绘有红、黑、白、黄4条色带，分别代表雪兰莪州、彭亨州、霹雳州和森美兰州。盾面左侧绘有蓝、白波纹的海水和以黄色为底并绘有3根蓝色鸵鸟羽毛，这一图案代表槟榔屿州。盾面右侧的马六甲树代表马六甲州。盾面下端左边代表沙巴州，图案中绘有强健的褐色双臂，双手紧握沙巴州州旗。盾面下端右边绘有一只红、黑、蓝三色飞禽，代表沙捞越州。盾面下部中间的图案为马来西亚的国花——木槿，当地人称"班加拉亚"。盾徽两侧各站着一头红舌马来虎，两虎后肢踩着金色饰带，饰带上书写着格言"团结就是力量"。

✿ 三、国歌及其由来

　　马来西亚国歌的前身是霹雳州的州歌《月光曲》，曲子优美动听，在马来西亚广为流传，后来还成为流行于印度尼西亚的一首民歌。这首歌曲在配上新的歌词后改名为"我的祖国"，并被确立为马来西亚的国歌，而节奏也从原来的较慢节奏变为较快节奏。借此，马来西亚人民对外展示和表达了加快建设国家的步伐和促进国家快速发展的决心。

　　歌词的中文大意如下：

　　我的国家，我生长的地方。

　　各族团结前途无限无量。

　　但愿上苍，福佑万民安康。

　　祝我君王，国祚万寿无疆。

　　但愿上苍，福佑万民安康。

　　祝我君王，国祚万寿无疆。

　　马来西亚的国歌诞生于该国独立的进程中，而《月光曲》成为霹雳州州歌却极具历史戏剧性。如前文所言，《我的祖国》这首歌的曲子源于霹雳州的州歌——《月光曲》，而关于《月光曲》的渊源，则众说纷纭。据说这首曲子最早出现在18世纪法国军队占领的塞舌尔群岛上。当时，随军的乐队每星期五下午都在该群岛的最大岛——马埃岛演奏这支抒情曲，以寄托官兵将士对家乡和亲人的思念。这支旋律优美的曲子后来传到南洋群岛，在马来亚、印度尼西亚等地广为流传，人们给它取名为"月光曲"。

　　1888年，当霹雳州苏丹伊德里斯赴英国参加维多利亚女王登基大典时，负责筹备典礼的英国女王代表召见了苏丹的高级侍从官罗阁·满素尔，通知他在女王登基典礼上演奏霹雳州的州歌，并要求他当场把曲子哼出来听听。因霹雳州从未有过州歌，事先毫无准备的罗阁·满素尔只好凭记忆将《月光曲》哼唱了出来。英国皇家乐队便根据他提供的这支曲子在维多利亚女王登基的当天进行演奏。这样，《月光曲》便在十分偶然的情况下成了霹雳州的州歌。

　　在马来亚联合邦独立之前，由马来亚各州领袖组成的统治者会议在加紧联合邦独立的准备工作的同时，也酝酿着联合邦邦歌，并为此在马来亚举行了一次征歌活动，由此展开了一场国际性的竞争。此赛一共有514人参赛，而且来自世界各地，但遗憾的是，所有征来的歌曲都不能令人满意。鉴于此，马来亚联合邦首席部长东姑·拉赫曼（即马来西亚第一任总理）于1957年8月6日向统治者会议建议，将《月光曲》改作马来亚联合邦邦歌。此建议在第二天就得到统治者会议和霹雳州苏丹的同意。紧接着，统治者会议组织人力为这支曲子重新填词。经过反复推敲，终于填完歌词，并重新定歌名为"我的祖国"。最后，此歌曲于1957年在吉隆坡正式被宣布为马来亚的国歌。

　　后来，国歌歌曲的节拍曾经被马来西亚第四任总理马哈蒂尔改编过。新的歌曲于2003年8月31日午夜12时于默迪卡广场进行了第一次演奏。事实上，新的歌曲仍然和旧的歌曲一样，只不过士兵或铜管乐队的步伐的速度会加快而已。正式演奏此曲前，有一阵短鼓声（多数是在独立日/国庆日时），此为吸引听众注意之举，并预示将会开始在一个庄严的步伐中演奏国歌，并暗示已开始唱起了承诺效忠国王和国家安全的歌。这首歌以精练的歌词，抒发了马来西亚人民对祖国的无限热爱，表达了共同奋斗建设祖国的决心。马来西亚是个君主立宪制的伊斯兰国家，因此歌词中自然就把追求幸福和治国的希望寄托于伊斯兰教信奉的唯一神——真主和自己的君主身上。

❧ 四、国花

　　马来西亚的国花是扶桑，因两棵树往往同根偶生相依倚而得名，学名木槿花，俗称"大红花"，又名朱槿花、朱槿牡丹、赤槿、花上花、日及、佛桑、佛槿、桑槿等。它在马来语中被称为"班加拉亚"。

扶桑在植物分类学中分属锦葵科，为落叶灌木或小乔木，可以生长到6米多高，一般温室栽培高约1米。叶宽卵形或狭卵形，花下垂，边缘有波浪形状，吐出长长的花蕊，给人秀气、高雅、别致的感觉。花柄长3～5厘米，花冠漏斗形，呈淡红色或玫瑰红色，喜温暖湿润的气候，其根、叶、花都可以入药，具有清热解毒的功效。

马来西亚的盾形国徽上也有扶桑的图案，马来西亚人民用其红彤彤的花朵，或比喻为热爱祖国的烈火般激情，或比喻为革命的火种洒满大地而燃起熊熊大火，使殖民主义者相继后退。

实际上，中国是扶桑花的原产地，而中国种植扶桑花历史由来已久，并将扶桑视为神树。早在战国时期成书的《山海经》就有记载："汤谷上有扶桑，十日所浴，在黑齿北。"唐朝大诗人李白曾在《代寿山答孟少府移文书》中云："将欲倚剑天外，挂弓扶桑。"

第二节　　宪法

在二战结束之后马来亚联合邦独立之前，英国在重新驻守马来半岛后已经着手通过拟定宪法等相关文件，持续推行"分而治之"的政策，企图继续加强对马来半岛的殖民统治。然而，无论是马来亚联邦计划，还是马来亚联合邦计划，都遭到了马来半岛各民族人民的反对，马来人感到自身权益受损，非马来人的地位也被进一步削弱。特别是在进入20世纪50年代后，马来亚人民对英国殖民统治及强加的宪法反感与不满，在国际形势的影响下渐趋发酵，而其追求民族独立的意识也日趋强烈。

1951年4月，马来亚联合邦开始实行部长制，地方选举日益活跃。1955年，在联合邦立法会议选举中，由巫统、马华公会和印度人国大党组成的联盟获得胜利，成为联合邦执政党。这次大选的胜利使马来人民进一步坚定了争取独立的信心。同年12月至1957年5月，联盟主席东姑·拉赫曼率领代表团多次前往伦敦与英国政府就有关独立以及独立后宪制的问题进行谈判。1956年3月6日，马英签订协议，准许双方指派一个宪法委员会负责草拟马来亚独立后的新宪法。联合宪法草案在先后经过各州苏丹会议及联合邦行政会议的批准之后，又在英国国会两院中通过。1957年8月27日，《马来亚联合邦宪法》（即《独立宪法》）正式公布；8月31日，新宪法正式生效，马来亚联合邦获得独立。

新宪法规定国家最高元首为国家首脑、伊斯兰教领袖兼武装部队统帅，由统治者会议选举产生，任期五年。最高元首拥有立法、司法和行政的最高权力，以及任命总理、拒绝解散国会等权力。1963年9月16日，马来西亚联邦成立，联邦宪法沿用至今。其间，联邦宪法在1963年、1970年、1971年、1984年、1987年、1993年、1994年、2007年经过多次修改。在1993年的修订中，各州苏丹的法律豁免等特权被取消；1994年通过宪法修正案，主要内容是最高元首必须接受及根据政府的建议执行公务；2005年马来西亚再次通过修宪法案，决定将各州的水供事务管理权和文化遗产管理权移交中央政府。马来西亚现行宪法最新的一次修订时间为2007年。

目前，马来西亚宪法共分为14章（181条）和13个附表，各附表中分别包括若干小章。宪法确认了马来西亚国家制度和社会制度的基本原则，规定了马来西亚的政体、国家结构形式、国家机关的组织形式与活动的基本原则、公民基本权利和义务等，具有最高的法律效力，是一般法律的母法。宪法确定了国家政府机构的任务和形式，如元首、国会、内阁、法院、大选和公共服务等；确定了公民权、国教和官方语言等；赋予了国家特殊民族特殊的地位，如马来人的特权。具体来看，联邦宪法第一章概述了联邦的领土、宗教和州；第二章主要阐释公民的基本权利，如享有言论、集会、结社等自由；第三章规定公民权取得和丧失的条件；第四章是关于各个国家机构的规定；第五章和第六章是关于联邦与各州关系的规定；其余章节是关于财政、选举、司法机关等的规定。同时，宪法还规定，东马的沙巴、沙捞越两州享有教育、移民和劳工等的自主权，各州政府拥有州宪法和立法机构，但联邦政府在立法权力和行政权力方面大于州政府。

由于现今马来西亚宪法的前身——马来亚联合邦宪法是在英国殖民者主导下，由马华印联盟及各州苏丹协商制定的，宪法不可避免地具有明显的英国宪政模式色彩。例如，宪法中有关内阁制、国会两院的权力分配及多数党组阁等重要内容均效仿英国的政治制度。当然，马来西亚宪法也不完全是对英国宪政的"照搬照抄"，而是吸收了其他国家的有益成分，并考虑了马来西亚各州与苏丹的特殊地位。例如，在联邦与各州权力的划分上，马来西亚现行宪法规定国会中的上院代表各州。这无疑类似于美国参议院代表各州的做法，而不同于英国上议院代表贵族、下议院代表政党和平民的英国宪政规定。但相同的是，马来西亚下议院同样拥有决定性的权力。

第三节　政党

　　与马来西亚多元的地域文化和民族相一致，马来西亚的政党发展大多与民族相关，各政党各自代表一部分人或者一个民族的政治利益诉求。现如今，在马来西亚注册的合法政党有40多个。其中，巫统、马华公会和印度人国大党等政党组成的国民阵线在马来西亚曾长期处于执政地位。"国阵"是包括巫统在内的多个政党的联盟组织，为巫统在马来亚联盟党的基础上扩大而成，成员党相对独立。大选时各党采用统一的竞选标志和宣言，候选人议席由内部协商分配，其主要主张是强调发展经济，协调各政党利益，建立和平、稳定、繁荣、公正的社会。国民阵线的主要成员党包括马来民族统一机构（又称"巫统"）、马来西亚华人公会（马华公会）、马来西亚印度人国大党、人民运动党（又称民政党）、马来西亚人民进步党、沙捞越土著保守统一党、沙捞越人民联合党、沙捞越国民党、沙捞越达雅克族党、沙巴自由民主党、沙巴人民团结党、沙巴民主党、沙巴团结党。

　　国民阵线在马来西亚政坛曾长期处于联盟执政地位，但马来西亚的反对党及其组成的联盟却分分合合，虽然偶有在大选中取得不错的成绩，但由于党派歧见，不能形成长期有效的联盟。马来西亚的主要反对党有伊斯兰教党（也称泛马伊斯兰教党，主张极力扩大伊斯兰教在社会、政治和经济事务中的作用，并希望最终将马来西亚建成一个伊斯兰教国家）、民主行动党（前身是现今新加坡执政党人民行动党，主张建立马来西亚人的马来西亚，为所有马来西亚人创建一个民主、公平、和谐、进步的马来西亚社会，建议消灭民族差别）、四六精神党（巫统分裂派，于1996年解散，该党领导人回归巫统）、人民公正党

（前身是伊斯兰教社会联盟，主张联合各政党和非政府组织力量，抗衡政府，争取公正）、国家诚信党（由伊斯兰教党开明派组成）等。上述伊斯兰教党与民主行动党为马来西亚主要反对党，势力强大，在反对党派中处于领导地位，其余反对党还包括沙捞越工人团结党、马来西亚民族主义党等。他们在马来西亚的政坛中发出不同的声音，促进马来西亚民主政治不断向前发展。其余已经登记但却没有参加联邦大选的反对党还有：工人党、沙巴土著人民团结党、沙巴人民行动统一机构、华人团结党、沙巴华人党等。反对党联盟曾在2008年大选中取得了空前的胜利，并在多个州执政，但如今已经解散。2015年9月，人民公正党、民主行动党和国家诚信党重新组建了反对党联盟，称为"希望联盟"（简称"希盟"），并在2018年大选中史无前例地胜出，成功终结了"国阵"长达60年的执政地位。

　　由于特殊的地理、历史与人文环境，马来西亚的政党政治有其突出的几个特点。具体来看，大体上有：其一，深受英国立宪制度的影响，强调议会政治和精英政治；其二，非典型化的一党制或多党制，执政党并非单一政党，而是由多个政党组成的执政党联盟，而各个政党又保持其自身的独立性；其三，政党民族色彩浓厚，马来西亚的几个主要政党基本以民族为基础，既是各自民族的代言人和利益的保护者，也是他们的政治代表和权力的载体与工具，政党纲领中的首要政治目标往往都带有浓厚的民族色彩，这就意味着，民族的观念超越了阶级和其他的一切政治观念，民族利益成为一切政治活动至高无上的原则；其四，政党具有明显的伊斯兰宗教色彩，马来西亚民族与宗教间有着非常紧密而又微妙的关系，马来人的特权观念与其对伊斯兰教的信仰在马来西亚政坛呈现出重合的现象，无论是执政党，还是反对党，均强调马来人的特权与执政理念的伊斯兰宗教化，甚至有政党希望将马来西亚发展成为一个伊斯兰教国。

第四节　议会

　　马来西亚的立法机构是议会，也称为国会，由上议院和下议院组成，其功能各不相同，议会下议院享有立法权，但下议院制定法律草案之后必须交由上议院审议，审议通过则交与最高元首签署并发布，如果上议院不予通过法律草案，则将该草案直接发回下议院重新修改，修改之后再交由上议院审议，但是下议院也可以绕过上议院将该法律草案直接交由最高元首审理并签署发表。

根据联邦宪法第七十三条规定，为了更好地行使宪法赋予的立法权，议会需要制定联邦内涉及以下所有领域的法律以及对外的法律，包括外交事务、国防、国家安全、国内和犯罪法律、公民权、船运、航海、渔业、通信和交通运输、公共事务、教育、卫生、工人事务、土著居民事务等；州立法机构则制定有关州内各项事务的法律，包括风俗习惯、伊斯兰教事务、土地、农业、当地政府、给水工程、州政府行政体制、州历史等。如果州的某一法律与宪法精神相违背，则执行宪法并废除该法律。

议会还是马来西亚联邦政府首脑权力的主要来源。议会对首脑的支持主要通过两种途径来落实：第一是议会选举中获得多数议席，第二是赢得议会的信任投票。因此，如果政府首脑所属政党未能赢得议会大选，政府首脑连同其内阁必须提出辞职。未能通过议会信任投票的政府首脑，也必须连同其内阁辞职。马来西亚有联邦议会和州议会，联邦议会又有上议院和下议院之分，州议会则往往被称为立法议会。

上议院为马来西亚国会当中第二重要的组成部分，上议院的主要职责是更加详细地讨论下议院通过的某项法案或者有关民众利益的事项，以及负责讨论涉及公众利益的事务。法案经上议院讨论通过后须呈交最高元首批准。上议院对法案无否决权，但可以通过提出修改案推迟法案的实施。如果下议院将法案在国会闭会期前一个月交予上议院审议，而上议院在此期间内没有通过也没有提出修改案，那么下议院则有权直接将法律草案交由最高元首审核并签署。如果法律草案发回下议院，在一年之内下议院没有按照上议院的建议修改，但草案又经过了下议院的投票通过，那么下议院有权直接将法律草案交由最高元首审核和签署。上议院共设有70个议席，其中26个由13个州的立法议会选举产生，每州2个；其余的44个由最高元首根据总理的建议委任，其中联邦直辖区吉隆坡2个，纳闽及布城各1个。上议院设正、副议长各1名，从上议院的议员中选举产生。

下议院是国会的重要组成部分，是人民表达意见和意愿的专门委员会，是马来西亚最主要的立法机构。议员由选民直接选举产生，采取选区制，每个选区10万人，产生1名议员，议员不能同时代表两个选区参选，也不能同时成为上议员和下议员。议员年龄须在21周岁以上，任期五年。下议院是国会权力的主要来源，它的主要职权包括立法权、对政府及财政的监督权、干预经济活动权等。下议院共有222个议席，设议长1名、副议长2名。一项法案在下议院获得通过后，须交由上议院审议通过，然后呈交最高元首批准。但如果上议院要对某项法案加以修正，须将法案交回下议院重新考虑，如果下议院不接纳上议院的修正案，可以不再经过上议院而直接呈交最高元首批准，上议院对法案无否决权。

第五节　国家首脑

马来西亚实行的是君主立宪制，因此该国的最高权力机构与最高元首、各州苏丹与元首关系最为紧密。最高元首和苏丹的权力虽然受议会和内阁的限制，但由于传统和宗教的缘故，在名义上依旧是马来西亚的最高权力机构基础。

最高元首是马来西亚最高权力机构的最主要组成部分。根据马来西亚君主立宪体制，最高元首是国家首脑，名义上拥有最高行政权、立法权和司法权，同时也是伊斯兰教领袖兼武装部队统帅、对内对外是国家的最高代表。与此同时，最高元首是国会的重要组成部分，但是他不出席国会会议，只是在国会举行会议时下达命令。最高元首有权召集、取消和解散国会，但在行使上述权力时，需要向内阁征求建议。

作为国家的最高领导人，最高元首拥有行政权，可以执行行政权或者将行政权交由内阁或内阁指定的部门代为行使。根据联邦宪法规定，最高元首可以根据自己的判断决定三项事务，即任命总理、拒绝解散国会的请求、召开统治者会议研究关于苏丹的特殊地位。同时，最高元首还是马来西亚武装部队的最高首长，有权赦免或者推迟军事法庭审理的各项案件，有权赦免所有在联邦区域内发生的案件或者是国家安全法范畴内的特定案件。此外，最高元首还是其原属州、联邦直辖区、马六甲、槟榔屿、沙巴和沙捞越四个州的宗教领袖（其他各州为本州苏丹）。此外，联邦宪法第一百五十三条赋予最高元首特权以保护马来人和沙巴、沙捞越土著居民的特殊地位；联邦宪法第一百五十条赋予最高元首宣布紧急状态的权力，假如最高元首觉得正在发生的紧急状况对安全以及经济生活或者联邦内的公共安全造成了威胁，那么他有权力宣布实施紧急状态。虽然最高元首拥有国家最高权力，任何法院都不能对其提起诉讼，但其仍然受到宪法有关规定的限制。

各州苏丹则是各州的最高统治者，居住在金碧辉煌的皇宫里，他们的服饰、用具和日常用品都为金黄色，因为金黄色代表高贵，是专属于皇宫的颜色。每年苏丹的诞辰日都是全州的大事，也是全州的公共假日，州政府还要为苏丹举行隆重的庆祝仪式。

统治者会议则是马来西亚集体君主立宪制度的象征和体现，也是马来西亚最高权力机构的组成部分，在人员构成上主要包括了各州苏丹和州元首。1948年，《马来亚联合邦协议》颁布；同年，统治者会议成立，由玻璃市、吉打、霹雳、雪兰莪、森美兰、柔佛、吉兰丹、丁家奴和彭亨9个州的世袭苏丹以及马六甲、槟榔屿两州州长组成。马来西亚成立后，沙巴和沙捞越两个州的州长也成为统治者会议成员。会议没有固定的时间，只要最高元首或会议成员3人以上请求，掌玺大臣应即刻召集会议。根据联邦宪法第三十八条规定，统治者会议的主要职权是：选举产生正、副最高元首（马六甲、槟榔屿、沙巴和沙捞越4个州的州长因为是最高元首任命的，所以没有选举权和被选举权）；决定是否将任何宗教活动、仪式、典礼推广至全联邦；就政府高级官员的任免提出建议。此外，最高元首任命最高法院院长及大法官、审计长、选举委员会委员、公务委员会委员等职位时，须与统治者会议商议；有关代行最高元首职务的法律，须经统治者会议同意；批准任何变更疆界的法律等。统治者会议成员可以在下列任务中根据自己的判断来采取措施：选举或者革除最高元首的职务，或者是选举副最高元首；对于各项任命给予建议；同意或者否定任何一条修改边界的法律或者是涉及苏丹特殊性、地位、尊贵性和崇高性的法律；决定是否将某一种宗教仪式普及至全联邦。

统治者会议决议需经半数以上票数通过，决议制定后须加盖御玺方可生效。

第六节　政府

在君主立宪制下，马来西亚政府实行内阁制，即内阁总揽国家行政权力并对议会负责。

马来西亚联邦政府内阁为国家最高行政机构，由总理、副总理、各部部长、副部长及政务次长组成，总理为政府首脑。最高元首任命下议院多数党领袖担任总理，并根据总理的提名任命各部部长及副部长。政府内阁成员必须是议会议员，内阁集体对议会负责。此外，为了协助内阁协调和监督各部的工作，政府设立了3个理事会：国家行政理事会、国家经济理事会和国家安全理事会，均由总理直接领导。

内阁的主要职能是：制定和执行政策、法律，统领全国性的公共行政事务；参与立法和司法工作；决定和实施国家内、外政策，任免高级官员；掌管和指挥军队、警察、法院、监狱等暴力机关；干预乃至参与活动，发展国家资本主义；其他职能，如组织选举、建议解散议会等。

根据联邦宪法第八十条规定，政府行政权力的分配如下：联邦政府对联邦法律涉及的所有方面行使行政权力，地方政府则对州立法会议所制定法律所涉及的事务行使权力；联邦政府的行政权力不覆盖州事务目录里包含的事务，联邦宪法第九十三条至第九十五条规定的内容除外；不得覆盖共同事务目录里包含的事务，联邦法律和州法律里的相关规定除外；只有在联邦法律和州法律中针对某项事务都赋予联邦行政权，那么法律才可以将权力赋予联邦政府而并非州政府；根据联邦宪法第七十六条（四）款规定，如果某一法律要求州将所拥有的关于某项事务的权力上交给联邦政府，除非能够在州议会中通过，否则该法律将不能够实施；联邦法律可以指定州政府行使其权力，执行联邦政府管辖下的事务；按照联邦法律或者州法律，联邦政府可以和州政府之间制定某项协议以便决定让联邦处理州政府事务或者州政府处理联邦事务，但是在此之前协议必须决定费用问题；在州政府替联邦政府执行某项事务之后，联邦政府必须要按照协议支付州政府相关费用，如果在之前没有制定相关协议则由最高法院院长作为仲裁人决定需要支付费用的数额。

马来西亚政府机构的设置经历了由简到繁的演进过程。2008年第十二届大选之后，内阁也进行了相应的改组，最新的内阁共设25个部级机构，其中就包括总理署，财政部，国防部，内政部，国际贸易与工业部（贸工部），教育部，高等教育部（高教部），外交部，房屋与地方政府部（房地部），公共工程部（工程部），交通部，种植与原产业部（原产部），农业与农基工业部（农业部），卫生部，新闻通讯与文化部，科学工艺与革新部（科艺部），人力资源部（人资部），国内贸易与消费部（贸消部），旅游部，天然资源与环境部（环境部），青年与体育部（青体部），妇女、家庭与社会发展部（妇女社会部），能源、水务与绿色工艺部，联邦直辖区部（直辖部），乡村与区域发展部（乡区部）等。而到2018年第十四届大选后，马哈蒂尔领衔的"希盟"政府内阁部长人数为29人；而从部门数量来看，"希盟"政府所组建的部门则也没有超过30个。

第七节　司法机关

马来西亚的司法系统基本上沿用了英国的普通法，《马来西亚联邦宪法》为国家最高法律。此外，马来西亚还引用了一套伊斯兰法律，以处理涉及伊斯兰事务的法律诉讼。马来西亚的司法机关包括司法行政机关和检察机关，法院和检察机关是代表国家进行审判和追究刑事责任并提起公诉的机关。

最高法院是马来西亚法院系统中的最高司法机构，其主要职责是：裁决国会和立法机构制定的法律有效或者失效，因为在某些事务上按照法律规定，国会和州立法会议不具有制定相关法律的权力；裁决州与州之间或者联邦政府与州之间的矛盾和分歧；按照联邦宪法的规定裁决高等法院或者是高等法院某一位法官的建议；裁决在法院（最高法院除外）审理当中出现的关于联邦宪法规定的权力的问题；根据联邦宪法规定向最高元首提供咨询建议。此外，马来西亚还设有高等法院、上诉法院与低等法院。其中，最高法院院长、高等法院大法官以及联邦宪法第一百二十二条规定的最高法院和高等法院的其他法官须由最高元首任命，总理在和统治者会议商议之后向最高元首提供任命建议。

马来西亚中央检察机关也是该国家司法机构不可分割的组成部分。中央监察机关总检察长由最高元首根据总理的建议从联邦法院的法官中任命一名适合人选担任。总检察长依法掌管并指导所有刑事案件的公诉工作，有权任命适当的人选为检察官，以便在法院进行公诉。另外，总检察长也可以对不低于探长级的警官或者政府部门的官员进行刑事起诉。

第四章　军事

作为战后新兴独立的国家，马来西亚虽非东南亚地区最小的国家，但在安全方面却与其他东南亚中小国家有着许多共同的特点，例如缺乏安全感，面临着东南亚地区复杂多样化的安全环境，及倾向于从自身、地区与双边、多边等多个层面落实其安全政策。因此，在这一政策导向下，马来西亚除了发展自身的海陆空多种军事力量以外，还着眼于加强对外安全交流与合作关系，以期最大化地确保自身安全与周边环境的安全，规避自身与东南亚地区深陷大国角逐的"陷阱"及由此带来的安全威胁。

第一节　国防与军事力量

一、军队概况与国防建设

（一）武装部队概况

马来西亚武装部队是马来西亚国防的主要军事力量，其扮演的角色是保卫马来西亚国土的完整和主权的独立，随时应对一切可能发生的威胁。与此同时，马来西亚武装部队还担负着下述几个重要任务：（1）在国家内部发生动乱时，维持公共秩序；（2）在发生自然灾害时给予救援；（3）参与联合国维持和平部队的维和行动。马来西亚的武装部队可以细分为以下三个分支：马来西亚陆军、马来西亚皇家海军和马来西亚皇家空军。马来西亚陆军的前身是1935年英国殖民政府组建的马来兵团；马来西亚皇家空军则成立于1958年6月1日；马来西亚皇家海军的前身是马来亚联合邦独立后马来政府于1958年从英国人手中接管的原英殖民地海军辅助部队，而直到1963年才正式改为马来西亚皇家海军。

马来西亚的三军最高统帅是国家最高元首。同时，马来西亚设立了国防决策机构——国家安全委员会，总理亲自出任委员会主席。作为军队的最高指挥官，马来西亚武装部队总司令由最高元首委任，总司令的军阶为上将，他通过麾下的各司令部指挥和管理武装部队的运作。马来西亚实行志愿兵役制，服役期为十年。

马来西亚武装部队的现代化计划是该国落实国家安全原则的重要实践。据中国国防科技信息网报道，2013年发布的《马来西亚国防工业的未来》报告显示，马来西亚2013年国防预算为49.6亿美元，2013—2018年国防预算预计复合年增长率为3.27%，2018年有望达到56.8亿美元[①]。国防开支的显著增加主要受三个方面因素的影响，其一是马来西亚武装部队的现代化计划，其二是马来西亚武装部队执行的军备采购，其三是马来西亚参与的联合国维和行动和不断上升的领土争端问题。虽然军费开支明显增长，但马来西亚国防开支占国内生产总值的比例是呈现下降趋势的。相关数据显示，马来西亚2013年国防开支占GDP的比例为1.46%，2018年占比将下降至1.14%。马来西亚政府希望以此进一步削减政府财政赤字，同时马来西亚的国防开支还深受该国货币贬值的影响。2017年，马来西亚由于财政困难和货币贬值，不得不大幅度削减国防预算，结果马来西亚武装部队只能将有限的资金用于持续采购项目。

（二）国防建设

马来西亚武装部队现代化是马来西亚政府推动国防建设的总指导。近年来，马来西亚主要从三个方面推动国防建设的发展。

第一，突出加强海军建设。马来西亚皇家海军的建设发展是马来西亚武装部队未来建设的重中之重。马来西亚海岸线全长4 492千米，与南海相邻，控制着马六甲海峡，战略利益和经济利益不言而喻。马

---

① "马来西亚国防预算2018年预计将达56.8亿美元"，中国新闻网，2013年4月26日，http://www.chinanews.com/mil/2013/04-26/4767860.shtml。

来西亚国防部已明确指出未来海军将是其发展的重点。在马来西亚武装部队现代化建设中有一个重要原则就是按照质量优先的原则加速推进海军力量的建设和发展，力争建成一支在东南亚地区处于领先地位的现代化海军。这是马来西亚国防发展的重点，而且这些年来在实践过程当中一直做得非常明确。皇家海军采购武器装备的经费相当于陆军和皇家空军的总和，因此可以看出马来西亚未来军事力量的发展更重要的是突出海军。为了实现这个目标，马来西亚海军不断地从国外引进先进的技术、先进的装备，努力提高海上力量的现代化水平。马来西亚皇家海军的指导思想是以先进的理论指导军队，培养高素质复合型人才，提高武器装备的高科技含量，加强对外的军事交流活动。

第二，大规模精简陆军。马来西亚政府提出了"知识军人"的概念，在其第八个五年计划中，就将提高军队的综合素质放在首位，鼓励军人继续进修，参与研究和发展，贡献新的理念及学识；提高陆军的行政透明度和公信力，包括主办更多适合的课程及研讨会，拟定参考资料，强调整体品质管理概念，取得ISO9002规格认证，实施军人训练及评估计划，公开及透明处理军人晋级手续、军备采购等事务，让各级别军人积极参与，实现知识武装全军；实行减员提效，加强武器装备，进行大规模的精简整编和结构重组，强调"多功能战斗"能力，增加军队机动性以及加强武器威力。马来西亚政府还加大军事人员培训力度，开发军队人力资源，通过互相挂钩及多功能技术培训等计划，增加军人各方面的知识，通过机动化、高效能的管理，在部队组织中建立完善的网络联系中心，克服裁员后可能引起的问题。马来西亚陆军实行"一位军人，一项专才，一间房屋"的"三个一"计划，力争实现每位军人都拥有自身专长。

第三，加强装备电子化，安装改进通信系统。马来西亚皇家海军从1997年开始使用国际海事卫星系统，终端用于舰与舰、舰与岸之间的通信联络。1999年，马来西亚海军还购买了15套国际海事卫星终端，用于装备护卫舰和岸上基地等单位；2001年，陆续在支援舰"马哈旺萨"号、海岸扫雷艇"须弥山"号、导弹快艇"勇敢"号、"首先"号等多艘舰艇上安装了国际海事卫星系统，开通卫星电话、传真、数据等基本业务。2001年11月21日，马来西亚海军与马来西亚电信公司联合召开"使用国际海事卫星电话研讨会"。2002年，马来西亚海军完成其全部舰艇上的国际海事卫星"Mini-Inmarsat"系统安装工作。另外，马来西亚政府还斥巨资更新部队的电子对抗系统、作战数据系统、雷达系统等高科技装备。

❧ 二、主要国防力量

（一）陆军

马来西亚陆军的历史可以追溯到1902年组建的一支由马来人组成的保安队。马来亚苏丹及统治者在与英国殖民者进行多次协商后，于1913年提出组建马来军团，希望尝试组建一支由纯马来人组成的部队来保家卫国。由于英国对殖民地土著的消极态度，这支部队的组建过程耗费了相当长的时间。在苏丹及族长们的强烈要求和敦促下，英国在马来亚的管理者才同意这一计划。1933年1月23日，联邦会议以11号法律文件的形式通过马来军团法律草案。为响应保卫国家的号召，来自马来亚各地超过1 000名的马来青年报名参军。1933年3月1日，英国殖民政府挑选了25名马来青年组成"皇家马来军团实验班"。1935年1月，由于成员在训练中取得的优异成绩以及所体现出来的良好品质，该实验班扩充为装备完善的皇家马来军团第一营，其中4名成员更在1936年11月被授予少校军衔。1941年12月1日，第二次世界大战马来亚战争爆发的前六天，皇家马来军团第二营组建。随后，这两个营投入了对日本军队的战斗，成为与日军正面对抗的最前线单位。由于日军兵力不断扩充，马来军团被迫撤退到瓜拉吉来（Kuala Krai）后又辗转撤退到新加坡，与驻扎当地的英国军队一起抵抗日军的进攻。

1948年6月8日，英国殖民政府宣布马来亚进入"紧急状态"。当时，马来军团仅扩充到3个营。1956年，马来军团扩充到7个营，装甲兵、通信兵、工程兵、宪兵部队也相继组建。随着各支部队的逐步建立，马来西亚陆军也改变了风格，成为各民族成员并肩保卫国家的军事力量。

1957年8月31日，马来亚联合邦独立，马来亚陆军的力量迅速壮大，装备日趋先进。到1961年，马来军团已经扩充到11个营，成为一支足以满足国内武装斗争需要的正规军。

马来西亚陆军目前随着国防战略的调整削减至不到8万人，编有3个军区，第一军区负责防守联邦直辖区、雪兰莪州、霹雳州、吉打州、玻璃市州及槟榔屿州，军区司令部设在吉隆坡新街场；第二军区驻守沙捞越州和沙巴州，司令部设在沙捞越的古晋；第三军区负责守卫马六甲州、柔佛州、森美兰州、登嘉楼州、吉兰丹州和彭亨州，军区司令部设在马六甲。陆军军力包括1个军、4个师、1个机步旅、11个步兵旅（含36个步兵营、4个装甲团、5个野战炮团、2个高炮团、5个工兵团、1个特种勤务团）、1个空降旅（包括3个空降营、1个轻型炮兵团、1个轻型坦克中队）、1个陆航直升机中队、1支快速反应部队。主要装备包括：PT-91主战坦克，FV101型"蝎子"轻型坦克，SIB-MAS式、AML-60/90型、"白鼬"型装甲侦察车，KIFV式、"突击队员"型、"攻击者"型、"神鹰"型、M-3型装甲输送车，105毫米、155毫米牵引炮，81毫米迫击炮，SS-Ⅱ型反坦克导弹，89毫米、92毫米火箭炮，84毫米、106毫米无后坐力炮，35毫米、40毫米高射炮，"标枪"型、"轻剑"型地对空导弹，SA-316B、AW109直升机。

马来西亚陆军设立有司令部，全面负责陆军的计划、领导和管理事宜，主要为18个兵种，其中皇家马来军团、皇家突击团、皇家装甲兵、边防团属于作战部队，皇家炮兵、皇家通信兵、皇家宪兵、皇家工程兵、皇家电力工程和机械兵、皇家（安全）调查部队属作战支援部队，皇家军械兵、勤务兵、皇家卫生兵、皇家后勤兵、武装部队宗教部队属支援部队，近卫军属后备部队，精英部队、陆军航空兵属特殊部队。

（二）皇家海军

马来西亚皇家海军的前身是1934年4月27日在新加坡成立的"海峡殖民地海军志愿者预备部队"，建立这支部队的目的是帮助马来亚在政治动荡时期进行海上防御。1938年在槟榔屿岛建立了这支部队的分支，并且更名为"马来亚皇家海军志愿者部队"。1939年，第二次世界大战爆发，英国政府开始招募新兵以加强在马来半岛的防御。同时，"马来亚皇家海军志愿者部队"也不断从马来亚的年轻人中招募新兵，成立了"英国皇家海军马来亚部"，又名"皇家马来亚海军"，或被直接称为"马来亚海军"。这支部队在建立初期仅有400人，全部在英国海军基地受训。到1941年，这支部队的人数达到1 430人。1942年新加坡沦陷之后，150名马来亚海军官兵随英军撤退到锡兰、印度和东非，战后这支部队又回到了马来亚。在整个二战时期，马来亚海军都是悬挂英国国旗在印度洋和太平洋进行活动的，有很多官兵在这场战争中牺牲。二战结束后，有650名人员继续在马来亚海军服役。因为战后的和平状况以及经济萧条，迫使英国于1947年解散了这支部队。1948年，为了加强马来半岛海域安全，马来亚海军在1949年3月4日重新组建。1952年，英国女王伊丽莎白二世正式授予马来亚海军"皇家"称号，从此"马来亚皇家海军"正式成为英国皇家海军的一员。

1957年8月31日马来亚独立后，英国政府将这支皇家海军交予马来亚政府，正式交予时间是1958年7月2日。此后，所有马来亚皇家海军军舰都换下英国国旗，挂上了马来亚国旗。1963年9月16日，马来西亚联邦成立，马来亚皇家海军正式更名为马来西亚皇家海军。

马来西亚皇家海军担负着捍卫国家和领海的主权、保卫国家和人民财产安全的职责。在和平时期，皇家海军的主要任务是加强训练，时刻准备面对战争的威胁，保护海上资源，进行水文勘测，帮助国家其他机构消灭海盗，在专属经济区内执行马来西亚法律所赋予的使命。除此之外，皇家海军也需要在皇家空军和陆军的行动中提供援助，派遣军舰赴国外访问，巩固马来西亚与其他国家之间的军事关系。在局部战争时期，马来西亚皇家海军的任务包括消灭敌军，保卫海上通道的安全，保护友方船只，保卫港口，监视和保护输油管道等。

马来西亚皇家海军的主要舰艇包括："莱库"级导弹护卫舰、"卡斯图里"级护卫舰、"海军上将"级护卫舰、"吉打"级新一代近岸巡逻舰、"首先"级导弹快艇、"信赖"级导弹快艇、"鲛鱼"级快速攻击艇、"总理"级常规动力潜艇、"须弥山"级扫雷艇、"主神州"级支援舰、坦克登陆舰、拖船、远洋训练船、海军辅助船、补给舰、测量船、高速运兵船、巡逻艇等；空中装备包括六架"超级大山猫"反潜直升机和六架AS 550 Fennec海上侦察直升机。20世纪90年代以来，马来西亚政府调整了国防战略，特别重视加强海军的战斗力，因此海军装备的数量和更新速度都得到较快增长。

马来西亚皇家海军设有皇家海军司令部，下设作战计划部、人力资源部、后勤部、管理部、监察部和海军调查（安全）局以及海军供应部、海运局、训练教育部、机动车辆局等部局。马来西亚皇家海军分设三个军区，以东经109°线为界，分界线以西的海域由海军第一军区驻守，司令部设在彭亨州关丹；分界线以东的海域由海军第二军区驻守，司令部设在沙巴州哥打基纳巴卢。海军第三军区司令部设在凌家卫岛（浮罗交怡岛），主要负责西马西部海域和马六甲海峡水域的安全。2009年4月15日，马来西亚皇家海军在霹雳州卢穆特（红土坎）海军基地特别举行了"黑将军"海军特战队（KD Panglima Hitam）命名仪式。资料显示，"黑将军"海军特战队总部位于霹雳州卢木海军基地，其战斗序列包括：（1）阿尔法排：反恐小组，专门执行船上和海上石油平台反劫持人质行动；（2）不接卜排：氧气作战小组和特别空降小组，执行秘密渗透进敌方的行动，也负责执行和收集情报协助作战行动；（3）查里排：辅助小组，在后方负责加强特种行动能力；（4）得儿塔排：常规作战小组，狙击攻击能力强，主导两栖突击行动，该小组涉及许多马来西亚参与的联合国维和行动，包括在黎巴嫩的维和行动。

（三）皇家空军

马来西亚皇家空军（TUDM）的前身是1936年由英国殖民政府成立的"海峡殖民地空军志愿者部队"。1940年这支部队更名为"马来亚空军预备部队"，第二次世界大战结束之后解散。1950年这支部队重新组建并且更名为"英国皇家空军马来亚分部"。1958年6月1日，马来亚联合邦国会通过决议决定组建空中武装力量，成立初期被命名为联合邦皇家空军。马来亚联合邦政府任命英国皇家空军准将A.V.R.乔恩斯通为第一任空军参谋长，负责空军的组织序列、人事、部队结构、服役条件等多方面工作。由于空军是马来西亚武装部队中成立时间最晚的部队，初期它的人员大部分是从英国皇家空军的军官和士兵中借调过来的。1958年6月2日，"双锋"飞机第一次在吉隆坡马来亚皇家空军基地着陆。1958年11月，一批联合邦皇家空军的马来亚精英分子开始替换借调过来的英国空军官兵。1963年9月16日，马来亚联合邦皇家空军正式更名为马来西亚皇家空军。

皇家空军是马来西亚武装部队中最年轻的军种。马空军的主要任务是使用有效的空中力量保护国家的独立、领土完整和国家利益，其担负的主要职责包括：监视领空，保证领空的和平使用，阻止敌方使用，并进行空中防御、空中打击和防御反击作战；使用空中力量应付地面、空中的威胁，包括战略攻击、作战行动和海上攻击；执行空中加油、监控、侦察、运输、电子侦察和空中救援任务；提供基地防御、后勤支援和基地支援。

马来西亚皇家空军也以东经109°线为界，分设东部军区和西部军区。空军基地分别设在吉隆坡、北海、关丹、纳闽、古晋、亚罗士打。空军现有兵力约1.4万人，下设4个师，编为2个攻击战斗机中队、1个战斗机中队、1个侦察机中队、1个海上侦察机中队、8个运输机中队、4个教练机中队、1个地空导弹中队和1个机场护卫队。主要武器装备包括：鹰式、MB-339型、F/A-18D型攻击战斗机，F-5型、米格-29型战斗机，B-200T型武装侦察机，以及若干加油机、运输机、运输直升机、教练机等。马来西亚皇家空军的组织序列包括空军司令部和空军各师部，以及下属院校与训练单位。

除了上述现役部队外，马来西亚还拥有三军预备役部队，其中就包括陆军后备队、海军志愿队和空军志愿队。与此同时，马来西亚还有准军事部队。这支部队由野战警察部队、陆上警察、海上警察、地区治安警察、边境侦察部队和人民志愿团组成。其中，野战警察部队是一支半机械化部队，1954年从警察中分出，现隶属国防部，装备有装甲运输车、巡逻艇等。

第二节　对外安全合作

🌸 一、对外安全合作的意图

加强区域与国际层面的防务交流与合作是马来西亚国家安全原则与防务政策中重要的一项。在区域内，马来西亚作为东盟成员国，与新加坡、印度尼西亚、泰国等其他东盟成员国间双边与多边的合作已经渐趋呈现出机制化、常态化的特征；而在国际层面，马来西亚除了是"五国联防协议"的成员国以外，并未加入其他的防务集团，而是与美国、中国、印度等国家及欧洲有着密切的军事与防务合作关系。特别是近年来，马来西亚与区域内外国家的双边和多边军事交流和军事演习逐步增多，规模有所扩大。通过此，马来西亚希望实现下述三个方面的目标：

首先是希望以此提高武装部队的战斗力，增强武装部队自主防卫能力，进而有效维护国家与地区安全。

马来西亚奉行安全防卫自主性与防卫性原则，因而对于面临诸般安全威胁与挑战的马来西亚来说，三军武装部队的防卫能力和战斗能力将在根本上决定着马来西亚国家安全。作为马来西亚三军中国际属性最强及获得投入最多的军种，马来西亚皇家海军一直是马来西亚对外安全合作的主要力量。马来西亚政府希望将皇家海军打造成为一支战斗力强、质量高的机动舰队，进而确保海军能够有效吓阻海上安全威胁和确保海上通道的安全。而对于皇家海军等武装部队而言，除了有效和先进的武器装备补给以外，机制化、常态化与实战化的区域与国家层面、双边与多边层面的防务对话与合作，例如多边联合军事演习及反恐、反海盗等功能性的科目合作训练等，对于提升武装部队的防卫能力、救助能力与战斗能力均有着十分积极的作用。

其次是推行防卫关系的"动态平衡"和规避大国角逐风险。马来西亚的对外防卫交流与合作具有全面、全方位的特征。既有和东盟成员国的合作，也与美国、中国等大国进行积极的合作。这既是马来西亚应对各种非传统安全威胁的需要，也是马来西亚保持适当对外合作（特别是海上合作）的需要。马来西亚作为东南亚地区的一个中小国家，其安全感在诸般非传统安全威胁与大国角逐下实际并不强。不仅如此，马来西亚对大国的安全感知也存在一定的模糊性。虽然马来西亚等国均担忧大国角逐，但它们在深受大国影响的同时，却也希望大国能够给予地区国家安全一定的保证与支撑。实际上，这在20世纪70年代马来西亚提出的"中立区"计划中就有明显体现。而基于过往数十年的经验，马来西亚等东南亚国家认为，美国相对可靠，因而安全上依靠美国至少不是"最坏的选择"。然而，在"美国优先"政策导向下，美国总统特朗普除了表示重视东南亚以外，实际上至今并未对东南亚的安全做出更明确的承诺。因而，对于倾向于美国但又一向持有"大国平衡"战略的东南亚国家来说，保持与中美等国家合作的动态平衡及从中取得务实的利益，以及尽可能规避风险，才是最重要的目标。

再者就是获得援助和先进防卫技术与军备的引进、采购。马来西亚与东南亚大多数国家一样，并没有满足国内防务需求的防务工业基础，因而大多数先进武器装备需要从国外进口或者依靠大国援助。

美国过去曾是马来西亚最大的武器供应国。1950—1990年，马来西亚通过美国的"国外武器销售项目"，定购了总额为1.924亿美元的武器，实际付额为1.705亿美元。此外，这一时期马来西亚还通过特许的商业出口渠道从美国购买了4.953亿美元的武器装备。英国也是马来西亚的武器供应国。例如，根据两国1988年9月达成的意向性协议，马来西亚计划在10年内分批从英国购买总额为16亿美元的先进的军事装备，其中包括28架"鹰"式喷气战斗机、20枚"长剑"防空导弹、40枚"标枪"防空导弹、2艘导弹护卫舰、1艘常规潜艇及舰载武器系统。俄罗斯是马来西亚的一个新的武器供应国，1992年两国签订协议，俄罗斯向马来西亚出售18架米格-29战斗机，价值约6亿美元。马来西亚近来与美国、中国等大国的军事合作不仅深度加深，而且渐趋高调和频繁，其中特别以美国最为明显。通过与美国的合作，马来西亚在2010—2015年获得了将近500万美元的IMET援助，马来西亚武装部队的学员还有机会交换到美国学习；与此同时，马来西亚还从美国购买了不少先进的武器装备，例如F-18战斗机、AIM-120远程防空导弹等。不过，这实际上也导致了马来西亚武器装备系统多样和种类繁杂的问题。

❖ 二、对外安全合作的实践

（一）马来西亚与东盟国家的安全合作

与东盟国家的双边与多边合作是马来西亚在地区层面对外安全合作的主体。自1982年以来，马来西亚同泰国每年都进行联合军事演习。两国每年还举行一次马泰边界委员会年会，以商讨、解决两国的安全问题，并制定共同战略，年会通常由两国的国防部长主持。马来西亚同印度尼西亚的军事合作日益加强，双方不仅举行军事演习，而且制订了共同巡逻马六甲海峡的计划。马来西亚同文莱订有防务合作协定，由马来西业为文莱培训士兵，并让文莱空军飞机进入马来西亚领空进行飞行练习。此外，马来西亚与文莱还定期举行军事演习。

马来西亚、新加坡和印度尼西亚三个马六甲海峡沿岸国家在海峡安全维护方面还建立了合作机制。1971年11月16日，马来西亚与马六甲海峡其他两个沿岸国家印度尼西亚和新加坡发表联合声明，反对海峡"国际化"，宣布共管马六甲海峡和新加坡海峡事务。声明指出马六甲和新加坡海峡的航行安全是有关沿岸国的共同义务，三国将在两个海峡的安全方面进行三边合作，两个海峡不是国际海峡，在国际海运上应用无害通过原则。在此后的20多年里，三个海峡共管国与国际海事组织合作对马六甲海峡的安全问题采取了多项措施，如实行分道航行制、深水路线规则和船舶通过规则，扩大分道通航范围，引入强制船舶报告体制，提高了航道航行的便利和安全。20世纪90年代以后，三国加强了交流与协调，建立情报交流网络，展开一系列海上联合巡逻，共同维护马六甲海峡的航行安全。"9·11"事件发生后，美国以"恐怖分子可能会在马六甲海峡内发动袭击以切断全球经济生命线"为由，屡次提出派兵进驻马六甲海峡，均遭到马来西亚和印度尼西亚的拒绝。马来西亚政府公开表示，马六甲海峡的控制是马来西亚和印度尼西亚的主权，不欢迎美国的军事力量介入。为避免美军直接卷入马六甲海峡安全事务，2004年6月17日，印度尼西亚提议海峡共管国合作组建海军巡逻部队，在马六甲海峡执行巡逻任务，得到马来西亚的积极响应。7月20日，三个马六甲海峡共管国签署合作协议以加强马六甲海峡航道的巡逻。根据协议，三国将设立二十四小时通信系统进行信息交换，印度尼西亚派出7艘军舰，马来西亚和新加坡各派出5艘军舰共同开展全年海上联合巡逻。为克服弊端、提高效率，从2005年9月13日开始，海峡共管国在马六甲海峡海域开展名为"空中之眼"的空中联合巡逻，巡逻范围包括从新加坡到苏门答腊北部沙璜（Sabang）的四个部分。海上和空中联合巡逻对打击海上犯罪、维护海峡航道安全作用明显。2008年，马来西亚与印度尼西亚、新加坡、泰国四国联合巡逻与合作机制的建立使地区航道安全得到了更多保障。

此外，马来西亚还是东盟防务对话与合作机制发展的见证者与参与者，而这一过程中也是马来西亚区域层面对外安全合作的重要内

容。例如，"东盟地区论坛"的创建就有着马来西亚的影子。正是
1992年马来西亚国防部部长提出了以东盟为主导建立一个地区性的防
务论坛及借此来讨论安全形势、制定预防和减少军事冲突举措的构
想，为"东盟地区论坛"的建立与发展奠定了基础。而到21世纪，马
来西亚则积极参与东盟国防部长会议机制的建立，并在其中扮演关键
角色，第一届东盟国防部长会议于2006年5月召开，而召开地点正是
马来西亚吉隆坡。2011年，马来西亚还与印度尼西亚一道联合推动
"东盟防务工业合作"，加强东盟成员国间的防务工业合作；2012年，
马来西亚国防部部长在当年的香格里拉对话会议上呼吁东盟国家推动
"安全互联互通规划"，一起共同应对网络安全的威胁。

（二）马来西亚与美国的安全合作

马来西亚未同美国订立军事条约，但派遣过军人到美国训练，并
接受美国提供的小额军事贷款，以购买美国军事装备。1950—1986
年，美国向马来西亚提供的军事贷款总计达1.824亿美元。1987年以
来，美国未再贷款给马来西亚购买武器。20世纪90年代初，美国从菲
律宾基地撤军后，想在东南亚寻求新的军事基地，便表示愿向马来西
亚使用的美制武器提供维修技术和零配件，并恢复向马来西亚提供
160万美元的国际军事教育和训练援助。

从1995年开始，美国定期在南海与马来西亚等东南亚国家举行
"卡拉特"联合军演，旨在加强美国与东南亚国家间的军事合作，强化
部队协同作战能力。近年来，马来西亚与美国的军事交流与合作得到
进一步发展。2010年11月9日，美国国防部部长盖茨专程赶赴吉隆坡
与马来西亚总理及国防部部长举行会晤，肯定马来西亚在反核扩散、
反恐和海事安全领域做出的贡献，共同探讨如何扩大两国军方之间的
联系。2011年，马来西亚派出800名武装部队官兵、3艘军舰参加与美
国海军在登嘉楼州甘马挽，彭亨州关丹、北根，柔佛州丰盛港和南海
等地区举行的2011"卡拉特"联合军事演习。美军方面除派出"华盛
顿"号航母和3艘军舰外，潜艇也首次参与演习。此外，马来西亚武
装部队还参加了由美军主导的2011"环太平洋"军事演习和"金色眼
镜蛇"军事演习。一年中3次参加与美国的联合军演，在两军关系史
上尚属首次。

纳吉布执政期间，马来西亚与美国的防务交流与对话呈现出一系列新的变化与特点：其一，马美高层互动尤其频繁，并不断推动双方防务对话与合作机制的完善，例如2014年《后勤保障协定》谈判的启动；其二，美国对马来西亚军事援助和人员培训的规模进一步扩大；其三，马来西亚与美国的双边、多边军事联合演习也更趋频繁，而这涉及海军、空军与陆军等多军种；其四，军事合作的领域与范围不断扩大，而双方的合作也由原来的功能性合作趋向战略性合作。现如今，渐趋高调、深合作层次的马美防务关系正在呈现于世人眼前。

（三）马来西亚与中国的安全合作

20世纪90年代以来，中马两国军事交往稳步开展，特别是1995年两国在驻对方使馆互设武官处后，军事交流日益增多。进入21世纪，中马两军高层互访频繁，各方面交流取得丰硕成果。秉着进一步加强与马来西亚军队之间的了解与互信，使中马两军关系朝着全方位、深层次、多领域方向发展的目标，中国军方高层多次访问马来西亚。马来西亚军方高层也积极看待马中两军关系的发展，愿意加强马来西亚武装部队与中国军队的交往，密切合作，促进两军关系朝务实性合作的方向发展，为维护地区和平与稳定发挥积极作用。马来西亚国防部部长纳吉布、皇家空军司令阿兹赞以及武装部队司令阿齐兹分别于2005年、2008年和2009年访问中国。此外，马来西亚还与中国建立了军事留学人员交流的机制，已经有6名军事人员曾在中国的国防大学和参谋学院就读，而中国也在2010年向马来西亚国防学院派遣了首名留学生。

中马海军互访则是两国加强军事交流的直接体现，1997年以来，中国海军军舰先后三次访问马来西亚。1997年3月15日，时任南京军区副司令员兼海军东海舰队司令员杨玉书中将率领的由海军"青岛"号新型导弹驱逐舰和"铜陵"号导弹护卫舰组成的舰艇编队抵达位于西马的卢穆特海军基地，成为首批到访马来西亚的中国海军军舰；2000年7月，时任海军南海舰队参谋长黄江少将率领由"深圳"号导弹驱逐舰和"南仓"号综合补给舰组成的舰艇编队出访马来西亚；2009年12月6日至9日，在亚丁湾完成护航任务的"徐州"号导弹护卫舰在回国途中抵达马六甲海峡巴生港对马来西亚进行访问。马来西亚军舰也从2002年始，先后三次到访中国上海。2002年8月9日，马来西亚皇家海军"因德拉普拉"号登陆舰抵达上海外虹桥码头，对上海进行了为期5天的友好访问；2004年7月，由马来西亚皇家海军"杰巴特"号导弹护卫舰和"英德拉·萨克蒂"号多用途支援舰组成的海军舰艇编队到访上海；2007年8月1日，马来西亚皇家海军新一代近岸巡逻舰"吉打"号驶抵上海扬子江码头，开始对上海进行为期3天的友好访问。现如今，"和平友谊"系列双边军事演习已经成为中马机制化与常态化的合作项目。其中尤其以"和平友谊–2015"最为醒目，据悉2015年中马双边演习中，中方派遣1160人，涉及陆海空三军兵力，主要装备包括2艘驱护舰、1艘医院船、4架运输机、3架舰载直升机。

　　此外，中马双方还签署和发表一系列双边文件，同意要积极推进两国战略合作，加强两国的安全合作。例如，在2005年12月发表的《中马联合公报》中，中马两国就开展传统安全和非传统安全领域的合作达成了以下共识："推进两国国防安全领域的磋商与合作，扩大两军交流。双方积极评价两国国防部今年（2005年）9月签署的《防务合作谅解备忘录》，同意在此谅解备忘录框架下尽早启动中马防务安全磋商机制。双方还表示愿积极探讨军工军贸合作、积极开展两国在打击跨国犯罪等非传统安全领域的信息交流与合作，共同维护本地区的安宁。"近年来，中国与马来西亚在维护马六甲海峡安全的问题上也达成不少共识，马来西亚认同中国提出的在不侵犯马六甲海峡沿岸国家主权的情况下，以交换信息和派遣专家培训马来西亚海事人员等形式，为加强马六甲海峡的保安提供帮助。2005年中马两国签署的《防务合作谅解备忘录》就对中国协防马六甲海峡以确保海道航行安全等问题进行了探讨，而在同年12月发表的《中华人民共和国和马来西亚联合公报》中，两国对马六甲海峡的安全合作也达成了共识："马方欢迎中方愿参与马六甲海峡安全合作，同意讨论合作形式，如情报信息的交换与分享。中方承认包括马来西亚在内的海峡沿岸国依照《联合国宪章》和其他公认的国际法维护海峡主权和安全。马方欢迎中方作为海峡主要使用国为海峡的安全做出积极贡献。"2006年，中马两国再度签署《中马海上合作谅解备忘录》，涵盖马六甲海峡海运海事、隧道航运、安全救援、行业协会等内容，并在共同维护有关海域安全的信息共享、人员培训等方面展开合作。2016年，中马再度重新签署了《防务合作谅解备忘录》。

近年来，马来西亚更大地打开了与中国进行防务对话与合作的大门，在武器装备建造与采购方面开始转向中国。2016年10月底—11月初，马来西亚总理纳吉布在华访问期间，最重要的事项便是向中国购买4艘巡海护卫舰。对此，正如新加坡学者分析的，在马来西亚加强海军能力的过程中，平衡经济、政治和作战能力的需求是艰难的工作。因此，向中国购买军备反映的也许不只是马来西亚的地缘政治选择，还包括对维持一个有效又不太昂贵，并能够应对来自海上的威胁的军力。因此，我们有理由相信马来西亚将在未来持续扩大对华军备采购。与此同时，中马还签署了《关于共同开发建造马海军濒海任务舰合作框架协议》，而这使双方的防务合作关系得以实现进一步发展和更大的实质性进步。

（四）马来西亚与"五国联防"的安全合作

《五国防御条约》签订的初衷是为了保卫马来西亚和新加坡的领空安全，如该协议成员国在1971年9月1日同意组建的"统一防空系统"就是以此为目标的。20世纪80年代初，协议成员国领导人一致同意举行定期的陆上和海上军事演习，使五国的安全合作领域从单纯的空防扩展到陆防和海防。从1981年开始，马来西亚和新加坡定期在南海举办代号为"Bersama Lima"的军事演习，作战指挥权由马来西亚和新加坡轮流掌握。进入20世纪90年代，联合军事演习成为五国开展军事演习的新方向。1991年首次举行了代号为"Stardex"的陆、海、空联合军事演习，成员包括五国各军种人员。而1997年首次举行的"Ex Flying Fish"多军种联合演习的科目更是包含有联合防空、联合反潜、特种作战、海上集结、编队航行、电子侦察、空中攻击与支援等，演习以检验和提高成员国协同保卫马来西亚和新加坡海域、空域的作战能力为目的，旨在加强成员国之间的防务合作。

进入21世纪，马来西亚与《五国防御条约》成员国的军事合作主要体现在联合军事演习上，日益受到关注的海上安全成为军事演习的重点。2000年7月，五国联防组织的国防部部长在举行会议后重申了对《五国防御条约》的承诺以及《五国防御条约》对成员国和地区安全的重要性，并同意进一步加强各国海军、空军和陆军之间的联合军事演习。"9·11"事件发生后，为了充分重视对非传统威胁的认识和防范，以及防止马六甲海峡这一重要的国际航道发生恐怖主义活动，打击海盗活动，在2003年6月举行的会议中，各成员国国防部部长一致认为，五国联防组织应该考虑到"在预定的《五国防御条约》军事演习中对海上安全造成的非传统威胁，并举行另外一些着重于海上安全的军事演习，在这些军事演习中逐步包含一些非军事手段，定期进行关于恐怖主义和其他共同安全问题的情报交流"。2004年6月7日，五国联防组织各成员国国防部部长在新加坡召开的第二次非正式会议上重申五国联防组织的重要性，确认五国联防组织必须适应地区安全环境的新挑战，包括恐怖主义的威胁和其他各种非传统威胁。在同年9月10日举行的"Bersama Lima 2004"军事演习中，首次包含了旨在针对海上恐怖活动、提高相互协同反恐作战能力的海上反恐演习，并举行了"海上封锁"系列军事演习。

此后，五国联防组织还于2006年9月7日、2009年10月9日、2010年4月26日在马来半岛及附近海域举行了联合军事演习。通过参加一系列的演习，马来西亚应对非传统安全威胁的能力进一步提高，各军种协同合作处置海上突发事件、维护海事航运安全的能力有了显著增强。2016年是该组织签署45周年，马来西亚与其他成员国在新加坡一同举行庆祝，并一同启动了"五国团结"多边军事联合演习。而时任马来西亚武装部队三军总长楚其菲里将军则表示，其乐见五国联防组织继续茁壮发展，而他也乐见英国、澳大利亚和新西兰参与该组织的各项活动。可见，马来西亚是认可"五国联防"组织的，同时也将继续借助这一马来西亚唯一参加的防务集团来拓展对外防务合作。

第五章 文化

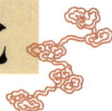

第一节　语言文字

在马来西亚这个多元民族共存的国家，语言与文字也同样呈现出多元化的特征。大致来看，马来人的母语是马来语，华语及地方方言（例如粤语、闽南语与潮汕话）是华人之间相互交流的重要工具，泰米尔人在日常生活中一般使用泰米尔语，而东马的土著则常常使用自己的部族语言。在这之外，由于马来西亚与英国间的特殊历史关系，英语被确定为官方语言之一。

另外一个重要的官方语言则是马来语。根据马来西亚宪法规定，马来语是马来西亚的国语和官方语言，是马来西亚语言文化的核心和主干。根据语言学家的研究，马来语中有6个单元音、3个双元音以及26个辅音，其词汇没有性、数、格等变化。从构词的角度分析，马来语具有黏着型语言的特点，词缀是改变基词词性以及表达语法意义的重要方式，也是其构词的主要方法之一。而从句法的角度来看，马来语同时也具有分析型语言的特点，功能词和词汇在句子中的顺序是表达句法关系的主要方式。马来语语句的基本结构为：主语—谓语—宾语，并遵循定语后置的规则。现代马来语以廖内方言为标准。

马来语历史悠久，属于南岛语系中的马来–波利尼西亚语族，是其中最为古老的语支之一。随后，马来语在复杂多元的民族构成文化下，经历多个阶段，不断从其他语言与文化中吸收养分，渐而形成了如今的马来语。大致来看，马来语经历过五个发展阶段：（1）远古马来语时期，此时马来语的使用只局限于马来族及其与邻近土著之间的相互交流；（2）古马来语时期，这一时期马来语在梵语的影响下有了自己的书写系统，并在语法、词汇等方面取得了长足的发展；（3）古典马来语时期，马六甲王国崛起使阿拉伯语取代梵语成为影响马来语进一步发展的核心要素；（4）近代马来语时期，这一时期则是殖民者的语言及来自中国华工的语言综合作用于马来语的发展；（5）现代马来语时期，这一时期马来语基本定格并成熟、规范，并为宪法所特别规范。那么在这五个阶段，我们可以发现古代梵语、阿拉伯语、英语及来自中国的闽南话、粤语、潮汕话、客家话等均对马来语的形成与发展产生了无法磨灭的影响。如今，随着马来语成为马来西亚的官方语言和母语，它不仅是各民族重要的交流工具，也构成了这个国家国族建构的重要身份标签因素，对马来西亚的社会、政治与经济发展的作用也是极为显著的。

　　除马来语外，华人作为马来西亚第二大族群，也有自己使用的语言和文字。在通用的华语（普通话）之外，马来西亚华人主要使用原始祖籍地的地方方言，其中主要包括：（1）以闽南话为代表的福建话，闽南话的分布范围很明确，以太平和怡保为界，以北通行闽南话，以南通行广东话，槟城则是闽南话的大本营；（2）粤语，粤语的分布范围在西海岸的中间地带，吉隆坡则是粤语的大本营；（3）客家话，客家话主要通行于东马，甚至整个加里曼丹岛全境的华裔社区。此外，还有潮汕话，例如在马六甲海东西岸的吉胆岛（马来语叫Pulau Ketam，也称螃蟹岛）上，就曾生活着数万的潮汕人后裔，他们大多讲潮汕话。因而，华文也是马来西亚重要的文字，有华文媒体（例如《东方日报》）及大量规模不等的华文学校。当然，作为马来西亚第三大族群，马来西亚印度人的母语是泰米尔语，因而泰米尔文也在他们之中得到使用。

第二节　文学

马来西亚的文学发展可谓多元缤纷，呈现出以马来文学为主，包括华语文学、泰米尔语文学在内的语言文化艺术多元并存的形态特征。多元语言文化共存的社会现实孕育了该国色彩缤纷的文学艺术，马来文学、华语文学及泰米尔语文学等多种语言文学艺术百花齐放，百家争鸣。

一、马来文学

根据马来文学发展的特点，可将其划分为古典马来文学和近现代马来文学。古典马来文学主要是指西方文化深刻影响马来社会及其语言文学之前的文学发展和成就。需要指出的是，尽管西方文化早在1511年马六甲王国沦陷之时，就已经随着大批西方殖民者登陆马来半岛，但他们大多专注于经济利益的攫取和对财富的强取豪夺，而对于文化的输入有所忽略，因此对本土文化文学的影响甚微。古典马来文学覆盖了马来语言文学相当长的历史发展时期，涉及古马来语言文学、古典马来语言文学以及近代马来语言文学等。古马来文学受到梵文语言文学的影响，并以巴利文的形式记录下来；以及受阿拉伯文化的影响，改良后的阿拉伯文字（爪威文）的书写才开启了古典马来文学发展的鼎盛时期。根据传播的方式和创作特点，古典马来文学又可被划分为宫廷文学和民间文学[①]。

19世纪中叶，英国殖民者在马来半岛的全面统治才开始将西方资本主义的思想及统治方式有计划、有步骤地引入殖民地，本土的一些

---

① 宫廷文学是指宫廷文人雅士的作品，属于笔头文学，因其更容易保存而成为今天古典马来文学的核心构成部分；民间文学是劳动人民的语言文化艺术。在马来民众口耳相传的过程中，马来民间文学记录着他们的民族记忆，沉淀和传承着他们的生活意识。在长达一千多年的历史发展中，马来民间文学俨然已经形了一个庞大的艺术宝库，包含了多种文学表现形式，如：神话传说、谐谑故事、成语和谚语、民谣、说书以及戏曲等。

精英分子开始受到西方思想的影响。但文学领域作为一个整体表现出摆脱传统封建思想的活力和行动始于20世纪20年代，这标志着近现代马来文学开始萌生。根据近现代马来文学发展的特点，结合马来西亚的历史和社会政治实践，可将近现代马来文学划分为三个阶段：（1）战前时期。19世纪中期，阿卜杜拉·门希以现代文学的笔触撰写的传记和游记等作品相继问世，这标志着近现代马来文学开始萌芽，阿卜杜拉也因此被马来西亚文学界冠以"马来现代文学先驱"的美誉；但直到20世纪20年代左右，在中东伊斯兰教现代化运动的影响下，马来文学方才徐徐跨入近现代化阶段，一批以抨击宗教保守势力、反映民族觉醒和要求社会进步的作品如雨后春笋破土而出。马来近代文学在内涵上更多呈现出马来民族主义，要求改变现状和谋求独立。（2）战后时期。战争的胜利以及马来民族在国家政治经济领域的崛起，在马来文坛中引发了一场围绕文学创作目的为中心的大讨论，结果"为社会而艺术"逐渐战胜了"为艺术而艺术"的创作理念，进而为马来文坛及社会民众所拥戴，成为近现代马来文学创造的主旨。（3）独立后时期。独立初期的马来文学作品大多描写社会底层的贫穷落后，人们对帝国主义、殖民主义的憎恶之情以及民众对国家现代化建设的憧憬和渴望。这一时期，马来文学已经呈现出百花齐放的繁荣景象。随着马来西亚的成立以及国家现代化进程的推进，马来文学的主题开始逐渐转向民族融合，以及代表着文学创作者对国家现代化及现代化影响的思虑。

✿ 二、华语文学

华人作为马来西亚的第二大族群，也有其文学形式。早期来马的大批华人往往借助文学以表达寄予思乡情愫，也是记录和反映华人艰苦历程的重要方式。华语文学主要是指这一时期以及之后出现的华语文学作品，是马来西亚国家文学的主体构成之一，也是世界华语文学的重要组成部分。

根据马来半岛华语文学呈现出的特点，可将其大致划分为两个大的类别：传统华语文学以及华语新文学。传统华语文学是指19世纪前后至20世纪初期的华语文学，大多数描写初到马来半岛的华人生活的艰辛和曲折，在反映当地风土人情的同时，也表现出浓厚的思乡情愫和侨民意识。20世纪初期，马来半岛的华语文学在题材选择和主体思想上都发生了较大变化，出现了华语新文学。著名的华人文学史家方修曾这样定义华语新文学："马华新文学，简要说来，就是接受中国五四文化运动影响，在马来亚（包括新加坡、婆罗洲）地区出现，以马来亚地区为主体，具有新思想、新精神的华语白话文学。"华语新文学的发展大致可分为两个历史阶段：独立之前的华语文学以及独立后至今的华语文学。由于受到中国国内民族主义运动的影响，独立前马来亚的华语文学大多数以反殖、反封、反帝为主题。独立后，马来西亚华人文学作品所表现的主题也悄然变化，民族融合和国家建设逐渐为华人作家所重视。观察近期大量出现的华人作品，不难发现不少土生土长的华人作家，开始逐渐挥别祖辈们根深蒂固的母国情怀和侨民意识，慢慢形成了本土意识颇为浓厚的创作风格，描写和刻画了社会的变革和民主化、现代化进程中的人际关系和道德观以及世界观的变迁。

❧ 三、泰米尔语文学

泰米尔语是马来西亚印度人的母语，原为印度南方历史颇为悠久的语言之一。泰米尔语文学发展史也可追溯到公元前后。马来西亚泰米尔文学受其母国的影响颇深。19世纪前后，马来半岛的泰米尔文学有了较大发展，一些本土的泰米尔语作家开始在写作技巧上模仿印度作家，以描述现实生活为题材，反映印度人乃至整个马来半岛的社会问题。20世纪初期，报纸、杂志等现代媒体的出现，也为泰米尔文学的继续发展创造了条件，小说、戏剧、诗歌和长篇小说迅速发展起来。国家独立之后，随着马来西亚社会环境趋向融合，语言以及文学发展的空间越来越大，泰米尔文学也在稳步发展当中。但由于马来西亚泰米尔文的读者群较小，泰米尔文出版业也在马来西亚多语言的环境中或多或少受到挤压，泰米尔文学的繁荣壮大也因此遭遇了一定的阻力。

当然，由于英语也是官方语言之一，英语语言文学也随着马来西亚融入世界的进程而悄然发展起来，一些在西方受教育的马来人、华人和印度人开始以英语为媒介进行文学创作，并发展成为马来西亚当代文坛不可忽视的新星。

第三节 艺术

一、音乐与舞蹈

马来西亚各个民族能歌善舞，尤其是马来西亚的土著族群，他们擅长各种各样的音乐和舞蹈艺术。虽然乐器相对简单，但他们的舞蹈节奏感强，易跳易学。无论是田间地头，抑或是简单舞台或大舞台，悠扬的乐声响起后，总是伴着优美的舞姿。这样看来，音乐和舞蹈与人们的生活紧紧结合在一起。在音乐专业学者看来，马来西亚音乐的发展可以划分为传统马来音乐和流行音乐两种，前者指的是未受西方流行音乐影响的音乐，而后者则是指受西方流行音乐影响而逐渐形成的音乐。

传统音乐是马来西亚文化遗产的重要组成部分，目前流行于马来西亚的传统音乐大都形成于马六甲王国时期。西马的吉兰丹、吉打以及登嘉楼等地是传统马来音乐流传和保留最完好的地区。根据音乐的起源和表演场地的不同，可将马来传统音乐划分为民间音乐和宫廷音乐。随着音乐的传播和普及，民间音乐和宫廷音乐也时而出现交叠与融合，一些宫廷艺术逐渐传入民间，为民众所接受、发展与再创造，进而形成了丰富的民间音乐宝库。其中具有代表性的有：加萨、东当沙央、哈得拉、罗达特、歌龙重与子吉尔等。自1998年开始，沙捞越每年于7月的第二个周末开始举行为期3天的"雨林世界音乐节"，向来自世界各地的音乐爱好者和旅游者展现马来传统音乐的魅力。

马来西亚流行音乐起源于20世纪50年代，彼时一些嗅觉敏锐的马来音乐人将西方管弦乐与传统马来音乐相融合，开启了马来西亚流行音乐的发展历程。与马来传统音乐强烈的节奏感相比，流行音乐风格比较柔和，音乐的宗教和仪式色彩逐渐淡化，讲述的内容更贴近人们的日常生活和社会现实。到20世纪60年代，以"披头士"为代表的摇滚音乐对马来西亚的流行音乐产生了较大的影响，一批以反传统文化而自居的青年音乐人开始模仿并创作摇滚乐，一时间各类带有尖叫或者哭腔的歌曲空前流行起来，这一时期的流行音乐也因此被称为"耶耶音乐"。20世纪70年代至80年代中期，非马来人音乐的异军突起是马来西亚流行乐坛的显著特色，为马来西亚流行音乐的进一步发展提供了动力。

20世纪90年代，随着蓝调的流行，流行音乐开始步入商业化和唱片时代，马来西亚的流行音乐也逐渐成熟起来。不仅如此，20世纪80年代至90年代，随着伊斯兰复兴运动在马来西亚步入高潮，具有伊斯兰风格的音乐也逐渐兴起。

舞蹈与音乐密不可分，是马来西亚各个民族最具普遍性的娱乐方式之一，但更具有强烈的故事性，常常与戏剧密不可分。因马来西亚民族众多，传统舞蹈的种类也多达数十种。他们用舞蹈来表达幸福，也用舞蹈来祭拜神灵，可以说，舞蹈是许多马来西亚土著民族文化的核心表现形式，也是他们情感表达的一种方式。马来西亚的舞蹈大体上可以分为宫廷舞蹈和民间舞蹈两大类。主要的宫廷舞蹈有烛光舞、恋舞等；而民间舞蹈的代表则有浪迎舞、原住民舞、斗鸡舞等。

由此可见，马来人丰富多彩的音乐和舞蹈都来自生活，反映的是人们朴素而真实的现实生活。当然，华人和印度人的舞蹈也是马来西亚传统舞蹈艺术宝库的构成部分，如华人舞狮、二十四节令鼓。

❧ 二、电影与戏剧

马来西亚的本土电影起步较晚，直到1933年"Laila Majnun"的发行，才拉开了马来西亚本土电影产业的序幕。然而，到1981年，马来西亚才成立国民电影发展公司。这从经济以及技术的角度为马来西亚本地电影的发展提供了保障，此后马来西亚本土电影也随之呈现出越来越繁荣的态势。迈入21世纪，马来西亚的独立电影迅速崛起，一批年轻的新锐力量逐渐引起马来西亚国内外民众的注意。然而，由于国内审查严格、外来电影的冲击与本土电影市场狭隘和受众面窄，马来西亚本土电影的生存环境不容乐观。在政府的支持下，马来西亚虽然国内每年都会举办电影节以鼓励和促进电影业的发展，但马来西亚国内每年出产的剧情片大约仅仅20部，全国大约有250多家电影院放映本国和外国电影。

马来西亚的戏剧以马来传统的戏剧文化为核心，而玛雍和皮影戏则是传统马来戏剧文化中艺术成就最高的两种表演形式。玛雍是一种集舞蹈、音乐、戏剧等因素于一身的舞台表演艺术，大约400年前流行于马来宫廷。玛雍表演要求很严，在正式表演之前需要进行鬼神祭祀和开场仪式。玛雍的剧本大多以印度史诗《罗摩衍那》《摩诃婆罗多》以及班基故事为基础，通过艺术家的加工和融合本地文化最终形成，讲述的大多是王子、公主以及妖魔鬼怪的故事。因此，玛雍既是传统马来艺术文化的表现形式，也是传统马来价值观念和道德标准的凝炼、总结、继承与传播的重要手段。马来西亚的皮影戏大致可分为四种：马来皮影戏、歌打皮影戏、古皮影戏或爪哇皮影戏和吉兰丹皮影戏或暹罗皮影戏。目前在马来西亚流传最广、艺术成就最高且保存最为完整的是吉兰丹皮影戏，这种皮影戏使用的媒介语言为吉兰丹方言，与标准的现代马来语有较大的不同。再者，为了取得剧场效果，皮影人在进行表演时常常会故意加入一些古典马来文学中的语言，让剧中人物更加栩栩如生。

三、建筑艺术

马来西亚传统的建筑与现代建筑在材质以及整体架构上差别较大。传统华人及印度人建筑艺术主要传承了中国和印度风格。特殊的历史背景以及多元文化共存的现实情况，让马来西亚的建筑艺术呈现出五彩缤纷的特点。宗教历史建筑、传统民居以及现代房屋建造都带有明显的时代特征。

宗教历史建筑属于传统的马来建筑，多采用木质结构，容易受到自然的侵蚀而难以长久保存。现存的马来建筑多是建于18、19世纪的宫殿或宗教建筑。值得一提的是，18世纪前后，英国殖民统治马来半岛，西方建筑艺术不论在结构设置还是在材质选取上对马来人、华人以及印度人建筑都有一定程度的影响。再者，西方殖民者在殖民地建造的建筑有些也已经成为马来西亚颇具盛名的历史建筑。结果，具有伊斯兰风情，同时融合西方建筑艺术是马来半岛上众多清真寺的共同特点，如吉打的查希伊斯兰清真寺和吉隆坡的嘉美克伊斯兰清真寺等。华人的历史建筑多建于18、19世纪，部分存留至今的也是与宗教信仰相关的庙宇佛寺，其在建筑风格上保留了华人传统色彩，如槟城天后宫。印度人的建筑，尤其是宗教建筑，其风格与印度的建筑风格一脉相承，例如马里安曼印度庙。无疑，马六甲是殖民地风格建筑最为集中的地方。

马来西亚的现代城市建筑不仅融合了传统与现代的优势，也糅合了东西方建筑艺术的特点。随着经济的发展，一栋栋花园洋房和高层楼房拔地而起，马来西亚一些有经济实力的民众开始放弃传统民宅，住进现代楼房。在政府的扶持和规划之下，一批具有代表意义的地标性现代建筑也相继建立起来，如莎阿南伊斯兰清真寺、吉隆坡国际机场、国会大厦、国家清真寺、国油双塔等。其中，国油双塔位于吉隆坡市中心，是目前世界上最高的两座相连建筑物之一，共有88层，高452米，成为吉隆坡的地标性建筑。

🏵 四、绘画艺术

马来人的绘画艺术以二战为分界点，前后呈现出截然不同的历史特点。二战以前，马来人的绘画艺术创作者多为宫廷画师，宫廷中色彩缤纷的画卷以及富丽堂皇的伊斯兰清真寺中复杂的壁画常常出自他们之手。一些民间艺人也是绘画高手，马来传统的蜡染布"巴迪"上精致的图案便是其绘画作品。由于伊斯兰教禁止任何形式的个人和图腾崇拜，不允许描绘人物肖像及动物形象，因此这一时期马来人的绘画作品基本上以自然界的风光为主。而清真寺的绘画作品以及部分巴迪布上的图案则多讲究色彩搭配和几何对称，体现出浓厚的伊斯兰风情。在英殖民者统治马来半岛时期，西方文化在创作手法上对马来人绘画产生了一定的影响，绘画作为一种艺术创作开始延伸至社会其他人群。二战后，马来半岛民族主义高涨，社会艺术团体开始在艺术与救国之间建立联系，企图通过艺术来表达社会的呼声。马来人绘画艺术也因此受到感染，开始表现出浓厚的现实主义色彩。马来亚独立之后，国家非常重视发展马来人的绘画艺术，并于1967年成立了旨在培养马来画家的玛拉工艺学院。

华人绘画艺术是马来西亚绘画艺术的重要组成部分。在早期南下至马来半岛的华人当中，有些是通晓金石书画的先生，他们是马来西亚华人绘画艺术的开创者，他们招收学徒，传授绘画技能，也有的从事商业广告绘画，或开设相馆等，华人绘画艺术在马来半岛悄然传播并顽强地生存下来。1929年，一批华人在吉隆坡成立了南洋书画社，成为该地区历史上首个正式注册的绘画艺术团体。值得一提的是，随着马来西亚国家现代化建设向纵深发展以及全球化时代的到来，经济条件逐渐好转的人们常常会选择留学国外，西方绘画也因此在技法以及题材选择上对马来西亚华人绘画产生了一定的影响。

🌸 五、传统工艺

马来西亚的传统工艺历史悠久且品类繁多。华人和印度裔的传统工艺多承接自母国。马来民族亦在长年的生产实践中积累并形成了令世人惊叹的传统工艺，而其中又以雕刻、蜡染以及风筝制作工艺最为有名。传统马来雕刻艺术可追溯到东山文化时期，曾在马来西亚出土的东山文化铜鼓上便有一些动物和人物雕刻。古马来文化是在印度文化的熏陶下成长起来的，古马来雕刻艺术也深受古印度文化的影响。15世纪前后，伊斯兰教开始流行于马来半岛地区，寺庙及宗教雕刻艺术逐渐沉寂，木雕和金属雕刻技艺却慢慢发展起来。

马来木雕所表现的主题主要是生物、宇宙和大地、有规则的几何图案以及使用爪哇文或者阿拉伯字母书写的经文书法等。马来人喜欢在传统的木屋上雕刻花鸟鱼虫，而古代马来君王也常常让人在其宫殿中雕梁画栋以彰显贵气，现在依然能从一些遗址中窥探马来木雕工匠巧夺天工的精湛艺术。克里士剑是传统马来雕刻技艺的又一精华呈现。剑柄一般用兽骨、兽角、象牙或贵重金属（如金、银等）做成，并雕刻有花、鸟等，很精细。剑鞘上也往往饰有花纹，家境富有的人还会镶嵌珠宝，彰显富贵。可以说，克里士剑的制作和装饰艺术是马来文化最为精致、最集中的表现。此外，巴迪也是传统马来传统蜡染工艺的集大成者。

第四节　文化事业与文化习俗

🌸 一、文化事业

新闻出版业、广播电视是马来西亚文化事业中最具代表性的行业。马来西亚新闻出版业的发端可以上溯到19世纪初。1805年，英国殖民者在槟城出版了第一份英文报纸《政治公报》；100多年后，第一份中文报纸《光华日报》于1910年在槟城面世。1939年，第一份马来文报纸《马来亚前锋报》在吉隆坡发行。经过两个世纪的发展，目前马来西亚发行报纸近50种，每天发行量300万份左右，主要使用马来文、英文、中文和泰米尔文。马来西亚国家新闻社（以下简称"马新社"）为马来西亚官方通讯社，新闻、通讯与文化部下属的新闻局为马来西亚国内主要的新闻出版管理机构。马来西亚主要的新闻机构与新闻出版公司有：马新社、前锋报集团、新海峡时报（马来西亚）有限公司；而主要的报业和报刊则包括：《马来西亚前锋报》《每日新闻》《世界报》《大都会日报》《曙光日报》《今日马六甲》等。主要的英文报刊则有：《星报》《新海峡时报》《太阳报》《马来邮报》《东方时报》等。主要的中文报刊则有：《南洋商报》《星洲日报》《中国报》《诗华日报》《亚洲时报》《联合日报》等。

马来西亚的广播电视行业则始于1921年。彼时，柔佛州政府的电力工程师阿尔·伯奇（Al Birch）带来了马来西亚历史上第一台无线电台设备，随后组建柔佛无线电协会并以300米波长的波段发送广播，由此拉开马来西亚无线电广播的序幕。1957年马来西亚独立后，无线电广播有了较大发展，各地陆续建立广播电台。1960年，商业广播首次出现在电台节目中。1963年9月16日，马来西亚正式宣布成立，"Inilah Radio Malaysia"（"这是马来西亚广播电台"），通过播音员响彻马来西亚，成为马来西亚广播业发展新的里程碑。1969年10月6日，广播大厦（Angkasapuri）开始对外广播，广播与电视合并为马来西亚广播电视台，由马来西亚新闻部管辖。主要广播电视机构有：马来西亚广播电视台、首要媒体有限公司、寰宇电视公司等。主要的电台则有：民族经典广播、音乐调频、时代调频等。主要的电视台有：电视一台（TV1）、第三电视台（TV3）、国民电视七台（NTV7）、八度空间（8TV）、第九电视台（TV9）等。

在广播电视行业外，马来西亚的文化产业还包括创意产业的发展。马来西亚政府于2009年成立了创意产业基金，并于2010年通过了作为此项基金延伸与发展的"创意产业政策"，包括国家电影政策、国家音乐建设策略与政策、马来西亚第九个五年计划中期报告、国家内涵建设计划与策略性政策草案、文化艺术传统创意产业建设策略与政策草案，以及各电影出品人协会针对国家内涵与电影工业建设事项提呈的备忘录。出台"创意产业政策"的宗旨在于使国家创意产业更具竞争力，它的具体目标可以简单概括为：提高国民生产总值；支援创意产业在国内外的建设；为创意产业提供设施、便利与良好的发展条件；提供培训，加速知识产权意识的成长与认证；充分利用科技发展创意产业；向世界推出能够代表国民身份与地方文化的象征。与马来西亚社会一样，马来西亚的创意产业也具有多元族群和多元文化的特色。

❀ 二、文化习俗

多元复杂的民族构成导致复杂多元的文化习俗。虽然在长期的交流过程中，各种文化呈现出相互融合的态势，但人们在各自的生活习性和传统风俗中依然保留着浓厚的民族特色。以饮食为例，马来人、华人及印度人在饮食习惯上各有特色。马来人几乎都是穆斯林，他们的饮食文化深受伊斯兰教的影响。而马来西亚大部分华人的饮食习惯与中国汉族相似，他们习惯用筷子和勺子进食，且以米饭和面食为主，当地比较有名的华人美食有肉骨茶、海南鸡饭、瓦煲饭、云吞面、牛肉面、炒米粉、炒粿条等。当然也有文化融合的产物，例如峇峇娘惹，其饮食文化不同于一般华人社群，体现了马来文化和华人文化的完美融合。峇峇娘惹菜烹煮的方式很精致，菜中采用很多马来人常用的食材，如各种香料，但其烹饪的方式都还保留着浓厚的中国传统风味。印度人的食物口味以辣为主，拉茶和各类煎饼是他们日常生活中最普通的食物。在这之外，马来西亚各民族在住宅、穿着、婚丧嫁娶等方面也各有不同。

与此同时，马来西亚各个民族还形成了独具特色的礼节礼仪和禁忌。以禁忌为例，马来人和印度人都认为人的左手是不干净的，而头和背则是神圣不可侵犯之地，因此不能用左手向马来人和印度人传递东西，更不可用左手去触碰他们的头和背。黄色是皇室专用的颜色，因此在参观皇宫或参加重大传统马来仪式时，不宜穿黄色服饰。对于华人，则忌讳送钟、刀、剪和筷子等，这些代表着不吉利。马来人的清真寺严禁随意闯入。如果想参观，必须要有人带领，且要主动脱鞋，女士还需穿上寺里提供的长袍。此外，马来人对数字也有禁忌，他们不喜欢双数，重要的事物常常刻意以单数出现。需要提到的是，马来西亚的政治以及马来人特权问题是闲谈中的禁忌，尤其在与马来人聊天时，切勿提及相关问题。

　　作为文化习俗的重要部分，马来西亚的传统节会则是该国多元文化最直接、最清楚的表达。主要的传统节会有：开斋节、圣纪节、哈吉节、春节、卫塞节、屠妖节等。

第六章 社会

第一节　人口与民族

一、人口结构

　　据马来西亚统计局 2017 年 11 月的数据，截至 2017 年 9 月 30 日，马来西亚人口为 3 215.41 万人，比上年同期增长 1.3%。其中，马来人占 67.4%，华人占 24.6%，印度人占 7.3%，其他民族占 0.7%；男性有 1 540.9 万，女性有 1 453.8 万。而马来西亚人口的年龄结构如下：15 岁以下居民占 26.0%，15—64 岁的居民占 68.5%，65 岁以上者占 5.5%。

　　从地域分布看，西马的人口占全国总人口的 82% 以上，而其中四分之三的居民又集中在西海岸地区。东马虽然总面积远大于西马，但人口只占全国人口总数的 17% 左右。具体来看，2013 年人口位居前五位的州是雪兰莪州（578.5 万，占全国人口的 19.3%）、柔佛州（349.7 万，占 11.7%）、沙巴州（349.7 万，占 11.7%）、沙捞越州（261.9 万，占 8.7%）和霹雳州（244.7 万，占 8.2%）。首都吉隆坡的人口约 172.5 万，是马来西亚人口最多的城市。此外，还有少部分居民居住在一些小岛上。[①]

---

　　① 数据来自马来西亚统计局网页。

❦ 二、民族及国家构建

（一）民族构成

一直以来，民族的多元性是马来西亚这个国家最具显著的特点。据有关资料，马来西亚全国有32个民族，而这些民族在马来西亚全境内的分布在西马和东马则存在着显著的差异性。在马来半岛，也即西马，马来人、华人、印度人三大族群为该地区最主要的民族构成；而在沙捞越，达雅克人、马来人、华人则为主要族群构成；在沙巴，卡达山人、华人和马来人则为主要族群构成。从具体的地域来看，马来人比例最高的州是登嘉楼，约占97%；华人比例最高的州是槟榔屿，约占46%；印度人比例最高的州是森美兰，约占15%。下面就马来人及土著、华人和印度人等主要民族介绍如下：

1. 马来人

依据考古学界的研究，马来人的形成虽然成长于铜鼓盛行的金属时代，但是早在新石器时代中期便已开始。如前文所述，混血巴来安人的压迫和介入使得原来在马来半岛的史前人类进一步南迁，进入太平洋群岛。恰是巴来安人的进入促进了当地文化的发展。在新石器时代晚期，巴来安人已经遍及整个东南亚地区。根据史前史学者的推断，这一支文化来源于中国的中原，有着深厚的中原底蕴，是中原文化分化的结果，而龙山文化则是马来半岛新石器时代主流文化的根源。龙山文化被中原文化同化，在中原地区不复存在；其部分人口南迁至马来半岛，形成了以几何印纹陶和方角石锛为主流的文化，并主导着东南亚地区新石器时代晚期。到金属时代，处于中国东南地区的百越进一步遭到中原文化的同化和打击，部分接受中原文化，迁徙江淮地区，部分则逃至南岭深山甚至海外。逃亡海外的这部分百越人即构成了第二批来到马来半岛的外来人种，他们本身所拥有的文化也就在马来半岛地区得以遗存。

同时，依据几何印纹陶和方角石锛的遗迹，有考古学家推断，金属时代马来半岛的居民已经开始开辟小规模的水田，发展以水稻种植业为主的农业，研究出改良旱田的生产方法，试图提高粮食产量。在这一基础上，人民生活相对稳定，国家组织建立的基础初具规模。

到1世纪左右，马来半岛已经出现形成国家的迹象，此时正值王莽遣使南下、印度开始大量移民东南亚之际。印度人的到来为马来半岛带来了宗教。宗教不仅弥补了马来半岛史前人类心灵上的空虚，而且还为地区推崇"优生"的婆罗门作为君长创造了机会。于是，在来自印度的君长和僧侣们的推动下，梵文开始在半岛推广，马来人的文化也由此步入了新的纪元，有史时代随之开启。在随后数以千年的历史进程中，马来人形成比较复杂、融合与共生为特征的"马来人共同体"。而随着东西方贸易的兴起，马来半岛以及邻近岛屿之间的居民交流频繁，来自爪哇、苏门答腊等地的人逐渐与马来半岛上的马来人相互混杂。正是在各种外来文化，例如印度文化、伊斯兰文化以及中国文化的影响下，马来半岛以及临近岛屿上的马来人才逐渐形成了独立的民族。

19世纪末期至20世纪中期，因马来半岛上橡胶园开发和矿业开采对劳动力的需求，一些爪哇人、布吉斯人和马辰人从爪哇岛、苏门答腊岛等地迁入马来半岛地区。因其与马来人在生理以及生活习性上的相似性，他们中的部分人也被纳入"马来人"的范围之内。

根据《马来西亚联邦宪法》第一百六十条第二款，"马来人"在文化和政治的角度的定义为：要成为"马来人"，他必须要信仰伊斯兰教，践行马来文化传统习俗，使用马来语进行交流，在独立日之前出生在马来半岛或者新加坡，或者自独立日定居在马来半岛或者新加坡。显然，马来西亚宪法中对"马来人"的界定具有较强的政治意义。

2. 土著

据相关资料，最早定居马来半岛的几个主要的土著民族，包括尼格利陀人（Negrito）、沙盖人（Sakai）、雅贡人（Jakun）和西诺伊人（Senoi）等。矮黑人是移居马来半岛地区最早的民族。大约一万年前，矮黑人由印度向东方迁移，经缅甸、越南等地，最终来到马来半岛地区。他们身材矮小，皮肤黝黑，鼻梁低凹且头发卷曲。矮黑人大多生活在马来半岛的北部，在霹雳和吉兰丹的内陆地区都能见到他们生活的痕迹。西诺伊人大约在中石器时代移入马来半岛地区，考古学家推测他们可能是美拉尼西亚人种的后裔。西诺伊人的肤色较为浅淡，大部分以狩猎为生。目前，西诺伊人是马来半岛上人数最多的土著人，主要居住在霹雳、吉兰丹、彭亨、雪兰莪以及登嘉楼等地。相比之下，沙盖人要比矮黑人长得更高些，头发呈波浪状，有较长的头盖骨。他们能够建造出比较科学的屋子，以很结实的屋基作支撑，时常群居。而此时，他们已经能种植旱稻、甘蔗、香蕉等农作物。不过与今天耕种定居的生活方式不同，这个民族会因为土地失去肥力而举家搬移，因而属于半游牧半定居的民族。此外，他们的社会组织和结构优于矮黑人，已经出现了略带权力的族长。雅贡人则大多生活在马来半岛的南部，如彭亨内陆地区、森美兰、廖内等地，可分为陆上雅贡人与海上雅贡人。他们分别从事森林采集、狩猎及下海捕鱼。雅贡人是马来半岛土著人中发展程度最高的族群，在他们所组成的社会中，几乎所有的事务都由酋长管理和安排。目前，部分土著人都已经在政府的扶持下迁入民族新村，生产生活逐步趋向现代化。

东马同样居住着很多土著民族。在沙捞越，人数较多的土著民族有伊班族（Iban）、陆达雅族（Dayak Darat）以及美拉南族（Melanau），他们大多居住在经济比较发达的地区；而人数较少的土著民族如加央族（Kayan）、肯雅族（Kenyah）、哥拉比族（Kelabit）、毛律族（Murut）、比沙雅族（Bisaya）等，大多数居住在内陆地区。杜顺族（Dusun）是沙巴最大的土著民族，其次是巴召族（Bajau），也有少部分的毛律人和比沙雅人居住在沙巴州。大部分沙巴和沙捞越的土著人从事农林业或渔业。

3. 华人

华人踏足马来半岛的时间可以追溯到公元前后。根据《汉书·地理志》记载，中国与东南亚地区的交通关系已有文字记载，而海上交通则是中国与东南亚地区交通关系的主要承载。根据史书记载，自汉代开始，中国就与东南亚地区甚至更远的印度、斯里兰卡有了海上联系。而作为沟通中国与南亚、印度洋地区的枢纽，马六甲海峡则是必经之地。中国与东南亚海上航线的打通，使华人来到东南亚与踏足马来半岛有了更多可能。大体来看，华人向马来半岛的大规模移民大约有三波高潮。

第一波是唐宋时代为躲避战乱而迁居南洋，后来大多被当地土著同化。第二波移民高潮发生在明朝郑和下西洋之后，两广、福建的华人移居马来半岛并与当地人通婚，清朝入关后闭关锁国，这些人被隔绝于海外，他们保留了大明风俗并融入当地的生活，逐渐形成一个被称作"峇峇娘惹"或土生华人的族群①。而我们所熟悉的娘惹文化，则是他们将中华民族传统的语言、服饰和饮食习惯等融入了马来西亚当地文化的结果。这部分华人世代居住于东西方重要航路上，数百年来见惯了各国商人，因此特别擅长商贸，并于19世纪初与初来此地的英国殖民者合作良好，在殖民时代曾被称为"国王的华人"（Kings' Chinese）。

18世纪后期至19世纪中后期，马来半岛地区逐渐开启了英国殖民时代。这一时期，华人的商业贸易在经营品种和活动范围上得到了前所未有的拓展，越来越多的商人从中国带着瓷器和丝绸到马来半岛上做交易，也有华人从原来单纯的易货贸易转向了中介服务。而到这一时期，在中国广东、福建沿海已经出现了规模不小的"下南洋"潮流，此也是第三波移民高潮。20世纪初期，英殖民者在当地大举开发橡胶种植园和发展加工贸易，大批华工作为苦力被有计划地引入马来半岛地区；19世纪40年代，随着马来半岛的锡矿业逐渐繁荣起来，大批华工涌入马来半岛各邦的锡矿区。这一时期的华人移民被早期定居的人称为"新客"，他们多为男性劳动力，而且家乡意识浓厚，多不打算扶老携幼来到马来亚定居，只是希望赚够钱回到老家故乡。结果，这一时期马来半岛的华人人口的男女比例严重失衡。随着这一波华人移民高潮的出现，英殖民时期马来半岛上的华人数量相比葡、荷殖民时期呈井喷式增长态势，结果华人在总人口中所占比例越来越大。受此影响，马来半岛上的华人社群基本形成，并开始对当地的社会、经济以及政治的发展产生影响。

第三波来马来半岛的华人，实际上也构成了如今马来西亚华人的主体。他们中大多数是来自中国南方各省的农民、渔民以及小贩等社会底层人员。他们以劳工的身份被引入马来半岛地区，靠着勤劳的品格和坚忍的意志打造了华人在马来西亚的财富王国，成就了华人社群在马来西亚令人刮目的社会地位。

此后，尽管也有来自中国的华人南下移民马来西亚，但规模总体上无法与以前相比。作为马来西亚国内的第二大族群，马来西亚华人

---

① 在华南方言中，"三代成峇"即为对这些土著化了的早期中国移民的描述。例如，马来西亚主要华人政党"马华公会"创始人陈祯禄即为土生峇峇华人。

在这个国家现代化进程中发挥着重要的作用。

4. 印度人

相比华人，印度人来往于印度和马来半岛的时间大概要足足晚了一个世纪。在1世纪左右，印度的商人和僧侣开始来往于南印度与马来半岛之间。不过，总体上，这个时期穿梭于两地的印度人并不多。虽然如此，这一时期印度文化却对马来半岛地区有着不俗的影响。当时马来半岛的古国羯荼、狼牙修均深受印度文化的影响。印度人不仅给马来人带来了历法和法律，还培育了马来人的王权观念。到5世纪，在马来西亚已建立了印度化的国家。

与华人大规模（第三波）移民马来半岛相似，印度人由西至东来到马来半岛也与英国殖民者有着直接的关系。随着英国殖民势力侵入马六甲海峡及马来半岛，大批的印度人开始涌入马来半岛地区。这一情况与华工极其相似，都与欧洲殖民者在马来半岛上开发橡胶种植园有着紧密关联。1900—1910年，已经有4.8万印度人被引入到该地区，而在之后的20年当中，印度人的数量呈上升趋势。这一时期涌入马来半岛的印度人也多为社会底层的劳动者，他们大多数来自南印度，其中约80%是泰米尔人，其余主要是马拉亚兰人、喀拉拉人、锡克人、泰卢固人和旁遮普人。

目前，印度人是马来西亚的第三大族群。他们主要分布在西马的吉隆坡、巴生港、马六甲，以及吉打州的河谷地区，主要从事种植园工作，只有少数人在城市经商或担任专业技术工作。他们的经济实力不强，对全国性事务的影响相对较弱。不过，印度人普遍具有吃苦耐劳和克勤克俭的品格，他们同样是马来西亚国家建设当中不可或缺的族群。

（二）马来人的特权

在马来西亚，"马来人至上"已经成为大部分政客和民众的信条，且在这个国家的宪法中有所体现。"马来人至上"（马来语：Ketuanan Melayu）是一种民族主义信条，认为马来人是马来西亚或马来亚的主人或特权者；马来西亚华人和印度裔马来西亚人被认为承蒙了马来人的恩惠。马来西亚宪法第一百五十三条明确规定，马来人在马来西亚社会各方面均享有特权，而华人和印度人则通过承认这一信条而获得了公民权。无疑，这好比一种交换，而在马来西亚这种交换通常被称为马来西亚社会契约。

"马来人至上"的观念在马来西亚独立前就存在了，而这与马来地区复杂多元的民族关系有着密切关系。针对马来地区的多民族、多文化的特征，英国等西方殖民者统治该地区时奉行"分而治之"政策。殖民者往往视马来人为殖民统治的"代言人"，而把华人与印度人置于下等人的地位。作为殖民者的"代言人"，马来人自感地位崇高。但是，这份"荣耀"所带来的光环，因战后英国殖民者殖民政策的改变和对马来人实行高压政策，大有退去之意。为抵制英国的新殖民政策和维护马来人的利益，马来人以柔佛的"半岛马来人运动"与雪兰莪的"马来人协会"为主导，1946年3月在吉隆坡召开了"泛马马来民族大会"，并在5月11日的第二次正式会议上成立了马来民族统一机构，也即巫统。从字面上就可以看出，巫统的成立及其运作以维护与服务马来人的利益为宗旨，它是马来人在战后反对英国殖民当局和谋求自身特殊政治地位和利益的结果，巫统作为一个单一民族政党的基因也从这里开始。虽然巫统首任主席拿督敦·翁惹化为达到民族团结和实现马来亚独立的目标，曾提议将其他族群纳入巫统之中，但他的提议在党内遭到强烈反对，"马来人至上"的观念逐渐走向了舞台的中心。他随后不得不辞职，并被边缘化。他的辞职与被边缘化表明，巫统作为一个单一纯粹的民族政党有着非常深厚的民族主义基础。

在取得部分自治后，巫统联合马华公会和印度人国大党（形成"国民阵线"，简称"国阵"），取得了执政地位。而正是在此时，以维护马来人特权地位的1955年"社会契约"正式形成，华人、印度人等其他非马来人承认和尊重马来人的特殊地位。

随后，"马来人至上"的特权受到过几次大的挑战。20世纪60年代，独立前的新加坡（1963年至1965年是马来西亚的一个州）在华人为主体的政党人民行动党的领导下，直接挑战了这个观念。新加坡政府与人民行动党领袖李光耀甚至公开表示反对"马来人至上"观念，提倡建立一个"马来西亚人的马来西亚"，而不是一个"马来人的马来西亚"。而后，非马来人的政党，比如民主行动党，也强烈反对这种民族主义观念。

在1969年，华人在吉隆坡选举中取得胜利，更被马来人视为对

"马来人至上"观念的挑战，结果导致当年"5·13民族暴动"的发生。而正是在此次冲突流血事件发生后，新上台的巫统领导人利用紧急状态，开始执行马来西亚新经济政策以消灭民族及经济差异，同时降低贫民率，以加强马来人在马来西亚的经济地位。同时，马来西亚宪法中有关"马来人至上"的部分也正是在此时得到了确立。这期间马来极端民族主义也有了发展，他们宣扬建立一个由巫统一党执政的政府，并强调只有马来人才是真正的马来西亚人。这促使了1974年"国民阵线"的建立。正如学者评价，国民阵线的建立确立了马来西亚的民族政治格局，标志着马来人政治特权的最终建立。

随着马来人政治特权的确立，马来人为自身在经济、文化等领域的特权建立扫清了障碍和开辟了道路。在经济方面，随着新经济政策的实施与落实，马来人时至1990年已经在就业、收入、解决贫困和股权等方面有了极为明显的改善。借此，马来人基本改变了其在经济上落后、生活贫穷的弱势状态，并借助原住民信托局、土著银行、固打制等专设机构和机制逐步确立了强势的经济特权。20世纪70年代以后，马来人在文化上强调非马来人要融合到马来族群中去，而这则以马来文化为核心、伊斯兰文化为主要组成部分的马来西亚国家文化体制的确立为标志。这一体制包括三层含义：其一是马来西亚国家文化应当以马来世界原住民文化为核心；其二是其他适应的文化因素应当被接受为国家文化的组成部分；其三是伊斯兰文化是国家文化的组成部分。借此，马来人在文化领域逐渐确立了特权地位。

（三）华人的身份认同与冲突

华人是马来西亚第二大族群，也是一个比较尴尬的族群，时常被马来人视为"莫须有"的威胁。"马来人至上"的政策极大地改善了马来人的境遇，却也大大抑制了华人等少数族群在当地的发展，使得"国民阵线"执政联盟不断流失华人和印度人的选票。虽然以马华公会为代表的华人政党曾长期跻身执政联盟，但联盟中除巫统独大外，其他两个代表少数族群的成员党都已出现边缘化的趋势。在这一情形下，华人在这个"马来人至上"的国度不得不始终面临着一个身份认同、转换与冲突的问题。

马来西亚华人身份的认同类型是复杂而多元的。根据考察，现如今马来西亚华人社会的身份认同大抵有这几类：其一是包括闽南话、客家话、广府话与潮汕话等在内的方言群体。马来西亚的中国移民大多来自闽南地区，因此总的来说，现如今"福建人"一词在马来西亚指的是其先祖来自闽南的华人，当然这其中也可能还有福建其他地区过来的华人，例如福州等；客家人则是马来西亚华人的第二大方言群，他们的先祖来自广东和闽西南，大多的华人被称为"客人"；再有就是"广府人"和潮州人，广府人的先祖来自广州的周边，现如今居住在吉隆坡、怡保等城市，潮州人的先祖则来自广东潮汕地区。此外，还有来自海南、广西、河北等地区华人的后裔。其二是与本土马来文化接触融合诞生的独特的华人亚族群，这就是我们前述的"娘惹文化"群体——峇峇人，这是华人文化本土化的结果。其三就是华人社会在长期融合与发展中形成的身份认同，这里的身份认同已经很复杂了，下文会对此详述。其四则是马来西亚华人对自身马来西亚人身份的认同，这主要是受国家文化的影响。因而，犹如学者的分析，马来西亚华人是一个异质的华人族群，一种大致认同华人马来西亚化和具有不同地域认同的华人。而作为个体和作为华人的亚族群，他们却都有作为华人的不同情感和身份认同。在这一情形下，华人在马来西亚自然而然就会面临着认同变迁和身份转换的问题。

　　所谓"适者生存"，马来西亚华人正是为了在马来西亚生存、生活下来，不得不主动经历了两次族群身份转换。马来西亚华人的第一次族群身份转换发生在20世纪50、60年代，而第二次族群身份转换则发生在20世纪70、80年代。在第一次族群身份转换时，马来西亚华人主要是出于文化方面的考量。当时，马来西亚华人惧怕因为自己的华人身份被政府与马来人歧视，也担心在国外被欧美国家歧视，结果被迫放弃了母语转而学习英语，并且公开宣称以英语作为自己的母语，而一些华人为了让自己更像欧美人甚至不惜整容，或者以化妆品涂白皮肤，还有的嫁给非华人丈夫或者娶回非华人妻子。最终，大量的华人并不怎么会讲汉语，而只懂英语，当然也有人认为这样的身份不伦不类。而第二次身份转换则是经济驱动的结果。不过这次转换却呈现出前所未有的复杂性和尴尬，主要表现为：华人对自己所在族群认同出现尴尬，而却同时对自己所在的国家认同也出现了尴尬。特别是一些选择信仰伊斯兰教和与马来人通婚的华人，在文化认同和族群身份方面更是处在混淆、矛盾和冲突之中。而这种混淆和冲突，有的表现为华人身份和马来西亚人的双重感受，有的则表现为华人血统、马来人身份和马来西亚人的多重混合。当然，还有的身份认同则更为复杂。

作为第二大族群，华人在马来西亚国家经济发展和社会进步中发挥着十分重要的作用。但与此同时，马来西亚华人在族群化、本土化和马来西亚化的过程中也有着其艰难的生存之道，不得不经历甚为复杂的身份转换，而在某种情形下呈现出认同尴尬的现象。对于马来西亚华人融入当地、适应本土和马来西亚化，我们应该秉持积极的态度，对此应给予肯定、赞赏和鼓励的眼光。

（四）民族关系与国族建构

马来西亚作为一个多元民族国家，众多的民族成分、复杂的民族构成，使得民族关系始终成为影响国家发展的关键因素。从哲学的角度来看，马来西亚族群间的矛盾也是该国政治、经济与社会发展的主要推动力之一，而历届政府正是在协调民族矛盾中推进马来西亚政治、经济的稳步发展。依据本国国情，马来西亚政府应时代所需，先后制定并实行了一系列旨在发展民族经济、缓和民族矛盾、协调民族关系的民族政策，借此构建具有马来西亚认同的国家身份。具体来看，马来西亚政府的民族政策及其致力于国家认同建构的努力经历了下述四个阶段：

第一阶段是殖民主义时期，民族政策以民族分化为主要特征，而在追求独立的过程中，马来人、华人和印度人形成了妥协性的社会契约。可见，这一时期马来政府当局的政策具有显著的内在矛盾和一致性，既需要华人和印度人在寻求独立进程中的协助，又充分展现了民族分化基础之上马来人的特权观念。这一政策因此而有了深厚的历史基础。在殖民时代，英国对马来半岛实行了近200年的殖民统治，而在统治期间，英国在马来半岛推行旨在加深民族隔阂、实现民族分化、巩固殖民统治的殖民主义民族政策，其中以"分而治之"和"马来人优先"两策略影响最为持久，且涉及政治、经济与文化领域。对此，有学者指出："殖民者在政治、经济、教育领域推行的'分而治之'政策，实际上是使马来亚社会分裂成三个'民族—职业—文化'集团，每个集团对应于一个民族社区。对于促进民族社区之间的融合具有重要意义的政治参与、经济交流及统一普及的英语教育，殖民者都不同程度加以限制，其结果是造成马来亚社会的低度整合状态。"事实证明，"分而治之"的民族政策及"马来人优先"原则在马来各民族之间所造成的政治区隔、经济差异、文化鸿沟和心理隔阂深刻影响到其独立后民族政策的制定，甚至至今仍成为制约民族关系和谐发展的沉重历史包袱。

第二阶段是20世纪70—90年代，这是马来西亚政府推行新经济政策的时期，而正是在这一时期，"马来人至上"在国家政治、经济与文化领域全面确立。在这之前，马来西亚奉行自由主义经济政策，结果是马来西亚的现代化发展呈现出一个异常明显的特征："马来西亚现代化的一个最明显的后果就是一些集团比另外一些集团的发展速度快，这就使处于较落后的集团对发展较快的集团充满了不满情绪和怨恨，如果这一集团刚好与民族的界限联系在一起，那么这种冲突就会更加激烈了。"结果，马来人、华人为主要民族间的不稳定性和关系张力持续凸显，并导致1969年的"5·13事件"发生。随后不久出台的"新经济政策"借经济的名义，在全面确立马来人特权地位的同时，以期实现马来西亚社会的和谐。在这之外，拉扎克政府于1970年公布"国家原则"。该原则规定："马来西亚致力于促进全体民族间的最大团结，维护民主生活方式；创立一个公平社会，在此社会内，国家财富公正地分享；确保国内丰富和不同的文化传统获得最大地对待；建立一个取向于现代化和工艺的进步社会。"以此，此前"马来人至上"的观念才不至于被极端民族主义思想继续影响，也避免了由于马来人特权确立带来的对国家认同和社会和谐的进一步冲击。

第三阶段大抵是20世纪90年代。这一时期的民族政策不同于以往单纯地强调马来人在分配上的特权，而是主张将发展放在首要位置，强调经济增长和利益分配的平衡发展，并积极鼓励不同民族间展开经济合作，让所有民族的公民都能享受到发展和进步带来的红利与好处，进而提高全体公民对国家的认同和自豪感。鉴于此，这一时期的民族政策更多呈现出包容的特点，也展现出发展为首要任务的特点。与此同时，马来西亚政府也开始积极推动华人教育的发展。通过十年的努力，马哈蒂尔在2001年又提出了在2020年将马来西亚建设成为先进的工业化国家的宏伟目标（即"2020年宏愿"）："建立一个团结、具有共同目标的马来西亚。国家和平、领土完整、族群融合、生活和谐、充分合作，塑造一个忠于君国和为国献身的马来西亚民族。"

　　第四阶段是"2020年宏愿"提出以来，马来西亚政府的民族政策呈现出更多的包容、开放特征。借此，学者认为，国家宏愿政策的出台标志着马来西亚开始踏上多元民族、多元宗教共存的和谐发展之路。纳吉布接任总理后，"一个马来西亚"的新理念正式提出，这表明马来西亚政府开始希望构建更为积极、和谐的民族关系。在这一新理念下，马来西亚政府倡导建立"全民的马来西亚，以民为先，以表现为主的"内阁，一改以往的态度，强调各民族应该互相尊重与信任，鼓励全民参与国家的政治进程，努力构建一个开放的和谐社会。2015年，纳吉布甚而表示："保证不会有任何马来西亚人在我国向先进国前进时被忽略。"他指出，马来西亚所有族群都可以在和谐及和平的情况下共处，而这种情况，已经持续了许多代。马来西亚人民对此要倍加珍惜。虽然如此，由于腐败等问题及复杂的民族关系和政党政治斗争，目前马来西亚仍然不乏挑唆马来人和华人间矛盾的声音，也发生过类似"红衫军"和"黄衫军"的街头政治。因而，马来西亚政府致力于"一个马来西亚"的理念落实还不得不面临来自马来人内部及复杂政坛斗争的影响。这也就意味着，马来西亚的国族建构虽然取得了一定的成功，但依然任重而道远。

第二节　宗教

一、宗教政策及其意义

　　宗教历来与民族有着千丝万缕的关系，这一点在马来西亚体现得尤为明显。在马来西亚，宗教和民族通常被认为是一体的：马来人通常是穆斯林，华裔一般信仰佛教或者是道教，印裔信仰印度教（Hindus）、伊斯兰教或者锡克教（Sikhs），各个族群之中也有一些人信仰基督教，还有一小部分人信仰其他的宗教。由此来看，我们可以归结出马来西亚宗教政策的两点主要特征及其重要意义。

　　马来西亚宗教政策的首要特征就是将伊斯兰教视为该国的官方宗

教，并将之与马来人的身份标签紧密挂钩。

根据现行《马来西亚联邦宪法》，伊斯兰教被官方明确为国教，因而伊斯兰教的尊严和地位是不允许其他宗教或者任何言论来挑战与威胁的。不仅如此，马来西亚政府还大力扶持伊斯兰教教义在马来西亚的传播，联邦或者各州都有权创设与维持伊斯兰教机构并提供、协助伊斯兰教教育，且支付所有款项。最重要的是，伊斯兰教作为官方宗教与"马来人至上"或马来人特权的融合是马来西亚宗教政策比较特殊的一个特征，而这在联邦宪法里也有明确规定。马来人作为马来西亚国家人口的主体，生而便是穆斯林，伊斯兰教也构成了马来人社会生活中的重要标签。因而，其他民族如想获得马来人的身份，进行身份转换和改信仰伊斯兰教则是首要条件。而马来西亚宪法也明确规定，成为"马来人"的一项重要标准便是"信仰伊斯兰教"。

马来西亚宗教政策的第二个特征则是政府在宗教事务上呈现出来的开明态度。根据现行的《马来西亚联邦宪法》，在不威胁到伊斯兰教尊严和地位的前提下，马来西亚各族人民在联邦内享有宗教信仰自由；任何人不得强迫他人接受非自己信仰的宗教及其教义，或者参加非自己信仰宗教的仪式或礼拜；每一个合法的宗教团体具有创设并维持为信徒子女提供宗教教育的权利。一直以来，马来西亚政府基本上都奉行宗教信仰自由与比较开明的政策。在政府规定的五项国家原则当中，其一便是"信奉上苍"，明确了政府对伊斯兰教作为国家官方宗教的支持，而第三条"维护宪法"，也暗含了政府对其他民族及其宗教信仰自由的承诺。

可见，马来西亚宗教政策具有显著的一体两面特征，其中既有保守的一面，也有开明的一面。而实际上，这正是马来西亚历史与现实民族与宗教状况在宗教政策上的真实体现。如前文所言，马来西亚社会契约及宪法均明确规定，"马来人至上"表现为马来人在政治、经济与社会文化方面均有着其他民族、族群难以比拟的特权。因而，与马来人身份标签相吻合的伊斯兰教在马来西亚整个宗教信仰中自然有着极为特殊的地位，被视为官方宗教；不仅如此，信仰伊斯兰教作为成为马来人先决条件的这一规定实际上也是某种保护与同化政策，使其他族群信仰伊斯兰教有了更多的现实性考量。例如有学者对马来西亚华人穆斯林进行研究，结果发现马来西亚华人穆斯林选择信仰伊斯兰教和转换身份正是出于对一个特定的社会身份的考虑，就是希望通过自己社会身份的转换来获得社会平等、社会公正及平等的社会待遇、利益。

但与此同时，马来西亚政府在保护本国主体民族宗教文化的同时，充分考虑了其他民族的历史与现实情况，给予了各族人民以宗教信仰自由，使得他们能自由宣传教义和举行各种宗教仪式。例如，在重大的宗教节日庆祝时，还常有信仰伊斯兰教的内阁部长参加华人或者印度人的集会。不仅如此，马来西亚对宗教团体的创设和发展以及教育也做出了相关的规定，这些规定既为社会各宗教团体的存在提供了法律依据，也为其健康发展创造了良好的生存环境。

由此来看，马来西亚政府在宗教事务上呈现出的两方面显著特征，既为本国文化的和谐与稳定提供了政策保障和支持，也为马来西亚这个多元宗教文化共存的国家赢得了"宗教万花筒"的美誉。对于马来西亚的宗教政策，国际舆论的总体评价偏向于积极与肯定。

❀ 二、三大主要宗教及其发展

（一）伊斯兰教

伊斯兰教是马来西亚的官方宗教。我们也都知道，伊斯兰教15世纪才开始普遍在东南亚的海岛地区传播，但到16世纪初，这一地区的伊斯兰化便基本完成，整个过程不到100年。因而，伊斯兰教在这一地区的传播速度是异常惊人的。但是至今，伊斯兰教是怎样进入东南亚，又是如何在东南亚传播的，却是学术界悬而未决、争议颇多的一个问题。就此，澳大利亚著名的东南亚学者尼古拉斯·塔林在他的著作《东南亚简明史》中写道："伊斯兰教从东南亚以外的传入提出了一个文化帝国主义问题：它是如何来的，它又是如何传播的？虽然阿拉伯人早就在商路上建立了殖民点，早在674年前后苏门答腊西岸就接触到了伊斯兰教，但直到14世纪时它才开始产生广泛的影响。"针对这一尚无定论的问题，目前国内外的学术界看法很多，大致可以概括为下述三类观点：

第一类观点认为传入东南亚海岛地区的伊斯兰教源于阿拉伯地区。根据中国的史料记载，早在7世纪，就已经有阿拉伯人出现在爪哇地区，例如684年，一些阿拉伯人在苏门答腊岛的北海岸建立了穆斯林村。而在西方史料记载中，大抵在8世纪，一个由35艘船组成的伊斯兰海上船队在开往中国的途中曾驻足苏门答腊地区，并在休憩地传播伊斯兰教义。

第二类观点则认为东南亚海岛地区的伊斯兰教源于印度，这里主要是印度（这里并非指现如今的印度版图）南部的部分地区。据记载，在13世纪，来自阿拉伯半岛的穆斯林控制了印度南部的部分地区，并以此为前哨向海上东南亚"进军"，而在这一过程中，除了经商以外，伊斯兰教义的传播则是主要内容。这就意味着这一时期，印度南部地区或西南方的孟加拉国成为伊斯兰教义面向东南亚宣传的中心。

针对前述两种观点，有西方学者持有认可的态度。例如，在《剑桥伊斯兰史》中"18世纪前东南亚的伊斯兰教"一章的作者倾向于认为东南亚的伊斯兰教是从印度和阿拉伯半岛传入的。不过，他也承认，关于早期马来西亚和印度尼西亚接受伊斯兰教的传说和资料是"很不可靠的"，认为伊斯兰教在东南亚迅速传播的原因值得进一步研究。

近年来，对于传播的原因与方式有了新的探讨与看法，相关学者认为，海上东南亚的伊斯兰教教义源于中国。众所周知，伊斯兰教到达中国的时间远远早于其传播至东南亚的时间。史料记载，在9世纪，中国南方尤其是云南地区就已经出现穆斯林。中国南方地区的部分穆斯林漂洋过海来到东南亚，并最终定居此地，影响并带领着当地民众皈依伊斯兰教。因此，有学者认为，中国人很有可能在伊斯兰教传播至海岛东南亚地区这一过程当中发挥了关键性的作用。当然，还有学者在探寻郑和七下西洋与伊斯兰教传入东南亚并得到快速传播的相关证据与可能性。

由此来看，由于史料的缺乏，人们无从回答伊斯兰教到底是如何到达东南亚地区的这一问题，不能确切了解东南亚人皈依伊斯兰教的时间和地点。不过学术界倒是对有一点持有相当肯定的态度，这就是马来半岛第一个封建国家——马六甲，为伊斯兰教在马来半岛的传播奠定了很关键的基础。根据考古学家的研究，15世纪前伊斯兰教并不存在在马来半岛大规模传播的痕迹。15世纪初期，马六甲王国的建立为伊斯兰教在马来半岛的传播和发展奠定了基础。马六甲王国的创建者米苏拉最终皈依伊斯兰教，并以此为马六甲王国的发展及自身统治的稳固奠定了基础。到马六甲第三任国王穆罕默德·沙在位时，其已经建立起来马六甲苏丹王国，首次在东南亚使用了苏丹称号。以此为起点，马六甲王国正式进入马六甲苏丹王国时代，其后的历任统治者皆采用苏丹称号。而到第五任国王穆扎法尔·沙统治时期，马六甲王国开始真正向外扩张，伊斯兰教随着对马来半岛其他地区的征服而迅速传播。

其后，伊斯兰教在马来西亚的发展经历了马六甲王国时期、西方殖民者统治时期和二战后独立后时期。在马六甲王国时代，伊斯兰教的传播和确立自身的地位得到了前所未有的发展。特别是在马六甲发展成为海岛地区最强盛的商业中心之后，伊斯兰教义和文化以马六甲为中心在地区形成了一个巨大的网络。后来，随着马六甲王国的崛起和扩张，在短短一个世纪的时间内几乎征服了整个马来半岛。伊斯兰教很快在马来半岛和马来人心中占得一席之地，与马来人的本土文化相融合，成为传统马来文化中的一个重要的组成部分。在经历过殖民时代的暗淡和受压迫之后，伊斯兰教和伊斯兰文化成为马来文化的中心，构成了马来人身份认同和区别他人的一种标签，并对马来西亚政治、法律、经济与社会教育等多方面带来了深刻的影响。例如，在政治上确立了苏丹为人们的保护神和君主立宪制确立后的最高国家元首，对形成"马来人"特权地位也有着深重影响；而在经济方面，伊斯兰教对马来西亚经济发展的影响是其在政治领域影响的体现和延续，20世纪70年代初的新经济政策倡导的公平公正的原则是完全"伊斯兰特质"的。随着新经济政策的实施，马来西亚各民族的贫困率有所下降，很大一部分马来人从土地当中解放出来，成为城市中的新兴中产阶级，实现了社会的重组和经济资源在民族之间更加平均合理的分配，体现了伊斯兰教公平公正的原则；在教育方面也不例外，宗教教育是马来西亚现代教育体制的重要特点。

简单来看，伊斯兰教作为马来西亚的官方宗教，在国家建设过程的地位不容忽视。不仅如此，伊斯兰教随着马来西亚社会的发展与进步不断进行自我调整，成功适应了马来西亚现代化的步伐，在国家政治、经济、教育及法律各领域中发挥着重要影响，成为国家现代化进程中不可忽视的一股推动力量。

（二）佛教

佛教传入东南亚的时间要早，尚在2世纪的时候，马来半岛北部就出现了半岛历史上第一个佛教王国——狼牙修。此外，先后崛起于马来半岛北部的盘盘、丹丹等王国，也都是在印度佛教文化的影响下建立起来的。在室利佛逝王国统治的漫长时期，这里所说的佛教并非现代意义上的上座部佛教，而是由印度向南传播的佛教，属于小乘的说一切有部、正量部、大乘佛教和密教等，印度教在此地区也有广泛影响。与此同时，大乘佛教和南传佛教也获得了长足发展。地区传统佛教格局就此奠定。到19世纪末20世纪初，还有一些来自缅甸、泰国以及斯里兰卡等地的佛教徒进驻马来半岛地区，他们绝大部分为小乘佛教徒，其宗教信仰文化也是构成今天马来西亚佛教文化的重要因素。

佛教在马来西亚取得了长足的发展，成为马来西亚多元文化中的重要组成部分，其所作用的范围已远不止于佛教徒。这也就是说，佛教教义已经内化到马来西亚社会，并依靠主要教义内容和规范在不自觉中影响着每一个人。归结教义的主要体现，大致可以包括忍让、利他、和谐与简约等。佛教教义之所以能够有如此宽的影响面，主要依赖于其表现出的多元性、适应性和实用性的本土化特征。佛教的传入有其阶段性，也有其多个来源，结果马来西亚佛教呈现出多元性特征；而在这一过程中，来自商人和华人等底层民众的实用性主义，以及来自类似于狼牙修、室利佛逝王国统治者在地区不同范围内的强力推广以维护和扩大统治。而在面对伊斯兰教的冲击及如今的各种挑战时，马来西亚佛教徒尤其是华人佛教徒的坚守和调整使马来西亚佛教得以更好地本土化发展。

在马来西亚，佛教团体总体上有三类：全国性团体、区域性团体和寺院庙堂。马来西亚佛教总会、马来西亚佛教青年总会、马来西亚佛光协会等则属于全国性团体；世界佛教徒友谊会槟城分会、马来西亚禅坐中心、慧音社、北海佛教会、雪兰莪教会、菩提学院等则属于区域性佛教团体；而马来西亚供奉佛陀和菩萨的寺院遍布全国各地，例如马六甲青云亭，槟城极乐寺、玛兴达锡兰佛寺、平万安泰佛寺，吉隆坡的莲苑泰佛寺、甘榜暹佛寺、观音亭、鹤鸣寺等。在宗教信仰自由原则下，佛教在马来西亚的发展有其制度性保障条件，因而在20世纪50年代以来发展快速，纷纷成立各种佛教团体并积极"入世"投身到公益、慈善活动中，以期更务实地服务于马来西亚社会。

（三）印度教

印度教在马来半岛的传入和传播大抵是在公元前后。一些印度的商人因商品贸易往来于南印度与马来半岛之间，其宗教文化也随之而来。15世纪，伊斯兰教在马来半岛占据主导地位，印度教逐渐没落，但印度文化的某些成分已经与伊斯兰教相融合而成为传统马来文化的重要组成部分。19世纪末20世纪初，大批印度人从印度南部南移至马来半岛，印度教再次跟随移民登陆此地。印度教前后两次传入马来半岛，成为构成今天马来西亚印度教文化两股重要的历史源流。

印度教是一个颇为庞杂的概念，其与古印度的婆罗门教存在一定的承接关系，同时糅合了一些佛教信仰元素，如倡导佛教禁欲的主张等。印度教为多神信仰，其中又以梵天、毗湿奴和湿婆三神为主神；印度教的教义含有浓厚的因果报应及轮回观念；印度教徒崇拜各种神祇，坚信祭祀是表达虔诚最好的方式之一；此外，克制情绪和苦行也被认为是修行和摆脱轮回之苦的方法。与其他宗教相似，印度教对其教徒来说不仅仅是他们的信仰指向，更是一种思维方式和生活方式，对整个马来西亚社会的价值观念产生了潜移默化的影响。这主要表现为对生命的尊重，强调等级观念，注重精神世界而并不看重物质世界，这些如今则构成了我们观察东南亚人性的重要内容。

在马来西亚，大约有89%的印度人信仰印度教，大多为来自印度的移民或其后裔，这使得目前马来西亚的印度教信仰呈现出明显的族群和地域性特征。相反，这也为马来西亚印度教徒提供了团结族群力量的纽带，增强了印度裔马来西亚人的凝聚力。同时，马来西亚印度人往往标榜自我肯定，似乎与世无争。

除三大宗教外，马来西亚作为宗教万花筒还拥有其他多种多样的宗教信仰，例如作为世界三大宗教之一的基督教，以及包括族群内部的民间信仰，例如马来人的原始宗教和华人信仰的道教等。多元宗教信仰是马来西亚社会的一个重要特点，但如今随着马来西亚现代化的开启和深入，社会急剧变革，社会的分层逐渐细化，传统的族群和宗教信仰也相应出现了巨变，宗教的身份标签已经变得越发模糊而不重要。显然，这对马来西亚国家经济发展、社会进步与政治稳定是积极有益的。

第三节　教育及科学技术

一、教育

马来西亚的教育发展史大体经历了三个阶段：传统教育、殖民地教育和独立后教育。

在传统教育时期，马来西亚的教育主要以宗教教育为主要内容，并随着佛教、印度教和伊斯兰教的传入得以发展。这一时期并没有真正意义上的学校，所谓学校也就是进行宗教活动的寺庙或者清真寺。随着伊斯兰教的传入和马六甲王国成为伊斯兰教国家，伊斯兰教教育逐渐成为马来各邦最主要的教育形式。而步入殖民时期，马来西亚的教育在殖民当局"分而治之"政策下，呈现出四类相互独立的教育体系——马来语教育体系、华文教育体系、英文教育体系和泰米尔语教育体系。而在独立后，马来亚在1957年就颁发了教育法令。根据法令，马来文小学被称为国民小学，而华文、英文及泰米尔文小学则称为国民型小学。四种语言体系的小学都实行六年制教育，使用由教育部统一编发的课程大纲与教材。随后，《1960年达利报告书》对《拉扎克报告书》进行了修订，规定了全国范围实行九年义务教育，学生在接受六年小学教育后，参加"小学评估考试"。

随着知识时代的来临，接受高等教育成为马来西亚人民的普遍需求。20世纪60—70年代，马来亚大学、马来西亚国民大学及马来西亚理工大学等著名大学相继成立，马来西亚高等教育相对滞后的局面得到了改变。按照1971年公布的《伊斯迈尔报告书》内容，马来西亚大学入学施行"固打制"，即在大学入学名额中"55%保留给土著，45%保留给非土著"，实际执行却是"保留给土著的高于70%，保留给非土著的少于30%"。固打制的实施造成许多优秀的非马来族学生不能跨进国立大学和大专院校门槛，直到2002年，马来西亚政府才彻底废除这一制度，取而代之的是以马来西亚高等教育文凭（STPM）和大学预科班成绩（MATRIKULASI）作为国立大学录取学生标准。如今，马来西亚拥有一套比较完善的教育体制，包括学前教育、小学教育、中等教育（中学教育）及高等教育（大专院校）。

华文教育在马来西亚扎根，迄今已有近200年的历史。马来西亚的华人通过群众力量，努力建设了一个从小学、中学到大学的完备华文教育体系。可以这样说，在海外的华文教育中，马来西亚的华文教育水平最高，发展也最为繁盛。不过，由于华裔生育率大幅度下降，近年来华小的学生人数也在减少。因此，虽然到2011年，高达96%的华裔学生在华小接受教育，甚至比2000年的92%增加了4个百分点，但从2000年至2014年，除了雪兰莪州华小学生人数增加了22 406人（即上升了23.15%）外，其余州属或直辖区同时期都面临学生人数减少的问题。

二、科学技术

马来西亚迄今制定了两次科技政策，总体目标都是以"2020年宏愿"为基础，以期通过此来提高国家的科学技术水平，促进经济的发展和提高人民的生活水平，提高马来西亚的国际地位。1986年，马来西亚正式通过了第一个"国家科技政策"，标志着马来西亚正式步入科技建设的发展轨道。国家科技政策的提出，表明国家的科技发展必须要自力更生，改善科研、教育与其他设施，创造良好的环境促进国内科技的发展。这一政策提出之时正是国家科技发展遇到瓶颈的时期，国家的科技基础结构比较薄弱，各项科研基础设施不全，大大阻碍了科研的发展。进入21世纪之后，马来西亚更加强调科技的发展，采取了各项措施来提高国家的科技水平，大力投入资金支持科技建设，马来西亚的科技水平在短时间内达到东南亚的领先水平。由于受到了1997年亚洲金融危机的冲击，马来西亚意识到科学技术在提高国家经济水平和促进国家经济稳定中的重要作用，也意识到知识经济将是21世纪世界经济发展的主流方向。故而，马哈蒂尔在即将卸任之前，提出了第二个科技政策。与1986年的科技政策相比，此次科技政策更加全面和具体，涉及科研的各个方面和各个层次。第二个科技政策着手于建立各种项目、机构和合作来保证经济的发展，从而提高人民的生活水平。第二个科技政策对于国家的发展提出了明确的要求，即要提高国家的科技创新能力从而实现"2020年宏愿"。"2020年宏愿"在科技方面的目标是，到2020年，国家对于科研和创新的投入至少达到国民生产总值的1.5%，并且在10 000个人当中至少拥有60个研究员、科学家和工程师，以提高国家的科技实力。

马来西亚国家科技政策的目标是：提高国家在科技研发和科技获取方面的能力；鼓励由政府和本地资金开办的公司与外国公司合作，提高国家的科研能力；促进知识向产品、生产过程、服务等方面的转型，提高每一个产业领域的附加值，从而使国家的社会经济得到最大化的发展；将马来西亚定位为重要知识产业技术的供应国，包括生物技术、先进材料和制造技术、微电子技术、信息和通信技术、航空航天技术、能源技术、制药技术、纳米技术和光子学产业等；培养社会价值观和态度，让人民意识到终身学习的必要性和科学技术对未来国家繁荣的重要作用；确保科技的利用符合可持续发展的目标，并且与社会准则和伦理保持一致；发展以知识为核心的新产业。在保证政策顺利落地进程中，马来西亚奉行承诺、集中、能力、合作、商业化与文化、社会等原则。鉴于资源有限，马来西亚计划在下述七个领域重点努力：（1）加强科技和研究的能力；（2）鼓励科研成果的商业化；（3）加强人力资源建设；（4）培养鼓励科学、创新和技术创业的文化；（5）构造科技制度框架和管理监督科技政策的执行情况；（6）保证技术的广泛传播和应用，通过促使市场的需求推动技术的改进；（7）提高在新兴行业上实现专业化的能力。为实现这些目标及在重点领域有所发展，马来西亚专设科学、工艺与革新部（简称"科艺部"），并于1995年成立了马来西亚科学院。

马来西亚科技发展成就中，最具代表性的要数信息技术的发展。马来西亚较早重视互联网，并把普及互联网当作一项重点工程向全国推广和实施。截至2011年，马来西亚互联网用户已近2 000万，用户每周平均上网时间近20小时。过往这些年，马来西亚推出过多媒体超级走廊（MSC）国家宽带计划（NBP），信息、通信与多媒体服务886战略（MyICMS 886），宽带普及进程等重大信息技术发展与推广计划，并取得了不俗的成就。

第七章　外交

　　马来西亚的外交政策主要是为了捍卫和发展其在国防、经济和其他领域的各种利益。在建国初期，马来西亚既面临着内部的政治动荡风险，又因为在邻国的反对声中成立，不得不面对来自周边国家的反对甚至是敌视。因此，马来西亚早期的对外政策深刻地反映了其对政治安全与国家安全的考虑，而成立东盟这样的区域性合作组织成为马来西亚寄望通过外交手段缓解周边安全挑战的重要路径。随着20世纪70年代马来西亚所处的地区与国际环境的改变，其对外政策发生了一定的改变，趋向中立。而20世纪90年代，在金融危机前，马来西亚形成了以经济安全为重点、兼顾各方面的综合安全观。进入21世纪后，巴达维和纳吉布主政下的马来西亚实行更具全面性、动态性和务实性的对外政策。

第一节　对外政策

一、和平、自由、中立与不结盟的对外政策

　　1970年9月，敦·阿卜杜拉·拉扎克接任马来西亚联邦总理。在国际形势和地区安全环境骤变的情势下，拉扎克政府重新审视了以往的亲西方和相对消极的对外政策，开始转向实行和平、自由、中立与不结盟的对外政策。其中，和平、自由与中立是这一时期马来西亚对外政策的基调，不结盟则是马来西亚在实行和平、中立对外政策后形成的对西方国家和社会主义国家的相对等距离外交的结果。

　　和平、自由与中立作为这一时期马来西亚对外政策的主要基调，是马来西亚发展对外关系的主要指导原则，其主要标志就是"东南亚和平、自由和中立区"的提出。

　　作为地区重要的国家组织，东盟的成立为马来西亚提出和在地区贯彻"和平、自由和中立"的对外政策和思想奠定了基础，并为之创造了条件。早在在20世纪50年代末至60年代，马来西亚已多次尝试在东南亚地区建立区域合作组织。1959年1月，东姑·拉赫曼在访问菲律宾之际提出订立"东南亚友好和经济条约"（SEAFET）；1960年6月马来西亚又提出建立东南亚诸国联盟（ASAS，后改称为东南亚联盟，ASA）；1963年，拉赫曼、苏加诺和菲律宾总统麦克帕戈尔在菲律宾首都马尼拉讨论了三国之间的紧张形势，会后三方建立了"马菲印（尼）联盟"（MAPHILINDO）。然而，由于各方利益差异难以协调，马来西亚在地区组织建立方面始终未有取得实质性的建树和成功，这些地区组织无不以失败告终。到1967年，同样是在马来西亚的力促下，马来西亚、印度尼西亚、菲律宾、泰国和新加坡五国最终达成了成立新的地区国家组织的协定，该组织被命名为"东南亚国家联盟"（简称东盟，ASEAN）。虽然如此，马来西亚以"地区合作"为名建立地区合作组织的过程仍表明，东盟国家的国家利益仍有着较大的分歧，也预示着马来西亚推动其"和平、自由和中立"外交政策的努力将面对来自各方面的异议和挑战。

　　"东南亚和平、自由和中立区"的设想最初源于马来西亚时任外交内政部部长、资深内阁成员敦·伊沙美尔·阿卜杜拉·拉赫曼在1968年1月13日召开的国防辩论会上提出的一项计划，该计划的主要目标就是试图缓解马来西亚在英国撤军后所面临的安全挑战。这一计划包括三个要点：一是东南亚国家签订互不侵犯条约，二是宣布一项以互不干涉内政和自由选择政府形式为基础的和平共处对外政策，三是中美苏三个大国共同为地区安全做保证。自此开始，马来西亚在明知有挑战的情形下仍强调："本地区国家集体宣布东南亚中立化的时机成熟了"。随后，马来西亚官方不断致力于推动这一政策的发展。"不结盟"筹备会议1970年4月在达累斯萨拉姆召开。在此次会议上，马来西亚特别代表、常务部部长加扎力·莎菲宣布"中立化"将成为马来西亚的官方政策。随后，加扎力又发表了题为"东南亚的中立化"

的署名文章。加扎力在该文中先后阐述其对以下两个问题的看法：

1. 东南亚国家之间的关系

关于东南亚国家间的关系，加扎力在文章中认为东南亚国家应该在下述六个方面达成一致：

① 该地区的每一个国家尊重其他国家的主权和领土完整，不参加——无论直接还是间接威胁其他国家安全的各种活动。这是一个基本的前提。在采取其他举措之前，东南亚国家必须毫不含糊地接受互不干预和互不侵犯的基本原则。

② 所有的外国势力撤出该地区。

③ 该地区不能用作国际势力斗争与冲突的战场。

④ 东南亚国家想方设法承担起责任，以确保国家间的和平。

⑤ 在重要的安全问题上，东南亚国家应该向大国提出一个集体的看法。

⑥ 东南亚国家应该促进地区合作。

2. 区域外大国与东南亚国家间的关系

关于区域外大国与东南亚国家间的关系，加扎力认为：

① 东南亚应该成为中立区；

② 大国应该承担责任不使本地区国家卷入他们之间的权力争斗；

③ 大国应该设立一个监管机制，确保东南亚在国际权力争斗中的中立。

马来西亚关于"和平、自由和中立区"的设想获得了东盟国家的肯定，并成为1972年11月27日在马来西亚吉隆坡召开的东盟特别外长会议的最重要议题和成果之一，集中表现在会后发表的《和平、自由和中立区宣言》（也称为"吉隆坡宣言"）中。该宣言强调，"印度尼西亚、马来西亚、菲律宾、新加坡和泰国决定尽一切必要的努力以赢得外国强国对东南亚作为一个和平、自由和中立区的承认和尊重，并摆脱外国强国对东南亚的任何方式和形式的干涉。"

可见，在本质上"和平、自由与中立区"的设想不仅要求区域外大国不要干涉东南亚地区事务，而且展现了东盟"大国平衡"与"等距离"对外政策以维护东南亚国家权力和利益的心态。这也得到了加扎力的证实，其认为：从近期来看，与大国的等距离外交会强化中立不结盟的外交立场，强化区域外大国间的协调；从长远来看，与大国保持等距离外交则会巩固中立和不结盟的地区政策，进而促进大国从东南亚地区事务中撤出。

除"和平、自由和中立区"的设想外，1970—1976年，马来西亚在对外交往方面所取得的成就也展示了这一设想的价值所在。拉扎克政府时期，马来西亚作为伊斯兰会议组织成员，逐步开始重视其作为"伊斯兰国家"的身份；同时，随着对外交往的扩展与邦交国家的增多，马来西亚越来越认识到不结盟运动（NAM）在马来西亚对外政策中的重要性。特别值得提出的是，马来西亚政府在拉扎克时期开始主动地与西方国家拉开距离，强调欢迎英国以外的西方国家投资，同时致力于扩大与地区国家和社会主义国家的外交往来①。1973年，马来西亚完成了与朝鲜、越南等社会主义国家的建交工作；在先前多次磋商和谈判后，1974年5月拉扎克亲率代表团访问中国，促成了马中外交关系的建立。这标志着马来西亚在奉行独立自主的外交政策中，尤其是在外交上坚持以本国利益为重的外交政策上迈出了重要的一步。

1976年，敦·侯赛因·奥恩（胡仙翁）接替拉扎克成为马来西亚第三任总理。在任期内（1976—1981），其延续了拉扎克时期的"和平、自由与中立"与"不结盟"的对外政策。在"和平、自由与中立"的对外政策得到进一步贯彻和发展的同时，却由于国内外政治安全环境发生改变，遭遇到了来自各方面的阻力和挑战。

从地区形势来看，美国所强调的多米诺骨牌效应在美军撤出中南半岛后先后在越南、柬埔寨实现，及后来1979年2—3月中国对越自卫反击战的发生，令马来西亚深感国家安全形势不容乐观。如学者所言，美苏中三国在东南亚影响的此消彼长让东盟国家感到可能会再一次遭受战争的考验。从国内来看，马来亚共产党则被马来西亚政府视为是对统治的威胁；此外，侯赛因·奥恩的政敌拉赫曼对政府多主张的"和平、自由与中立"的对外政策不断发出反对的声音。

在这一背景下，马来西亚"和平、自由与中立"对外政策备受打击。1976年8月，不结盟国家在科伦坡召开会议。在此次会议上，越南和老挝等国对马来西亚的对外政策进行了猛烈的攻击和批评，将马

---

① Ministry of Foreign Affairs, Malaysia, http://www.kln.gov.my/web/guest/foreign_policy。

来西亚"和平、自由与中立"对外政策的标志性文件——"吉隆坡宣言"视为"东盟各国反对民族解放运动的遮羞布"。马来西亚奥恩政府从这一形势出发，对"和平、自由与中立"的对外政策做了些许调整，降低了这一对外政策的调门。以1978年发生的越南入侵柬埔寨事件为例，马来西亚在这一事件上的政策显然有别于以往的中立化政策。1980年，马来西亚总理奥恩与印度尼西亚总统苏哈托在关丹就这一事件举行了会谈。在会后发表的联合声明中，马来西亚改变了"中立化"的态度，对越南在地区的安全利益的正当性表示认可，而对柬埔寨的红色高棉政权表达了不支持的立场。尽管马来西亚这一政策转变旨在以"认可"换取越南的撤军和区域外大国的干涉，但在本质上却是对越南地区霸权主义的姑息，偏离了"和平、自由与中立"的对外政策。

❖ 二、马哈蒂尔第一任期的马来西亚外交政策

在这一时期，马哈蒂尔政府虽有所继承前任的对外政策，但更多的是根据形势的变化调整了以往的对外政策，使之更趋于务实和成熟。

实现对外政策向经济重心转变是马哈蒂尔时期马来西亚对外政策最显著的转变和发展。如马来西亚外交部的报告认为，这一时期马来西亚对外政策立场开始前所未有地给予了经济方面更大的重视，而且这不仅表现在马来西亚作为发展中国家应有权力、利益和发展愿望的维护，而且还体现在马来西亚对"南南合作"的拥护和支持。"东盟+3"则成为马来西亚对外经济外交的重要体现。"东盟+3"由"东亚经济合作组织""东亚经济合作"发展而来，是在马来西亚积极推动成立的地区经济合作组织。马来西亚时任总理马哈蒂尔对自己首倡这一提议，表述了如下的看法：

"如果东盟想在国际贸易谈判中有更大的发言权，那就必须与东亚国家紧密合作。东亚经济集团将能够赢得欧洲共同体和北美自由贸易区的尊重。不仅如此，相对于欧洲共同体和北美自由贸易区，东亚经济集团有着更大的增长潜力，东亚经济集团的影响力势必将因此增强。除非我们结成这样的组织，不然东盟和其他任何个人都要乞怜于欧共体和美国贸易集团的仁慈。他们附加了各种条件，将贸易与各种非贸易问题挂钩，这将有碍于东盟国家经济的发展，我们也将永远处

于发展中国家的地位。"

20世纪80年代中期，马来西亚政府提出"东向"政策，该政策的主要目标就是向日本、韩国学习经济成功的经验，以推动马来西亚经济的发展。以这一政策为标志，马来西亚对外政策揭开了由西到东转变的序幕。此外，马哈蒂尔还一直强调建立国际经济新秩序，抨击不公平、不公正的国际经济秩序，通过积极参与七十七国集团活动和不结盟运动，为维护广大发展中国家在环境、经济发展等方面的权益而努力。尽管马哈蒂尔政府选择了顺应经济全球化的潮流，但这一时期马来西亚还积极寻求和呼吁广大发展中国家分清经济全球化的正面和负面影响，做好应对经济全球化负面影响的工作。在亚洲金融危机发生之后，马来西亚积极寻求通过东盟组织的合作来化解危机。1997年7月，马来西亚表示希望东盟制定货币法律，以遏制投机集团在本地区开展的投机活动；8月，马来西亚提出征收外汇交易全球税的建议，试图以此控制本地区的金融投机。

此外，马来西亚政府在这一时期还特别强调主张独立自主和维护弱小国家在国际政治经济格局中的重要利益。"互不干涉"原则是驱动马来西亚对外政策的重要因素之一①。以此为基础，马来西亚政府不仅捍卫广大发展中国家社会发展过程中在环境、人权和民主改革方面的权利，而且其还在联合国安全理事会中担任非常任理事国的角色，积极参与南非民族隔离和巴勒斯坦问题的斡旋，在柬埔寨、索马里、波斯尼亚、纳米比亚和东帝汶等国家维和行动中扮演重要角色。特别值得强调的是，马来西亚政府一向反对西方国家惯于采用的"双重标准"和在联合国之外采取行动。同时，作为伊斯兰会议组织的成员，马来西亚成功地主办了第十次伊斯兰会议组织峰会和首届伊斯兰组织会议展览会。在打击恐怖主义方面，马来西亚也表现出积极参与的态度。其反对以宗教和民族来界定恐怖主义，认为应当从根源上消除恐怖主义得以生存的基础。2002年，马来西亚还特别召开了伊斯兰国家会议组织关于"恐怖主义"的会议。

在这一外交政策的影响下，马来西亚更为有力地参加到国际事务中，在互不干涉的基础上，与更多的国家建立平等友好关系，为马来

---

① The EC-Malaysia Country Strategy Paper 2002-2006, Feb.28, 2002, p.7, http://eeas.europa.eu/malaysia/csp/02_06_en.pdf。

西亚的对外交往开拓出新的局面。这集中表现在：第一，在"南南合作"精神的指导下，马来西亚积极拓展了与非洲、拉美和东欧国家的双边关系，包括政治、经贸合作和技术交流等多层面；第二，对外交往中经贸合作和技术交流的地位逐步上升，提出"促邻繁荣"的计划，积极参加浮罗国际交流和南非国际对话；第三，积极主张东亚区域经济合作，推动"东亚经济合作组织"向"东亚经济合作"、再向"东盟+3"（ASEAN+3）的发展；第四，首倡十五国集团（G15），为世界各国的经济发展与交流创建新的平台。

❀ 三、21世纪以来马来西亚的对外政策

2003年10月31日，马哈蒂尔辞去党政职务，时任副总理阿卜杜拉·艾哈迈德·巴达维继任马来西亚第五位总理及执政党联盟国民阵线和马来民族统一机构（巫统）主席职务。2004年3月，第十一届全国大选提前举行，巴达维在选举中蝉联总理一职。在其任期（2003年10月31日—2009年4月2日）内，马来西亚对外政策既保持了一定的延续性，又获得了充分发展，变得更为务实、全面和有活力。在一系列调整和完善的过程中，下述一系列主旨成为巴达维政府对外政策的目标。

——更务实地根据现有的地缘和政治挑战调整对外政策，以符合实际对外交往的需要；

——更全面地反映马来西亚国内各种政治势力的意见；

——更有活力地发展现有的对外政策。

这一时期，马来西亚对外政策仍然保持了其独立自主和"有原则性"。所谓的"有原则性"外交政策的基点是人权、公平和平等的价值观，它承认国际社会的多样性和多元性，提倡容忍和接纳世界各国的各种不同观点。这主要表现在：反对西方强权政治，反对利用"民主""人权"等问题干涉别国内政，主张维护联合国作为国际核心组织的地位，改革不公正、不合理的现有国际政治经济秩序和建立国际政治经济新秩序。此外，2003年，马来西亚作为不结盟运动的主席国期间也实施了一系列具有"原则性"的政策。特别是在针对美国对伊拉克动武的问题上，马来西亚从国际正义和"不干涉"立场出发，先是利用其主席国的身份推动了不结盟国家在同年2月25日结束的首脑会

议上发表了"该组织反对任何对伊拉克发动的未经联合国授权的战争"的声明，其后又劝说同样身为不结盟运动成员国的叙利亚、喀麦隆、智利、几内亚、巴基斯坦和安哥拉要根据不结盟运动会议的决议投票。马来西亚在对外政策中所表现出的"有原则性"也得到了国际社会的赞誉。2004年5月，马来西亚当选为2005—2007年联合国人权委员会委员，并在2006年3月联合国人权理事会取代人权委员会后，于同年5月当选为人权理事会成员。

　　同时，马来西亚作为伊斯兰会议组织的成员，还积极扩大与其他伊斯兰国家的关系，关注伊斯兰事务。在伊拉克问题上，马来西亚巴达维政府主张伊拉克战后重建应尊重其主权独立和领土完整，并符合伊拉克国内人民意愿。在中东问题上，巴达维政府认为巴勒斯坦人民的斗争不是宗教对抗，而是捍卫领土主权，独立的巴勒斯坦国应得到国际社会承认。2006年，马来西亚多次以伊斯兰国家会议组织的主席国身份召集会议，并向联合国秘书长和各安理会常任理事国致信，寻求以公正合理的方法解决伊拉克问题和中东问题。在对外政策实践中，马来西亚以实际行动证明了其"作为一个宽容和进步的伊斯兰国家"，具有带头示范的作用[1]。

　　东盟是马来西亚对外政策的基石，巴达维政府的对外政策也不例外。在这一时期，马来西亚继续利用东盟平台推动其"东盟+3"设想的实现。"东盟+3"的最初设想是建立一个由东亚国家参加的、以经济合作为核心议题的论坛。在中国提出要将其转变为全面的、由最高国家领导人参加的高层次的地区合作框架和2004年举办第一次东亚峰会后，马来西亚对这一倡议给予了充分的支持。然而，由于印度尼西亚对马来西亚争夺东盟领导权的猜忌，这一倡议并未得到东盟印度尼西亚和新加坡的支持。虽然印度尼西亚此举主旨在于不希望中国在地区扩大领导权，而使东盟在地区事务中的地位和作用下降，但印度尼西亚和马来西亚在东盟领导权上的争夺仍可见一斑。2005年12月14日，首届东亚峰会最终在马来西亚召开。包括东盟十国在内，共有16个国家参加了会议，除中、日、韩以外，印度尼西亚所主张邀请的印度、澳大利亚和新西兰也在列。尽管2005年东盟首脑会议强调"确保

---

① Ministry of Foreign Affairs, Malaysia, http://www.kln.gov.my/web/guest/foreign_policy。

'东盟+3'将是实现未来东亚共同体的主要渠道"[1]，但是也确认了东亚峰会和"东盟+3"是平行的机制。这无疑冲淡了马来西亚关于"东盟+3"的政策设想。然而，由于东亚峰会是由东盟轮值主席国举办和主持，东盟仍然是地区事务的主导者，东亚峰会仍为东盟外交的一次重要胜利，从长远来看，马来西亚的对外政策需要并没有在本质上受到冲击。

2009年4月2日，纳吉布·敦·拉扎克接任巴达维成为马来西亚的第六任总理。纳吉布总理任职以来，马来西亚对外政策的连贯性越来越强，也能根据形势的变化做出些许调整，这标志着马来西亚的对外政策日渐成熟。犹如马来西亚外交部的报告认为，"国家对外政策的改变和连贯性标志着马来西亚国家自信心的提升和在处理国际事务中的日渐成熟"[2]。可以预见，由于马来西亚工业化发展的加速，其对外市场需求和能源需求将不断上升，马来西亚的对外政策对经济和科技的侧重将更为突出；但同时，由于面临着日益变化的周边与国际环境，马来西亚对外交往政策中的务实性动态性平衡也更为凸显，以为马来西亚创造一个相对有利的地区环境。2018年5月，"希盟"政府上台执政，马哈蒂尔再度成为马来西亚总理。在马哈蒂尔的主导下，"希盟"政府的对外政策在呈现出回摆和微调的同时，在总体上依旧保持着连贯性。

第二节　　对外关系

一、马来西亚与东盟五十年

马来西亚是东盟的五大创始国之一。东盟自成立以来，渐趋发展为马来西亚对外交往的基石[3]。与此同时，马来西亚在东盟发展及地

---

[1] Chairman's Statement of the First East Asia SummitKuala Lumpur, 14 December 2005, http://www.aseansec.org/23310.htm。

[2] Ministry of Foreign Affairs，Malaysia，http://www.kln.gov.my/web/guest/foreign_policy。

[3] Ministry of Foreign Affairs，Malaysia，http://www.kln.gov.my/web/guest/foreign_policy。

区一体化进程中还扮演着突出的角色。

（一）东盟的成立

马来西亚在东南亚地理上占据着中心地位，而在殖民时代，它则是英国殖民势力在远东地区的重要前沿。这就决定了马来西亚在独立后成为东南亚地区诸般复杂形势交织中心的命运。不仅如此，马来西亚的独立（1957年独立时称马来亚联合邦，下文不再特别说明）还是通过与英国殖民者和平谈判取得的。马来西亚独立的方式及其与英国特殊关系的延续不仅影响了马来西亚的对外政策，也深刻作用于马来西亚独立时其在东南亚地区面临的地区环境。正是在这一环境中，马来西亚有了推动和参与东南亚区域合作的动力。

首先，马来西亚独立后（特别是1963年马来西亚联邦的成立）在地区不仅在政治上不被印度尼西亚等东南亚其他周边国家认可，而且还与周边菲律宾等国家存在着复杂的民族、宗教、领土与海洋纠纷等。

1957年8月，马来亚联合邦独立时，印度尼西亚与马来亚的关系实际上并不糟糕。印度尼西亚不仅在马来亚独立时予以立即承认，而且还在1959年与其签署了友好条约。然而，随着1963年马来西亚联邦的建立，印度尼西亚和它的关系随即发生了急剧改变。由于包括马来半岛11个州、新加坡、沙巴及沙捞越，新成立的马来西亚联邦被印度尼西亚和菲律宾视为殖民主义者的图谋，遭到了二者的强烈反对。时任印度尼西亚总统苏加诺视之为英国在地区推行"新殖民主义"的阴谋，大力反对沙巴和沙捞越并入马来西亚联邦，并为此发动了"粉碎马来西亚运动"和大力支持文莱人发起的反抗加入马来西亚的运动。印度尼西亚和马来西亚为此发生了武装冲突，并长期结怨。1966年，印度尼西亚在新加坡独立后第二年决定承认新加坡。然而，马来西亚时任总理东姑·拉赫曼却扬言对此要采取报复行动，并发出声明："新加坡决定欢迎印度尼西亚承认它，清楚显示新加坡将会跟印度尼西亚有某种联系或交往，因此将会有印度尼西亚人到新加坡去。显然这么一来，我们的安全将受到威胁，因为印度尼西亚一再重申要加紧同马来西亚对抗。因此，马来西亚不得不继续采取一切必要举措，保障它的利益和安全。"

菲律宾同样对"强大"马来西亚联邦的出现表示反对，并就沙巴的主权提出要求。菲律宾虽然没有介入印度尼西亚与马来西亚的武装冲突，但却因此与马来西亚断绝了双边关系。不仅如此，由于新加坡人民行动党与马来西亚巫统之间并不和睦，两党目标存在的差异及李光耀与拉赫曼之间个人摩擦最终使新加坡脱离了马来西亚并独立为一个国家，而马来西亚与新加坡的关系也表现出极强的脆弱性。1966年，李光耀在新加坡成立后访问了包括东欧在内的数个欧洲国家，并与几个社会主义国家签订了贸易协定。然而，东姑·拉赫曼就此当面对李光耀表达了埋怨的态度，认为一旦这些国家在新加坡开设大使馆，就会对马来西亚构成威胁。针对新加坡与苏联及其他社会主义国家签署贸易协定，马来西亚相当失望。此后，两国在这一议题及其他问题上爆发了持续的舆论战。对此，时任马来西亚内政部部长的伊斯迈（Ismail）称，这是阴谋破坏马来西亚，除非把政治分开，否则两国间不可能建立经济合作关系。可见，新生独立和重新建立的马来西亚联邦是海上东南亚地区大多数问题的中心和关键，因而它需要以某种方式缓解周边邻国对它的敌视和期待获得这些国家的承认。

应对外部威胁，特别是来自北方的共产主义"威胁"是马来西亚寻求地区合作的另一个重要原因。20世纪50年代初，东南亚国家在冷战环境中面临着命运被美苏"左右"的挑战和遭到来自北方共产主义的威胁。对此，拉赫曼曾在接受日本记者访谈时明确表达了类似的看法，他认为："对付来自北部的共产主义威胁的最有效力量就是东南亚国家联合起来，自己决定自己的未来和命运。"此外，由于美国等西方国家长期以来宣扬东南亚华侨华人是中国在东南亚地区的"第五纵队"，"中国威胁论"在该地区不胫而走。为此，东南亚地区国家试图通过联合起来构筑强大的意识形态堡垒。

为实现前述两个方面的诉求，马来西亚在从英国殖民统治下实现和平独立后，从两个层面展开了努力。其一，对外交往中"亲英"政策的延续及其与英国防务联盟关系的建立使其在地区得到其他国家认可与确保安全有了重要的保障。《马英防务协定》签署于1957年。根据该协定，英国有责任在马来亚联合邦遭到外部攻击时做出相应的应对保护举措。不仅如此，这一时期马来西亚在经济方面也与英联邦保持着密切的关系。虽然马英联盟关系为马来西亚的安全提供了力量层面与心理层面的保障，也有助于实现马来西亚与印度尼西亚、菲律宾等实现关系的稳定，但由于印度尼西亚、菲律宾持有深层次的反殖民主义思维及英国处在马英同盟关系中的主导地位，它们对马来西亚与英国结盟存在忌惮的同时，也一再表达了不满甚至对抗。结果，印度尼西亚、菲律宾与马来西亚的关系反而变得高度紧张。无疑，这促使马来西亚在保留与英国特殊关系的同时，不得不从地区层面展开努力，以建立一个由地区国家主导的、包括马来西亚、印度尼西亚和菲律宾在内的区域合作组织。

其二，以地区组织的建立来实现印度尼西亚、菲律宾对马来西亚的认可与尊重及由此来共同应对外部的威胁。1958年，拉赫曼在参加斯里兰卡（当时称锡兰）独立10周年的会议上，呼吁东南亚国家领导人召开会议，建立区域间的联合。这一倡议得到了菲律宾、泰国的肯定，而遭到主张"不结盟主义"的印度尼西亚、缅甸和柬埔寨的拒绝。作为结果，1961年7月31日，马来亚联合邦、菲律宾和泰国在泰国首都曼谷发表宣言，正式宣布"东南亚联盟"建立，该组织以经济、社会与文化方面的合作为主。该组织成立之初马来亚联合邦领导人和泰国领导人均抱有相当美好的期望。对地区区域化持有一贯积极态度的泰国外长他纳·科曼甚至认为，东南亚国家成立这个组织可以向世界表明，"我们有能力自己来改变和指导我们国家未来的命运"。但是不久，该组织便因菲律宾对马来西亚联邦的沙巴地区提出主权要求陷入了困境。此后，马来西亚还参加了包括菲律宾、印度尼西亚在内的"马菲印联盟"，然而该组织因同样的原因在当年就陷入了无法运作的境地。虽然如此，马来西亚等东南亚国家在区域合作方面积累了不少经验，在寻求经济、社会与文化合作的同时，更将地区稳定、和平与安全视为重要目标。"东南亚联盟"与"马菲印联盟"虽然陷入尴尬境地，但却表明，马来西亚与印度尼西亚、菲律宾即使关系紧张，也都愿意一起通过讨论的方式及建立区域组织来缓解它们之间的不和睦关系。因而，1967年8月8日，一个包括马来西亚、菲律宾、印度尼西亚及泰国、新加坡在内的、覆盖范围更广的"东南亚国家联盟"作为一个全新的组织诞生于东南亚地区也就符合马来西亚等国家的区域外交逻辑。

（二）外交政策"东盟基石"原则的确立

以《东南亚国家宣言》（又称《曼谷宣言》）的签署为标志，东盟正式成立。这是马来西亚独立后作为创始成员国成立的第三个地区组织。随着东盟的成立，马来西亚成功地将印度尼西亚纳入了它认可的地区多边秩序，而这对马来西亚致力于区域合作的两个诉求——获得地区其他国家认可与联合应对北方共产主义"威胁"产生了极其积极的影响。不可否认，马来西亚、印度尼西亚和菲律宾在20世纪60年代中期关系的缓和是东盟成立的重要基础，而东盟的成立也有助于马来西亚、印度尼西亚和菲律宾在这个组织内避免对抗。但由于促使马来西亚、印度尼西亚、菲律宾等成员国对抗的因素依旧存在，而引起这些国家关系紧张的地区复杂民族、宗教等矛盾也并没有得到消除，东盟在地区面临的复杂情势与"东南亚联盟""马菲印联盟"相比实际上也并没有多大改善。这就意味着，东盟的成立并非代表马来西亚与印度尼西亚、菲律宾等国家关系中问题已得到合适解决，而马来西亚等成员国如何处理彼此的关系及怎样看待东盟则关乎东盟生存与发展的命运。

从整个东南亚地区来看，马来西亚与印度尼西亚、菲律宾等国家间各种纷争和矛盾使东南亚地区成为人们想象中的混乱景象和争斗的场所。对此，甚而有西方学者将东南亚地区称之为"东方巴尔干"，认为这一时期的东南亚无异于第一次巴尔干战争时的情势。换句话说，这些独立不久的东盟成员国在复杂的地区政治、经济与社会文化环境中的结怨和矛盾才刚刚开始。只不过作为东盟成员国，它们有义务根据东盟组织的原则来处理好彼此的关系，而东盟也只是为这些成员国提供了一个协调彼此关系与缓解、解决相互间问题的一个平台。实际上，也正是在处理与印度尼西亚、菲律宾、新加坡相互关系及后来的地区安全、经济等事务中，马来西亚才逐步确立了东盟在其对外交往中的基石地位。

马来西亚与菲律宾之间存在的沙巴争端构成了东盟成立以后面临的第一次生存危机，也考验着马来西亚如何在东盟框架下处理与菲律宾的关系。尽管菲律宾时任总统马科斯调整了对马政策，他曾明确表示，"如果能找到保全面子的办法，他准备忘掉沙巴争端"，但这并不意味着沙巴争端得到解决，它只不过处于隐性状态。这对于马来西亚与菲律宾关系和缓及共同致力于东盟的成立产生了积极的作用。但是这也表示，一旦潜藏的沙巴争端爆发并演化为危机，东盟依旧可能面临与"东南亚联盟""马菲印联盟"相同的命运。而1968年3月"科雷吉多事件"的发生①则成功地激化了马来西亚与菲律宾的沙巴争端。随后，马来西亚与菲律宾的紧张关系持续升级，特别是在双方发表了强硬的措辞和采取了安全管制措施后②，更是突然呈现出异常紧张的局面。面对这一危机，东盟委托泰国和印度尼西亚作为调解人希望化解这次危机，但由于马来西亚与菲律宾均持有强硬与消极的态度，调解并不成功。1968年9月18日—19日，菲马两国先后发表了互相断交的声明。至此，东盟的生死存亡面临着前所未有的威胁。在这一情况下，东盟于1968年12月在曼谷召开外长会议，督促双方将公开升级的争端降至最低程度，采取克制行动以确保东盟的利益，并头一次启用了专业委员会。到1969年，菲律宾与马来西亚依旧以东盟平台为关键沟通渠道，而菲律宾则表现出缓和的态度和灵活性外交，表示在东盟会议上不提沙巴争端。1969年12月，菲马两国也决定恢复中断的双边外交关系，而将沙巴争端置于临时被搁置状态。马菲间的沙巴危机，不仅检验了东盟制度与机构在调整成员国的关系方面的作用，而且也使马来西亚、菲律宾及其他成员国意识到"沙巴争议不要破坏东盟"的意愿也必须在协调彼此关系时得到应有考虑。从这个意义上来讲，虽然东盟是促使这场冲突降温的一个重要因素，但马来西亚等国的"东盟意识"的呈现也同样发挥了不可忽视的作用。

沙巴危机的暂告段落使马来西亚进一步看到了东盟的价值，而在地区国际形势演化的推动下，1970年拉扎克作为新任总理上台后旋即对马来西亚的对外政策进行了调整，转向积极的中立、不结盟政策。而其中，马来西亚的"东盟意识"进一步使其积极参与东南亚地区规范塑造，更使其成为这一时期东盟发展的一个重要"领导者"。这其中以《和平、自由和中立区宣言》最具代表，并在后来参与中南半岛事务中得到了一定意义上的体现。

① "科雷吉多事件"指的是由1968年3月21日《马尼拉新闻报》（The Manila Press）发出了关于马尼拉附近科雷多吉岛存在一支旨在登陆沙巴从事颠覆马来西亚在沙巴统治突击队的新闻报道。可参阅王士录、王国平：《从东盟到大东盟——东盟30年发展研究》，第64页。
② 据《远东经济评论》刊文，有两艘马来西亚炮艇和一架战斗机侵犯了菲律宾领海和领空。See Far Eastern Economic Review, June.13, 1968, p.544.

《和平、自由和中立区宣言》的设想最初源于马来西亚时任外交、内政部部长敦·伊斯梅尔（Tun Ismail）在东盟成立前接受记者采访时的谈话。他谈话的要点包括：其一，世界其他国家尊重东南亚国家；其二，东盟应是包括东南亚所有国家的区域组织，它并非军事组织；其三，东盟作为地区组织应倡导和平、发展与合作。随后，他在1968年1月13日召开的国防辩论会上提出了一项更为具体的计划。这一计划包括三个要点：一是东南亚国家签订互不侵犯条约，二是宣布一项以互不干涉内政和自由选择政府形式为基础的和平共处对外政策，三是中美苏三个大国共同为地区安全做出保证。随后，马来西亚不断致力于推动这一计划的推广，而这一计划也获得了东盟其他国家的肯定，并最终以《吉隆坡宣言》展现出来。该宣言强调，"印度尼西亚、马来西亚、菲律宾、新加坡和泰国决定尽一切必要的努力以赢得外国强国对东南亚作为一个和平、自由和中立区的承认和尊重，并摆脱外国强国对东南亚的任何方式和形式的干涉。"东南亚国家成立东盟主要出于政治考虑和寻求地区稳定与安全，"吉隆坡宣言"则成为这一时期东盟国家在政治和地区安全、稳定方面合作的最闪耀成果。

"越战"问题及后来的柬埔寨问题是东盟处理地区安全议题的核心，而这一时期也是马来西亚以东盟为"基石"的对外政策形成的关键阶段。面对越战及随后发生的第二次印支战争，东盟国家在加强政治安全对话合作方面有着急切的需要，但却不得不面临着内部各种矛盾与分歧，因而如何持续增强区域内的政治安全对话及提升对话的层级得到马来西亚等国家的关注。1976年1月，在马来西亚前总理拉扎克的葬礼上，东盟成员国就举行东盟首脑会议达成一致，并将印支半岛问题视为一个中心议题。1976年2月23—24日，东盟国家在印度尼西亚巴厘岛如期举行了第一次首脑会议。在此次会议上，东盟领导人一致通过了《东南亚地区友好合作条约》《东南亚国家联盟协调一致宣言》（又称《巴厘协议》）两份关乎东盟实现持续发展的重要文件。其中，《东南亚地区友好合作条约》则是东盟发展的里程碑文件，它进一步明确了东南亚国家间交往的基本原则和在东盟框架下和平解决冲突的制度规范。对此，西方学者也表达了积极的态度和看法，认为这是东盟成功调解类似于菲马沙巴争端过程中的协商方法和程序被载入东盟解决冲突条约框架的成果。而《巴厘协议》则在东盟成员国政治合作方面明确了目标和行动指南：以协调的立场和促进一致的见解促进地区争端和冲突的和平解决，最终建成团结、彼此尊重的共同体。此次峰会及这两个成果不仅对东盟的发展产生了深远影响，而且指导着东盟成员国如何参与地区安全事务。以这两份文件的签署为标志，马来西亚开始视东盟为对外政策的基石。

这一原则在内涵上大致存在着两个方面的意义。一方面，这意味着东盟是马来西亚对外政策的基础及马来西亚极为信赖的地区国际组织；另一方面表明，马来西亚在发展与东盟其他成员国关系中会积极推动和融入东盟地区的一体化发展。如今看来，这一原则一直深刻影响着马来西亚的对外交往政策。到20世纪80、90年代后，这一原则逐渐由政治关系及地区安全领域逐步向经济层面拓展。特别是马哈蒂尔于20世纪80年代开始主政后，马来西亚的对外政策在更显成熟与务实的同时，也渐趋呈现出以"经济建设"为中心的特点。受此影响，"东亚经济合作组织""东亚经济合作"的概念随后经由马哈蒂尔提出①。不仅如此，马来西亚还对"大东盟"计划尤为热衷，希望凭借东盟10国的聚合及形成自贸区，逐步成长为一个市场大、潜力大、有战略影响力的角色。鉴于此，在马来西亚参与、推动与融入地区一体化的进程中，"东盟基石"的原则不仅尽可能地得到了落实，也对东盟一体化的发展产生了深刻影响。

（三）"大东盟"的形成

随着"东盟基石"已经成为马来西亚处理地区事务的重要指导原则，马来西亚在推动东南亚区域合作发展方面也有了更为坚定的意识。马来西亚是东南亚区域合作及建立一个一体化组织的最早、最重要的推动者之一。而在东盟成立后，马来西亚在区域加强对话与合作上存在的相关诉求也不曾改变，因而在促进东南亚地区区域整合与促进东盟组织发展方面，马来西亚始终保持积极参与。其中，在"大东盟"形成过程中，马来西亚就扮演着积极推动者的角色。

文莱的加入是东盟建立后的第一次扩容，而在这其中，马来西亚的"东盟基石"原则展现得淋漓尽致。文莱和马来西亚同属马来半岛

---

①　"东亚经济合作组织""东亚经济合作"由于遭到美日的反对并未成功，而是演化成后来的"东盟+3"。

国家，在殖民时期均为英国殖民地，但在马来亚联合邦成立时文莱仍旧是英国直辖下的自治领。当马来亚领导人寻求建立"马来西亚联邦"时，文莱却对加入马来西亚给予了拒绝。不仅如此，文莱人民党武装分子甚至还发动武装起义向马来西亚示威。同时，这次起义还得到了印度尼西亚的强烈支持。然而，由于印度尼西亚的武装对抗政策，文莱也因此遭受损失。在"马来西亚联邦"问题上，文莱和马来西亚、印度尼西亚间均产生了不满情绪。后来文莱与马来西亚间的对抗继续发展，直至1976年马来西亚领导人的更替才迎来了转机。在时任马来西亚总理敦·侯赛因·奥恩看来，文莱的独立将成为现实，马来西亚兼并文莱不仅不可能，而且也会造成马来西亚、印度尼西亚关系的破裂。鉴于此，他认为解决文莱的主权问题及将其纳入东盟的事项应该提上日程了。随后，马来西亚在其与文莱关系实现好转后主动发起了文莱加入东盟的相关事宜。

在东盟第二次扩容中，越南成为其成员国之一，而在这一进程中，马来西亚虽然并没有扮演最为关键的角色，但也是推动东盟与越南关系缓和的一支重要力量。在应对越南入侵柬埔寨及解决柬埔寨问题的过程中，东盟国家存在着两种截然不同的意见，马来西亚与印度尼西亚虽然遭遇难民危机的影响，但对第二次印支战争的感知显然不同于泰国，因而主张与越南积极磋商及劝其尽早从泰国、柬埔寨边境地区撤军。在这一背景下，"关丹宣言"于1980年3月在马来西亚与印度尼西亚的推动下对外公布。这一宣言由于承认越南在印支半岛的特殊利益，遭到了泰国、新加坡的强烈反对，新加坡甚至将它描述为"最大的失误"。随后，马来西亚又在这基础上提出了"5+2"（东盟五国+越南、老挝）及"邻近会谈"的方案。尽管这些方案也都因为越南的强硬化为乌有，但客观来看，马来西亚在中南半岛事务中的态度在柬埔寨问题解决的后期对泰国、印度尼西亚等国均产生了深远影响。1988年8月，泰国提出"变印度支那战场为市场"的看法，而印度尼西亚则举行了产生奇效的"鸡尾酒非正式会议"。借此，东盟国家希望通过对越南的"拉拢"来缓和印支半岛地区的紧张局势及把越南纳入东盟框架中。随着巴黎和平协议的签订，越南在发展对马来西亚等国的友好关系及寻求加入东盟方面有了更有利的地区氛围。因而，时任马来西亚外交部部长巴达维（Ahmad Badawi）对外表达了对各方签署巴黎协议的满足感。而针对越南的政治体制，马来西亚与印度尼西亚则共同认为这并非是一个障碍，只要越南认同东盟及其制度规范即可。以此为基础，越南于1995年7月正式成为东盟成员国。

相比东盟第二次扩容，马来西亚在东盟第三次扩容中发挥的作用更为明显。缅甸、老挝与柬埔寨被赋予东盟成员国资格则与"大东盟"计划有着密切的关系。"大东盟"计划始自《建立东南亚十国共同体设想的声明》（1994），这份声明由东盟国家与缅甸、老挝与柬埔寨及当时尚未加入东盟的越南共同商讨而来。在这一声明中，东南亚国家希望未来用20—25年的时间实现"东南亚地区一体化"的目标。而这份声明与马来西亚的区域合作自强逻辑相当一致。不仅如此，以马来西亚为代表的东盟国家此时还积极抵制美国对东盟接纳缅甸的反对。时任马来西亚总理马哈蒂尔则指出，美国不能支配东盟，东盟国家均是独立的国家，东盟接纳缅甸是东盟国家自己的事情。也正如东南亚学者的分析，美国干涉缅甸内政及施压东盟恰恰违背了东盟的原则，这使马来西亚等东盟国家放下了在接纳缅甸入盟方面的歧见，决心采取一种与西方相对立的立场。1997年，马来西亚作为积极的推动者成功给予了缅甸、老挝与柬埔寨成员国资格。

（四）对"东盟方式"的形塑

马来西亚的"东盟基石"原则在政治安全领域也同样得到了体现，而这对东盟形成体现东盟智慧的协调成员国关系及决策问题的方式——"东盟方式"有着重要意义，并为东盟接下来提出政治安全共同体及后续落实奠定了基础。在马来西亚看来，东盟为马来西亚与其邻国之间协调彼此关系和处理纷争提供了一个难能可贵的平台，而这也是马来西亚当初致力于推进东南亚区域合作及共同创建东盟的初衷。马来西亚在地理上处在东南亚的中心地带，其此前与邻国菲律宾、印度尼西亚、新加坡均存在着领土和海域纠纷，因而马来西亚对东盟在这些纠纷处理中的有效作用感受最为深刻。马来西亚视东盟为解决其与邻国纠纷的重要工具，而东盟则在促进马来西亚与菲律宾、印度尼西亚与新加坡保持对话及协调彼此关系方面则产生了极其重大的作用。在这一过程中，马来西亚的"东盟基石"原则得到了显著体现。以沙巴危机的后续发展为例，沙巴危机在某种意义上是窥探东盟协调成员国关系及处理纠纷方式的重要缩影，也是考验马来西业"东盟基石"原则的试金石。在1977年东盟第二届首脑会议后不久，沙巴纷争再次凸显，马来西亚与菲律宾两国关系因此急转直下，而这使东盟再次陷入难堪的境地，第三次首脑会议能否顺利召开则在很大程度上取决于马来西亚的态度。结果，在1987年菲律宾在沙巴争端上对马来西亚做出友好宣示和态度后，马哈蒂尔才宣布到马尼拉参加第三届东盟首脑的决定，而此次首脑会议距离上一届整整相隔了十年。此前，沙巴危机也对东盟外交部部长会议也有类似的影响。对此，加扎利·沙菲也曾坦诚过，沙巴纷争确实破坏了地区的合作，例如东盟组织的发展。鉴于此，"东盟基石"的原则展现为马来西亚的"东盟意识"，表示马来西亚在东盟一体化发展中必须兼顾处理好国家利益与区域利益的关系。

马来西亚对"非正式制度性安排"的偏好深刻地影响了东盟一体化发展过程中的政治制度安排与设置。东盟在协调成员国彼此关系时倾向于非正式的、不带有正式条约和协议的安排，主要依赖主要领导人的关系。这与马来西亚对东盟建立初期的设想——为成员国处理争端提供了一个重要对话与沟通平台，实际是一致的。鉴于此，在《东南亚友好合作条约》签署后，马来西亚并不赞同成立"高级委员会"及依靠这个委员会来负责处理成员国间出现的可能危及地区和平的争端。由于马来西亚的冷淡态度，"高级委员会"的设立一再被推迟。而在委员会设立以来，马来西亚也向来不主张将它与邻国的争端提交给这个委员会来仲裁。其中，以马来西亚与印度尼西亚间的利吉坦岛和西巴淡岛争议的处理最具代表性，马来西亚与印度尼西亚最终并未启用这个高级委员会机制，而是将它们之间的争端提交国际法院仲裁。可以看出，马来西亚并不情愿使用"高级委员会"这种具有决定性、正式的约束性机制，而宁愿在东盟平台上形成双方的沟通机制及以此来解决争端或将争端提交国际法院。

而东盟常设秘书处的角色与权限设定，也同样彰显了马来西亚对东盟一体化政治的智慧贡献。在拉赫曼主政马来西亚时，他曾表示希望有一天能够建立一个永久秘书处来把东盟发展为一个实用而有组织的地区多边组织。随后1973年，马来西亚副总理伊斯梅尔再度提议设立东盟常设秘书处，而直到1976年东盟首届峰会举行时，东盟秘书处才正式设立。不过，对于增强东盟秘书处自主权的提议，马来西亚从未支持，认为这可能有助于形成一个超国家的机构，而这显然与它作为东盟成员国重要沟通渠道的角色不相符。

此外，马来西亚对"不干涉"原则的坚持也在很大程度上彰显了其对"东盟方式"与规范的形塑与维护。"不干涉"原则是东盟基于地区多样性和主权平等原则形成的一项重要地区原则，在某种意义上也促使任何一个成员国有意识地避免发挥领导作用，并在决策过程中确保成员国的平等性和协商一致。然而，冷战结束后，特别是东盟面临诸如1997年金融危机等重大危及地区安全事件时，东盟是否要改变既往的"不干涉"原则已经得到了东盟成员国的积极思考，如时任马来西亚副总理安瓦尔·易卜拉欣提出"建设性干预"设想，泰国时任外交部部长素林则提出"灵活性接触"的政策。然而，马来西亚官方始终坚持"不干涉"原则，"建设性干预"在安瓦尔事件发生后便无果而终。不仅如此，马来西亚官方还认为这些设想严重违背了东盟的宗旨，是对东盟组织根基的动摇。时任马来西亚外交部部长巴达维曾明确表示，放弃"不干涉"原则会使东盟最终走向分裂的道路。

马来西亚以"东盟基石"为对外交往重要准则，就意味着其把东南亚区域合作的扩大与深化视为对外交往的首要工作。东盟及其组织的扩容，使原本就矛盾交织的东盟更趋复杂化、多样化，而客观上来看，马来西亚在"东盟方式"及相关制度形塑过程中是积极的。基于此，马来西亚在东盟一体化发展及东盟共同体建设中在某些时期或某个领域还扮演着引领者的角色。

（五）东盟一体化

作为东盟的创始成员国，马来西亚影响着"东盟方式"的形塑，也是东盟早期一系列制度规范形成的重要参与者，而在推动"大东盟"构想落实的过程中，更是东盟国家加强区域合作及形成"共同体"构想、建设"东盟共同体"的积极推动者，甚而在某些领域还扮演着引领者的角色。同时，马来西亚在东南亚地区加强区域合作和东盟一体化发展发挥的作用还呈现出明显的阶段性。在不同的阶段，马来西亚在不同的领域内促进东盟加强区域合作与增进一体化。

在经济领域，马来西亚作为东盟地区工业化发展水平比较高的国家，对推进东盟成员国的经济合作和增进经济一体化有着积极的意愿，而这在马哈蒂尔第一任期时表现得最为明显。就此，马哈蒂尔曾阐述过这样的看法，他说，东盟在发展地区经济动力方面起着催化剂的作用，而东盟成员国也不可能在一个混乱、不稳定的区域独享繁荣，这就要求东盟成员国必须携手创造一个有利于经济增长的地区环境。马来西亚与东盟其他成员国在经济领域合作的强化主要体现在工业化与区域经贸一体化、三角区区域合作、引领东盟区域经济对外合作等三个方面。

在"工业与区域经贸一体化"领域，马来西亚一直致力于寻求国家利益与区域合作利益的平衡，而基于马来西亚本国工业和经济发展水平，又呈现出明显的阶段性。马哈蒂尔被奉为马来西亚"工业化之父"，其在致力于推进马来西亚工业化建设的进程中也对东盟工业合作项目寄予了厚望[1]，并将这些东盟工业合作项目视为成员国间巩固与发展经济合作的基石。然而，由于马来西亚此时正处于工业化发展的起飞阶段，保护与培育本国的工业化优势成为重点，马来西亚参与东盟工业化合作项目的效果因此并不理想。不过，马来西亚在其中的积极态度及成员国间工业化合作在一定意义上也对外展现了东盟成员国致力于相互合作和推进区域一体化的图景。而在东盟区域贸易合作方面，马来西亚的态度更是经历了从冷淡到积极推进的变化。新加坡是东盟自贸区的首倡者之一，但在这一构想刚刚提出之初，马来西亚和印度尼西亚一样持有比较冷淡的反应。到20世纪90年代，马来西亚国内工业化发展和经济建设取得显著成绩后，马来西亚与新加坡在东盟内部的差距进一步缩小。这为马来西亚积极推进东盟自贸区项目及构筑有利于东盟所有成员国的规则奠定了基础。不过，不同于新加坡，马来西亚对东盟内部的贸易依赖相对较高，而东盟成员国不均衡经济发展水平的现实又制约了一个全面的自贸区的建立，因而马来西亚在推进《共同有效优惠关税协定》（东盟成员国间的贸易特惠安排）过程中坚持东盟贸易一体化方向的同时，也采取了循序渐进的原则，进而兼顾东盟一体化和个别成员国的经济发展现状。

推进三角区的区域合作是马来西亚积极参与东盟次区域合作的重

---

[1] 具有代表性的东盟工业化合作项目有：东盟共同工业建设项目、东盟工业互补计划及东盟汽车产业品牌互补计划、东盟工业联营计划等。

要展现。三角区，全名为"增长三角区"合作机制。这一机制提出于20世纪80年代，事实上并非马来西亚首倡。但是，由于马来西亚在东南亚地区处于中心地理位置，其是东盟地区多个三角区的直接关联者和参与者，例如新加坡—柔佛—廖内群岛三角区、东盟东部增长三角区（马来西亚—印度尼西亚—菲律宾）、东盟北部增长三角区（马来西亚—印度尼西亚—泰国）等。对于这些三角区建设，马来西亚依据三边经济关系的不平衡，也持有一定的担忧甚而不满，但总体上持有积极的态度。

在东盟内部加强经济一体化的基础上，马来西亚在20世纪90年代还一直致力于推动以东盟为核心的"东亚经济集团"（EAEG）及后来的"东亚经济核心"概念（EAEC），率先提出了视东盟为整体和主导者角色的东亚地区整合建议。不过，由于东盟内部在建立一个排除美国的封闭区域经济集团存在着不少歧见，而作为其中一个成员的日本也鉴于美日特殊关系，对马来西亚的倡议持有犹豫甚而是反对的态度，马哈蒂尔关于东盟为中心的东亚区域整合计划由此被搁置了数年。直到1997年亚洲金融危机及东盟成员国出现经济困境之后，马来西亚的计划才再次被激活。这主要有三个方面的原因：其一，美国与国际货币基金组织等国际金融机构对东南亚国家应对此次危机并未提供实质性的帮助，而中国等地区国家发挥的作用更为积极；其二，地区缺乏一个货币与金融合作机制是导致此次金融危机迅速蔓延的重要原因；其三，在马哈蒂尔的主导下，马来西亚应对亚洲经济危机方面获得了显著的进展。在这一背景下，在马来西亚的积极推动下，首次非正式东亚首脑会议于1997年12月在吉隆坡召开，参会者包括东盟国家和中日韩三国。以此，马哈蒂尔倡导的"东亚经济核心"概念实质性转化为"东盟+3"合作机制。而参照"10+3"合作机制，东盟后来又形成了"10+X"的"东亚峰会"机制[1]。由此来看，东盟在后冷战时代渐趋建立和形成以自己为中心的地区多边合作框架过程中，马来西亚发挥的引领作用是显而易见的。

在政治与安全领域，马来西亚在某些议程上也扮演着重要的参与

---

[1] 首届"东亚峰会"也是在马来西亚吉隆坡召开（2005），当时是"东盟+6"，即东盟十国和中日韩及澳大利亚、新西兰与印度。后来随着俄罗斯、美国的相继加入，"东亚峰会"形成了如今的"10+8"机制。

者甚至是引领者的角色。冷战结束后，东盟国家面临的地区国际政治与安全环境发生了急剧改变，而这也第一次给东盟国家以塑造地区安全规划与架构的机会。在这一背景下，东盟地区论坛（ARF）应运而生。这一论坛虽然在很大程度上彰显了东盟处理地区事务的开放性及新加坡历来强调的"大国平衡"战略，但却最初起源于马来西亚国防高官提出的"防务论坛"。1992年，在亚洲国防部长会议上，马来西亚国防部部长提出以东盟为主导，建立一个地区性防务论坛及借此来讨论安全形势、制定预防和减少军事冲突举措的构想。随后，这一构想被东盟其他国家认可，并发展为东盟地区论坛。而对这一论坛的发展，马来西亚则竭力强调东盟在其中的主导地位或"驾驶员"角色。对此，马哈蒂尔曾强调，东盟创造了东盟地区论坛，东盟就必须确保这个论坛不偏离东盟所追求的目标。

　　马来西亚对东盟地区"驾驶员"角色的强调，以东盟自身一体化发展为基础；同时，东盟"中心性"的原则也一直被马来西亚所坚持和强调。鉴于此，后冷战时代马来西亚的历届政府均不遗余力地参与和引领东盟地区一体化的发展。而实际上，冷战后东盟提出明确的一体化框架正是始于马来西亚主导下的、由当年东盟峰会通过的《东盟远景2020》（ASEAN Vision 2020）。在这份文件中，马来西亚等东盟国家明确将"东盟共同体"作为下一阶段合作的新方向，大致勾勒出包括政治、经济与社会三方面的远景，以此来增强成员国凝聚力和彰显东盟身份标签[1]。在经历了1997年东南亚金融危机后，东盟国家普遍认识到它们在应对危机方面的反应不协调严重损害了东盟国家的合作基础。在此背景下，"东盟共同体"构想及进一步加强成员国协调一致的"第二协调一致宣言"在2003年东盟第九届首脑会议上正式推出。

　　"东盟共同体"构想提出后，马来西亚巴达维政府不仅在推进地区一体化方面积极努力，而且积极维护东盟在地区事务中的"驾驶员"角色（主导首届"东亚峰会"召开）。前者则以《东盟宪章》的制定最具代表性。为落实"东盟共同体"构想，东盟提出了《万象行动计划》，提出了启动制定《东盟宪章》的议程，而2005—2007年，包括

---

[1]　ASEAN, ASEAN Vision 2020[EB/OL], Kuala Lumpur, December 15, 1997, http://asean.org/?static_post=asean-vision-2020。

马来西亚在内的东盟国家则为《东盟宪章》付出了巨大努力。在此期间，时任马来西亚总理巴达维鉴于地区与全球形势的变化，高调倡导东盟的改革，适当采取维持和改进的政策，对东盟既有的原则和规范进行必要的改进和更新；而他同时也强调了对待"不干涉"原则需要明确划分参与和干涉的界线，而不能毫无保留地抛弃这一由来已久的原则。同时，他还认为，东盟有必要加强东盟意识在成员国中的教育及发展东盟的"以人为本"理念。巴达维的相关设想在当年东盟首脑会议上得到了其他东盟国家的认可，并以《吉隆坡宣言》的形式呈现出来。不仅如此，此时马来西亚等东盟国家还史无前例地加强了多边防务合作，一改以往注重双边安全防务的传统倾向。2006年5月，东盟第一届国防部长会议在马来西亚吉隆坡召开。以此，东盟向外界传达了成员国间希望推进安全与防务合作的重要信息。不仅如此，与会各国防长在本次会议上还通过了《成立东盟国防部长会议概念文件》（Concept Paper for the Establishment of an ASEAN Defence Ministers' Meeting），具体规定了会议的目标、议题和指导原则，而会议的设立则成为东盟国家推动落实"东盟共同体"构建的又一有力举措。

纳吉布任职马来西亚总理后，马来西亚的对外政策更趋连贯性及日渐成熟，而"东盟基石"原则也进一步展现在对"东盟共同体"建设的推动方面。特别是在成员国防务合作领域，马来西亚在推动东盟国防部长会议机制后仍旧致力于地区国家的防务对话与合作机制建设。2011年，马来西亚与印度尼西亚联合推动"东盟防务工业合作"（ADIC），加强东盟成员国间的防务合作；2012年，马来西亚国防部长在第11届香格里拉对话会上呼吁东盟国家推动"安全互联互通规划"，共同应对网络安全威胁。

由于2015年是东盟提出的建成共同体之年，马来西亚及其他成员国近些年根据《东盟共同体行动计划（2009—2015）》构想致力于加速推进东盟国家在经济、政治与安全及人文社会领域的共同体构建。2014年12月，纳吉布从缅甸总统吴登盛手中接过象征着东盟轮值主席国的"金色木槌"，开始启动2015年东盟轮值主席国的工作征程。马来西亚作为东盟轮值主席国，围绕共同体建设的工作重点既包括推进2015年东盟共同体如期建成，又需对东盟共同体未来的发展拟定规划。在前一方面，马来西亚着眼于建设共同体的目标在2015年积极在政治安全、经济与人文社会领域推动多个规划实施及提出多个建议举措，并在2015年4月主导推出了《关于2015年建设东盟共同体的吉隆坡宣言》。而在后一方面，2015年马来西亚作为轮值主席国积极推进"2016—2025后东盟共同体宏愿"的拟定，并在当年11月东盟峰会上对外公布了《东盟2025吉隆坡宣言：同舟共济》（Kuala Lumpur Declaration on ASEAN 2025: Forging Ahead Together）。2015年12月31日，时任马来西亚外交部部长阿尼法发表了声明，宣布"东盟共同体"正式建成。以此为标志，东盟一体化在取得实质性成果的同时，也开始迈入新的征程。

"东盟共同体"建设及其地区一体化的发展并不全然给马来西亚带来益处。在政治安全层面，"东盟共同体"的建设及地区一体化的发展不可否认为其成员国带来了"东盟国家"的身份标签，也增强了这些国家的"东盟意识"。但是，地区一体化的发展并未改变地区政治制度、经济发展模式与文化社会发展的多样性；不仅如此，随着地区与全球经济的不平衡发展及大国在地区角逐的增强，东盟成员国在地区与国际事务上的利益与态度并不尽然一致。在经济领域，共同体建设对马来西亚的挑战最为明显。目前，马来西亚正陷入中等收入陷阱的窘境，与区域企业也存在着相互竞争的局面。在高端产品和服务方面，无法与新加坡竞争；中端产品和服务方面，与泰国和印度尼西亚等国在吸引外资方面存在竞争；低端产品与服务更已逐步转移至越南、柬埔寨和缅甸等生产成本低廉的国家。随着区域内关税的进一步降低或取消，马来西亚企业面对的挑战将会更为激烈，尤其是规模较小和缺乏竞争力的企业①。鉴于此，马来西亚等东盟成员国不仅要协助中小型企业，而且还应制定扶持政策，以提高中小型企业的竞争力等②。

① 《光华日报》3月1日报道。引自"马媒评论东盟经济一体化给马来西亚带来的机会和挑战"，中华人民共和国商务部驻马来西亚参赞处，2015年3月3日，http://www.mofcom.gov.cn/article/i/jyjl/j/201503/20150300906657.shtml。

② "面向东盟共同体：马来西亚企业面临的机遇和挑战"，中国–东盟传媒网，2015年12月25日，http://www.china-asean-media.com/show-33-3324-1.html。

不仅如此，随着东盟共同体的建设及地区、国际政治经济形势的发展，东盟寻求其在地区多边框架的"中心性"地位和发挥东盟在国际事务中的重要影响力不得不面临更大的挑战。地区局势发展的"失衡"与大国在东南亚地区的角逐，使马来西亚等东盟国家维持传统的地区事务"主导"角色的难度越来越大。因而，如何在推进东盟地区一体化的同时，确保和增强东盟的"中心性"地位始终考验着马来西亚等东盟国家。

❖ 二、 马来西亚与英、美、日的关系

（一）马英关系

英国是马来西亚独立前的宗主国，控制着马来西亚的内政、外交和对外经贸活动。独立后，马来（西）亚为了维护自身的安全，不仅继续留在英联邦内，而且在独立初期对外奉行"亲西方"的外交政策。从英国的角度来看，马来地区的重要性是其试图继续控制该地区的关键原因。随着二战后以印度为核心的亚太殖民体系的逐渐瓦解[1]，马来半岛对英国的重要性陡然上升。从二战结束到1957年，英国每年的工业增长速度只有2.5%，使英国在资本主义世界的经济地位逐年下降。1946年到1951年是英国战后最为困难的时期，在这一时期马来亚为英国赚取了17.13亿美元的外汇，超过同时期英国工业和贸易所获得美元总和。在这一背景下，马英关系在二战后很长一段时期内得到了快速发展。

1. 马英防务关系

马英防务关系始于马来亚联合邦建立后不久。1957年10月12日生效的《马英防务协定》是马英联盟和防务关系建立的标志性文件。这一文件规定，在马来西亚受到外来威胁时，英国将保证其领土完整；在紧急时刻，为了增强国家防御能力，准许英国军队使用其基地及设施。借此，马来西亚将国家安全以一种几近完全托付的形式交给英国，英国则保持了在地区的军事存在。然而，二战后英国的综合国力虽有所恢复，但其国际地位却呈现出越来越下滑的态势。到1970

---

① 1947年，印度和巴基斯坦独立；1948年，缅甸和锡兰独立。英国在地区的殖民体系逐步走向解体已经成为大势所趋。

年，《马英防务协定》到期届满。这一时期前后，英国由于国内经济不景气，无力承担对马来西亚单方面的防务承诺，提前五年撤出在马来西亚和新加坡的兵力。

然则，马英防务关系却并未因为《马英防务协定》的届满和英军的撤离而终止。1971年4月，"英联邦防务协定"签订，在包括马来西亚、新加坡、澳大利亚、新西兰和英国在内的"五国联防"框架内，马英防务关系得以继续。根据该条约的有关规定，英联邦军队在撤出马来西亚和新加坡后仍有为马来西亚和新加坡提供新的安全保障的义务。但是，马来西亚与新加坡不同，虽都比较重视来自英国的防务保证，但马来西亚希望"五国联防"是一种较为松散的联盟而非紧密的军事同盟。马来西亚前国防部部长里陶丁认为，把五国联防发展成为一个紧密的军事同盟，不仅没有必要，而且还将产生消极的后果。这种消极后果无非就是在本地区引起马来西亚的邻居的紧张或制造地区恐慌。显然，在这一松散的、成员较多的军事防务合作框架中，马英防务关系相比之前的《马英防务协定》已经大为倒退。

除安全保证外，马英防务关系还体现在武器购买方面，英国是马来西亚政府购买军火的主要供应商。1988年9月，马来西亚与英国签订了一份价值45亿林吉特的军火采购协议，内含首批10架"鹰"式MK100型战斗机、18架MK200型战斗机和大批雷达和导弹等。冷战后，马英防务关系以军售为载体继续发展。1991年6月，马来西亚海军又向英国购买了两艘导弹护卫舰。尽管如此，随着20世纪80年代马英政治关系的跌宕起伏，马来西亚对英采购军火量大为减少，军火采购多元化趋向越来越明显，特别是物美价廉的俄制武器深受马来西亚防务部门的欢迎。

2. 马英政治关系

独立后，马来亚联合邦与英国在政治上保持了紧密的关系。在拉赫曼提出"马来西亚计划"后，英国对这一计划给予充分的认可和支持。一方面，英国为在地区极力排除美国军事影响力的扩大和确保新加坡军事基地保留在英国控制之下，大力支持这一计划。对于这个问题，英国联邦大臣桑斯说，新加坡的军事基地是属于英国的，它并不是东南亚条约组织的基地，英国不能把它交给其他国家或集团。另一方面，英国与马来亚联合邦还极力攻击菲律宾等反对这一计划的国家，并试图将澳大利亚、泰国和其他国家拉入自己的阵营。

到20世纪60年代末70年代初，随着马来西亚对外政策的调整，"亲西方"政策被"中立化"政策所取代，对大国则奉行"等距离"外交。在这一政策的影响下，马英政治关系开始出现下降的趋势。到20世纪80年代初，为了推行新经济政策，马来西亚政府决定大规模收购英资锡胶公司的股权。这一举措直接导致两国关系趋于冷淡。时任总理马哈蒂尔在澳大利亚出席英联邦国家首脑会议时宣布实行"最后买英国货"的政策，两国关系进一步紧张。在1983年马来西亚取消抵制英国货后，两国关系有所回升。尽管如此，由于两国在南非民族隔离政策等问题上的分歧，两国关系仍时常发生摩擦。1994年年初，英国传媒刊发了一篇影射马哈蒂尔的文章，马来西亚政府以此为由宣布禁止英国公司承包马来西亚政府主持和参与的工程项目。马英两国关系因此再现波折，直到马来西亚对这一政策做出解释后方才缓和，并随着领导人的频繁访问有所回升。1995—1996年，马哈蒂尔总理曾三度访英，两国关系有了较大改善。2000年10月，马哈蒂尔总理赴英出席马英21世纪联合大会。

（二）马美关系

1. 马美政治关系

马来亚联合邦在独立后不久即与美国建立了外交关系。在拉赫曼政府"亲西方"对外政策的推动下，马美关系在这一时期得到了一定的发展。1961年，拉赫曼提出"马来西亚计划"，得到了美国的大力支持。1961—1962年，美国甚至派出其在新加坡领事馆的官员到沙巴、沙捞越和文莱进行积极游说活动，试图协助推动"马来西亚"计划的实现。在马来西亚内部处于军事戒严时期，美国还每年拨付300万美元帮助马训练官员和提供武器装备，以示美国对马来西亚的支持。马来西亚与印度尼西亚对抗时期，美国甚至于1963年12月派出航空母舰和驱逐舰进入印度洋，扩大第七舰队的巡逻范围，以在客观上达到恫吓印度尼西亚的效果。1964年，时任美国总统约翰逊与拉赫曼举行会谈。在会后发布的联合声明中，美国宣布正式支持马来西亚，并提供各类防御型武器和帮助马来西亚训练军官。1967年，约翰逊总统访问马来西亚，推动马美关系进一步发展。然而，直到20世纪

70年代初，马美关系一直在马来西亚对外关系中处于第二位，位于马英关系之后。一方面，由于美英关系的特殊性，美国官方也认可马来亚地区是英国的势力范围；另一方面，美国虽在地区建立了"东南亚条约"，但英帝国在地区依旧承担着防务责任。

到20世纪70年代后，英国从地区撤军，马来西亚的对外政策同时在拉扎克执政后发生改变，马美关系因此受到较大影响。在英国撤军后，马来西亚所处的地区安全环境发生改变，因此对美国继续在地区保留军事存在持有支持的意见。20世纪70年代中期，马来西亚总理奥恩在访美时就曾向美国明确表达了支持的意见和对地区安全形势的担忧。这甚至可以被认为是美国在战略收缩的政策下仍决定继续保留东南亚菲律宾军事基地的重要原因之一。马来西亚对外政策趋向"中立化"后，马美关系因马来西亚对大国的"等距离"外交虽有发展，但一直保持着有联系、不紧密的状态。

马美关系的这一状态在20世纪80年代被打破。这一时期，马美虽仍保持着双方的高层互访，但由于两国在国际和地区事务上的看法差异太大，双方的纷争和纠葛逐渐增多。1982年9月，马来西亚贸工部部长里陶丁访美；1983年10月，马来西亚副总理穆萨访问华盛顿；1984年1月，马哈蒂尔率团访美；同年7月，时任美国国务卿舒尔茨访马；1986年5月，时任美国总统里根的妻子南希到访马来西亚。在高层互访之余，马来西亚由于在国际事务和地区事务上持有与美国截然不同的观点，几乎处处与美国唱反调。马来西亚不仅明确告知美国不要以"世界警察"自居，而且希望美国支持东盟实现"和平、自由和中立区"的目标。在巴勒斯坦问题上，马来西亚同样不乐见美国对以色列的偏袒态度，而是站在巴勒斯坦人民的立场上，支持巴勒斯坦人民的合法权益。

冷战结束后，马哈蒂尔政府和美国围绕着人权、自由贸易等问题的矛盾显著，在许多领域处于针锋相对的状态。在人权方面，马来西亚马哈蒂尔总理不仅多次在公开场合揭露西方人权和民主的虚伪性，而且还提出"亚洲价值观"与之对抗。马哈蒂尔曾在中国峰会上毫不客气地指责西方民主道："最坏的一点是西方民主国家可以通过非民主手段来兜售它们的信条。"1996年1月，马来西亚主办的新亚洲论坛上，马哈蒂尔大胆宣称：一个新的亚洲正在崛起，只有那些又聋又哑的人才没有注意到。亚洲应该是一股原动力和推动者，它应该是国际事务的主体而不是客体。"安瓦尔"事件发生后，美国对安瓦尔持有支持的态度，引致马美关系进一步紧张。基于此，这一时期马美防务安全关系虽有进步，但发展有限，马来西亚越来越强调自主防务的重要性。21世纪前后，美国多次在"民主""人权"问题上对马提出批评，招致马方强烈不满和反驳，两国政治关系受到一定影响，以至于韩国人指出，环顾全球，"除了大马领袖外，似乎没有什么人敢和美国唱反调"[①]。

"9·11"事件后，美国出于国际反恐合作的需要，重视马来西亚在伊斯兰国家中的特殊作用，两国政治关系有所改善，反恐合作加强。2004年1月，美国副国务卿博尔顿访马。5月，马来西亚与美国签署《贸易与投资框架协定》。6月，美太平洋司令部司令法戈访马。7月，巴达维总理访美。双方表示尽管两国在一些具体问题上存在分歧，但双边关系的基础十分牢固，愿在经济、教育、防务等领域加强合作。

2. 马美经贸关系

马美经贸关系的发展在马来亚联合邦独立后得到快速发展。1958—1968年，西马的外国投资中美国资本占28%，仅次于日本。在马来西亚提出出口导向型战略和实施战略转型后，美国为马来西亚提供了资金、技术和国际市场。到20世纪70、80年代，美国已经成为马来西亚重要的国际市场和投资来源地之一。从1979年到1987年，马美经贸合作关系随着贸易额的逐年攀升得到了进一步的发展。[②]冷战后，美国仍然保持着马来西亚重要贸易伙伴的角色，是马来西亚对外贸易的重要市场，这一趋势在21世纪后仍在延续。2000年1—8月，马美双边贸易额222亿美元，占马来西亚外贸总额的18.9%；2003年，马美双边贸易额1 155.7亿林吉特，占马来西亚外贸总额的16.7%。同时，美国还一直是马主要外来投资者。1996年至2000年7月，美对马来西亚累计投资45亿美元。1999至2003年6月，美国对马来西亚协议

---

① [马来西亚]《南洋商报》，1996年11月24日。

② 根据国际货币基金组织统计，1979年马美经贸总额达29亿美元，占马来西亚对外贸易总额的19%，1981、1984和1987年这一数据分别为13.8%、14.8%和17.5%。

投资额累计为50.74亿美元。

（三）马日关系

1. 马日政治与安全关系

马日政治与安全关系始于马来亚联合邦独立后不久，两国以经贸关系的建立和发展为纽带，不断推动着双边政治与安全关系的发展与进步。

马日建交后，两国关系在两国领导人的共同推动下不断向前发展。1959年5月，马来亚联合邦总理东姑·拉赫曼率团访问日本，与日本时任首相岸信介举行双边会谈。在会后发表的联合声明中，马来亚领导人希望马日两国建立更为紧密的经济联系。拉赫曼提出"马来西亚计划"后，日本方面由于在地区有着庞大的经济利益，也表示了颇为关注的姿态。在日本作为"经济大国"崛起后，马日经贸往来不断扩大。

在马日两国紧密经贸关系的推动下，两国政治关系的发展也获得了良好的环境和基础。1977年马来西亚和日本领导人共同商定成立"马—日经济协会"。同年，时任日本首相福田赳夫在菲律宾马尼拉发表题为"我国的东南亚政策"演说，提出日本对东南亚外交的三项原则：和平繁荣、加强交流与对等合作[①]。以此为标志，日本对包括马来西亚在内的东南亚政策开始由经济与政治关系并重转向以政治关系为重。到20世纪80年代初，时任马来西亚总理马哈蒂尔在马—日经济协会发表演说，提出"向东学习"的口号，强调马来西亚人在某些方面应向日本人学习，在理解基础上学习日本人勤奋工作、遵守纪律等一些好的道德和文化传统。希望通过学习日本社会的组织原则和日本人的价值观，在全社会范围内提高工作效率，加快经济发展，促进社会的团结和稳定。以此次讲演为基础，马来西亚正式形成"向东看政策"。在这一背景下，马日两国关系在20世纪80年代获得了快速发

---

① "和平繁荣"意指日本不做军事大国，要为东南亚以至世界的和平及繁荣做出贡献；"加强交流"意指，日本要在政治、经济、社会、文化等各方面与其他亚洲国家加强交流，并作为真正的朋友，建立心心相通的互信关系；"对等合作"意指，以"对等合作者"的立场，积极配合东南亚各国的团结和"坚韧性"，并致力改善印支半岛各国之间的关系，努力促进整个东南亚地区的和平与繁荣。

展。1982年5月，马哈蒂尔以私人身份对日本进行了访问；时隔一个月，日本外相访问马来西亚。1983年年初，马哈蒂尔总理对日本进行正式友好访问，获得了日本方面提供的巨额贷款和特别贷款。从1982年到1984年，短短两年的时间内，马哈蒂尔四访日本。马日关系以经贸关系为基础和纽带，在两国领导人的推动下以前所未有的速度向前发展。

冷战后，日本在政治与安全上重返东南亚的脚步进一步加快。1991年5月，时任日本首相海部俊树在新加坡发表政策演说，认为"在反省过去的基础上，打算在政治方面也做出作为和平国家的我国相符合的贡献"。1993年1月，时任首相宫泽在泰国发表演说，提出日本对亚洲的四项基本政策：一是积极参与亚太地区，寻求建立"安全对话机制"；二是促进亚太经济实行对外开放；三是致力于民主、人权和环境问题；四是同印支三国进行合作。1997年，时任桥本首相在新加坡发表演说，建议双方：在经济领域以加深合作的平等伙伴关系取代援助与被援助的关系；将以经济为中心的关系转向广泛对话；就地区安全问题进行坦率协调；在国际范围就反恐、环保、缉毒、人口、粮食安全和能源问题等进行合作；加强在联合国范围内的磋商。[1]同时期，"向东看政策"仍是马来西亚对外政策的重要组成部分，是马来西亚方面指导马日关系的重要原则。对此，马哈蒂尔曾表示："我们以前向东学习，现在还是向东学习。"[2]1990年，马哈蒂尔提出建立"东盟经济集团"。在这一主张遭到美国等国反对和异议之时，马哈蒂尔到访日本，得到了日本政府的大力支持。1991年7月，马哈蒂尔在东盟外长会议后曾对记者说："日本不仅发挥经济作用，而且发挥政治作用。"[3]1993年5月，马哈蒂尔再一次来到日本东京，对日本向柬埔寨派出维和部队表示支持。在马日两国各自的上述一系列政策推动下，马日关系在20世纪90年代一直保持着稳定、快速的发展态势。

21世纪后，马日双边关系在东亚区域合作的大背景下得到了持续稳固和加强。2002年，时任日本首相小泉纯一郎访问东盟，并向东盟提出"日本–东盟全面经济伙伴关系的倡议"，得到了马哈蒂尔的全力

---

① 新华社东京电，1997年1月6日。

② [马来西亚]《南洋商报》，1996年3月27日。

③ [马来西亚]《南洋商报》，1992年3月14日。

支持。同年，马哈蒂尔在与小泉会晤中表示欢迎日本与马来西亚之间进行"双边经济伙伴关系"的谈判。2003年，马来西亚和日本贸易主管部门举行会谈，讨论"双边经济伙伴关系"的可行性。2004年，巴达维任总理后首次访问日本。2005年，马来西亚最高元首苏丹访问日本；同年，巴达维再次访日。2006年、2007年，时任总理巴达维连续两次对日本进行国事访问。2007年8月，马日两国庆祝建交50周年，并以此为契机寻求建立更为紧密的合作关系，实现"持续友好、长久的伙伴关系"①。2008年5月，马来西亚总理巴达维对日进行工作访问。2010年4月，马来西亚时任总理纳吉布访日。至今，马日在政治与安全方面仍有着相当稳定的关系。

2. 马日经贸关系

马日经贸合作关系在马日建交之初即已建立，经历了初期的建立、20世纪80—90年代的快速发展和21世纪后两国经贸关系的巩固和加强三个阶段。

在第一阶段，马日经贸合作关系建立后，一度是马日双边关系的最主要内容。1959年拉赫曼访日后，两国即签订了一项旨在为日本垄断财团对马投资提供方便的经济协定，为发展马日经贸和投资关系创造了条件。1963年，马来西亚联邦成立后，宣布准许马来西亚商人向日本订购纺织品。此例开了日本商品源源不断输入马来西亚的先河，直接推动了马日经贸关系的升级。日本崛起为世界经济大国后，马来西亚对外政策也发生调整，对外经济交往成为重点，并成为国内经济建设的重要推动力量。这无疑为马日经贸关系的升级奠定了基础，并创造了政策条件。

在第二阶段，大致从20世纪80年代到90年代末，马日经贸关系在两国政策的共同推动下获得了前所未有的快速发展。提出"向东看政策"后，马哈蒂尔连续在1982年、1983年访问日本，为马来西亚带来了1982年度贷款210亿日元和特别贷款500亿日元。到马来西亚投资办厂和建立海外基地的日本垄断财团和公司络绎不绝。1992年，马来西亚出口货物中有高达13.2%的比例输往日本，进口货物中也有25.9%来自日本，日本成为马来西亚最大的进口国。1997年，东南亚

---

① Japan-Malaysia Relations, http://www.mofa.go.jp/region/asia-paci/malaysia/index.html。

爆发金融危机，日本不仅对马来西亚的"资金管制"表示理解和支持，并且还为马来西亚克服经济困难提供了大量的经济援助。马日经济关系的稳定成为马来西亚最早从金融危机中复苏的重要原因之一。

进入21世纪后，马日经贸关系在区域合作和两国政策的共同推动下日渐巩固和进一步加强。21世纪初，马日就建立"双边经济伙伴关系"的可行性和敏感性进行了谈判和论证，并在2005年完成"经济伙伴协定"的谈判，同年12月31日签署了《日本与马来西亚经济伙伴关系协定》（Japan-Malaysia Economic Partnership Agreement, JMEPA）。2007年，马日两国以"日本—马来西亚友好年"为契机，就马来西亚的"向东看政策"进行讨论。在讨论中，时任日本首相安倍晋三认为，"向东看政策"提高了马日两国经济联系，并表示日本今后将大力支持这一政策的继续实施。到2008年，马日双边贸易额更是高达1 367亿林吉特，日本也成为马来西亚最大的外来投资国。可以预见，马日经贸关系势必将在两国彼此信任的环境中，在共同的政策推动下，继续稳定向前发展。

❖ 二、 马来西亚与国际组织

（一）与亚太经合组织的关系

亚太经合组织（APEC）成立于1989年11月，在1993年西雅图领导人非正式会议宣言中提出其宗旨，即APEC的"大家庭精神"——为该地区的人民创造稳定和繁荣的未来，建立亚太经济大家庭，在这个大家庭中要深化开放和伙伴精神，为世界经济做出贡献并支持开放的国际贸易体制。

马来西亚是一个对外依赖性较强的国家，其进出口贸易额每年都占国内生产总值的70%以上。基于此，马来西亚认为有必要加强与邻近国家和地区的联系。因此，马来西亚对于亚太经合组织表示欢迎，并于1989年11月加入该组织。

但是，马来西亚加入APEC并不意味着对APEC的完全迎合。马来西亚意识到，尽管自身是东盟中最发达的国家之一，但凭其实力也难以与亚太地区的大国相抗衡。因此，由于APEC存在被美国等大国控制的可能性，马来西亚对APEC心存疑虑。为防患未然，马来西亚与其他东盟国家在1990年召开了古晋会议，谈论了东盟在亚太经合组织中的合作方针。在会上，东盟国家达成了"古晋共识"，强调东盟内部的经济合作及APEC不能成为一个高度机制化的机构。这充分表明包括马来西亚在内的整个东盟试图在合作中维护自己的独立性与主权。在这一背景下，美国在1993年提出了将APEC建成"新太平洋共同体"的建议。对此，马来西亚表示坚决反对。此外，马哈蒂尔曾于1993年11月为表示对美国反对"东亚经济集团"倡议的不满，拒绝出席在西雅图举行的首届APEC首脑非正式会议。可见，APEC被亚太大国操控的可能及APEC对东盟内部经济合作的削弱效应成为马来西亚加入APEC后的主要顾虑。

此外，马来西亚对APEC的贸易自由化计划也存在着一定的顾虑。虽然马来西亚在1994年APEC茂物会议后，积极采取了减免进口税的措施，但是在会上对亚太贸易自由化的时限问题，始终持有强烈的反对立场，认为开放市场和关税步伐的快慢应由各成员国自行决定。在会后，马哈蒂尔甚至声明，亚太贸易自由化的时间表并不具约束力，如果到了2020年国家的发展仍未臻理想，未足以落实贸易自由化目标，可以押后开放市场。

综上所述，马来西亚基于自身对世界市场的需要加入APEC，但其对APEC并非毫无保留。马来西亚对APEC为美国等大国控制的可能性、APEC对东盟内部经济合作的副作用及贸易自由化的时限问题等方面，存在着一些疑虑。简言之，马来西亚与APEC处于"一致与对抗"的关系当中。

（二）与联合国的关系

马来亚联合邦于1957年9月17日加入联合国，1963年9月15日改名为马来西亚。联合国的宗旨是维护国际和平与安全，促进国际合作，以所有会员国主权平等为基本原则。这对于马来西亚来说，具有十分重要的意义。

从地理上看，马来西亚位于东南亚的中心，与印度尼西亚和新加坡共同管理着世界最重要的海运通道——马六甲海峡。马六甲海峡控制着全球四分之一的海运贸易，它是亚洲联系欧洲和中东地区的桥梁。鉴于其重要性，在历史上马、印、新三国对于其主权曾有过激烈的争执，而这一争执最终在联合国及其国际法庭和《联合国海洋法公约》的作用下得以解决。2002年国际法庭对马来西亚与印度尼西亚的安巴拉海域西巴丹岛和利吉丹岛的主权纠纷也做出了判决。可见，联合国对于马来西亚运用和平方式解决与邻国的争端具有十分重要的积极意义。

　　马来西亚在维护联合国的宗旨方面也做出了一定的贡献。首先，马来西亚维护联合国会员国的主权资格。2007年11月，马来西亚外交部官员援引该国外交部部长赛哈密的话表示，马来西亚反对台湾地区加入联合国[①]。其次，马来西亚积极支持联合国的维和行动。2001年11月，马来西亚国防部部长纳吉布表示，如果联合国发出邀请，马来西亚就将向阿富汗派遣维和部队。另据马新社报道，马来西亚维和部队训练中心（PLPM）将与联合国发展计划署（UNDP）合作，开发新的维和部队训练课程，以训练马来西亚及其他亚洲、非洲国家的维和部队[②]。马来西亚以积极的行动践行着联合国的宗旨。

　　作为当前全球最重要的国际组织，联合国对于马来西亚的发展具有十分积极的意义，它为马来西亚和平解决与邻国的纠纷做出过重要贡献，而马来西亚是联合国的宗旨和和平精神的忠实践行者。

[①]　苏祥新：《马来西亚反对台湾加入联合国》，中国新闻网，2007年11月5日。

[②]　马新社：《马来西亚维和部队训练中心与联合国合作》，2011年8月，http://mandarin.bernama.com/v2/updatenews.php?id=72111。

第八章　经济

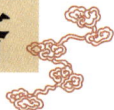

与东南亚其他大部分国家一样，马来西亚的经济发展脱胎于殖民地经济，但也都在独立后，特别是20世纪70—80年代以其成功的经济政策抓住了世界经济全球化发展的契机，利用西方发达国家的产业转移，发展好出口导向型经济并稳步推进国家工业化的发展。在这一基础上，马来西亚在20世纪80年代末90年代初成为亚洲"四小虎"之一（其他三个为泰国、菲律宾与印度尼西亚），经济高速发展。但与此同时，马来西亚与泰国、菲律宾等东南亚国家一样，经济高速发展的同时却也面临着经济基础不牢固、产业结构不合理等问题，因而在受到金融危机、经济危机冲击与步入中等收入国家行列之后，在经济上失去了以往的高增长率，正处于"中等收入陷阱"阶段。如今，马来西亚政府正在致力于"新经济模式"，极力推动国家经济结构和体制性结构的改革与调整，希望以此在实现"2020年宏愿"的进程中稳步冲刺。显然，这能否成功，无疑是马来西亚这只"马来虎"未来能否在经济上保持持续稳定发展的关键因素。

第一节　　经济概述

马来西亚经济脱胎于英国殖民者的殖民经济。英国殖民者专注于发展能够带来直接经济利益的领域，对马来西亚各个族群的经济活动予以严格的限制，这造成马来人经济一直处于相对落后地位，也引发了一系列的社会问题。根据马来西亚经济发展的阶段及独立后的不同经济政策，马来西亚的经济发展脉络大致可以分为殖民时代、"自由放任经济政策"时期、"新经济政策"时期、"国家发展政策"时期、"国家宏愿政策"时期及"新经济模式"时期等多个阶段。

❀ 一、殖民时代的马来半岛经济

由于是东西方海上交通的重要枢纽，地处极其有利的位置，马来半岛在古代就十分倚重货物贸易和中转集散贸易。如前所述，在马来半岛，诞生过不少以贸易立国的古代王国，并以此盛极一时，例如，狼牙修、羯荼、室里佛逝王国、马六甲王国等。其中，马六甲王国既是马来半岛第一个步入封建社会的王国，也是马来半岛殖民经济开辟前最后一个以贸易立国的本土王国。15世纪初，马六甲王国成为马来亚商业贸易发展的开端，马六甲也成为东西方货物的集散地，而全盛时期的马六甲王国是个闻名于世的港口和经贸中心。随着马六甲王国的建立和发展壮大，马来半岛的经济活动日益繁荣，当时有很多来自中国、印度和东亚其他国家的商人前来此地经商[①]。

不过，盛极一时的马六甲王国并没有因其发达的贸易持续繁荣下去，最终由于内部的纷争与统治阶级的内斗走向衰落。而实际上，马六甲王国的经济成就，尤其是繁荣的贸易经济，很早就使得西方殖民国家将其作为殖民的目标，西方国家想要控制其贸易的想法最终随着1511年葡萄牙人的东来和马六甲王国的覆灭成真，马来半岛经济也以此为标志进入了长达400多年的殖民时代。

殖民历史及殖民者的经济政策对马来西亚经济产生了深远的影响，但殖民时代的马来半岛经济由于殖民者不同的经济政策仍然呈现出不同的特点。葡萄牙和荷兰在西方注重和依赖贸易的政策，延续到了其殖民马来半岛时期。这虽然在根本上是由这一时期西方资本主义发展的阶段性特征决定的，但实际上也是葡萄牙、荷兰殖民者控制马来半岛繁荣贸易经济的设想落实的结果。因此，在葡萄牙和荷兰殖民时期，西方殖民者并没有大量开采资源，只是将注意力集中于香料贸易，当地经济并没有发生太大的变化。

但是到英国殖民马来半岛时期，西方资本主义的发展已经步入了新的阶段，西方殖民者在累积更多的原始积累之后，希望开拓殖民地

---

① 关于马六甲王国商贸的描述可详见第二章部分内容。

作为西方资本主义发展的原料产地和倾销市场。因此，在英国殖民时期，英国人把矿业和橡胶种植业引进马来半岛，英国政府开始对马来亚地区的经济进行彻底改革，引进华人移民、印度移民分别进行开矿和橡胶种植，当地的经济活动逐渐活跃起来。同时，马来半岛经济也呈现出与以往截然不同的特征，单纯的贸易经济并不再是马来半岛唯一的经济支柱，马来半岛产业的兴起和发展开始成为新的支柱。因而，相比葡萄牙和荷兰，英国殖民者的经济政策对马来半岛的经济影响要更为深刻、更为深远，更是给马来半岛后来的经济发展留下了不容忽视的殖民经济遗产和一系列显著的问题。针对此，有学者明确指出，英国殖民者在经济方面给马来半岛造成的影响总体上可以从正反两面来进行考虑：一方面，在英国殖民者统治之下，马来亚的经济开启了近代化进程。更具体来看，随着锡矿、橡胶业的发展与繁荣，马来半岛的基础设施，例如公路、铁路、运河、通信系统、市政建设、医院、学校等逐步有计划地建设起来，这无疑为马来亚后来的发展奠定了一个现代社会的物质基础。但另一方面，英国资本主义经济的进入，在加速马来半岛封建经济解体的同时，也为马来亚经济带来了现代意义上的资本主义经济；不过由于英国殖民者没有在马来半岛投资工业与制造业，而只是将马来亚视为一个原料产地和英国资本主义发展链条上低端的一环，英国人对马来半岛的投资主要集中在矿业与橡胶树种植，因而马来半岛的产业经济不可能得到均衡发展，而是呈现出畸形发展的特点。当然，与此同时，也不能忽视马来半岛马来人以农业为主的生产习惯及并不高的劳动力素质，这些使英国殖民者难以发展更高端的产业。最终，马来半岛在殖民时期从未出现一种独立、有自身调节能力的经济全面持续发展，而是形成了一种依赖和适应西方资本主义发展与市场需要的以矿业和橡胶业为特色的、片面的产业经济发展与增长。

虽然日本在第二次世界大战期间也曾占领过马来半岛，但由于日本人占领马来半岛的时间与殖民的时间相比而言相对较短，及日本人并没有对马来半岛的经济发展投入更多的精力，而主要服务于战争的需要，因此日本在第二次世界大战期间对马来半岛的占领总体上看并没有对马来亚的经济造成明显的影响；相反，日本人更多地将精力投入到政治领域当中，以得到马来人与苏丹的合作。

❀ 二、"自由放任经济政策"时期

独立之后，马来亚联合邦政府开始推行其既定的发展计划，这一计划被称为"经济发展计划"或"第一个马来亚计划"；而直到1969年"5·13事件"之前，由于政府总体奉行自由主义经济政策，这一时期又可以被称为"自由放任经济政策"时期。在这一时期，马来亚及马来西亚联邦成立后的经济发展状况主要可以概述为下述农业、工业和民众收入情况三个方面。

农业领域的发展是早期马来西亚五年计划的重点，也是马来亚第一、第二个五年计划和第一个马来西亚五年计划的共同目标。通过这些五年计划，马来亚政府及马来西亚联盟政府希望提高农业产品的产量以及提高农村和农业领域的社会经济水平。虽然被称为"自由放任时期"，但独立后的马来亚政府在农业方面实际上奉行干预政策。第一个马来西亚五年计划虽然强调经济多样化，并在工业领域奉行自由主义政策，但仍然拟定了建立以农业为基础的企业和工业的计划。因此，在第一个五年计划中，相关支出除了治安费用、社会资金筹集和教育之外，其余大部分都用在农业开发领域，而第二个五年计划的支出金额是第一个计划的2.6倍，农业开发领域的支出依旧是计划支出的主要部分。这在逻辑上是殖民时期马来亚经济发展的延续，在结果上则使马来西亚的农业，尤其是橡胶业获得持续发展，及从社会层面通过农业政策提高了马来人农民的经济地位。

橡胶业是殖民时期英国人发展的主要农业产业，也是第一个马来亚计划农业政策中最大的支出项目，而第二个马来亚计划实际上依旧十分重视橡胶树再种植的发展。橡胶树再种植是橡胶国际市场发展的必然要求。根据马来亚政府的计划，政府以出口橡胶征收再种植税与政府的一般财政收入来对橡胶树种植园经营者进行补助，称之为"再种植补助金"，而随着计划的推行，政府对小规模橡胶树种植经营者发放的补助金不断增加。虽然这反映的是马来人农民的意愿，但实际上，政府日渐增加的补助金却并没有使小规模橡胶树种植经营者的经营状况向好的方向发展，相反小农的经济状况呈现出更趋恶化的状况。

1961年，第二个经济发展计划得以实施。第二个马来西亚五年计划强调努力消灭穷困和重塑社会秩序，包括新经济政策里面计划的一系列目标。由于第二个马来亚经济发展计划的发展重心依旧集中在农业领域，农业成为国家经济的基础产业。但是，由于橡胶在国际市场价格的降低以及农产品价格的不稳定，政府不得不实施了一系列政策来减少经济对于农业领域的依赖。这就包括土地开发政策。土地开发局虽然成立于1956年，但实际上土地开发直到第二个马来亚计划中才得到显著重视，而这与马来人小农经济状况的恶化有着直接关系。政府通过开垦新的土地来分配零星的马来人农民。步入20世纪60年代以后，土地开发的规模和面积迅速增加，从族群的角度来看，收益最多的依旧是马来人。

　　不过，这也并没有改变马来人的经济弱势。特别是居高不下的失业率使马来西亚联盟政府不得不在重视农业之外，在工业领域加强政府的介入。根据马来西亚1965年发布的第一个马来西亚计划，政府在工业领域继续贯彻自由主义原则外，还采取了促进马来人参与工商业的政策。时任副总理拉扎克是积极推进马来人参与工商业政策的当权人物。同样是在1965年，在拉扎克的积极推动下，马来西亚召开了第一届原住民经济会议，并在会议最后决议中大谈要求政府积极进行干预，成立工业开发公司，援助马来人参与工业部门。会议甚至认为，将来马来人应该掌握全部的工业。1968年，第二届原住民经济会议召开，会议探讨了进一步促进马来人参与工商业的方法，有人甚至提出"应该让马来人在法律规定下负责全国的产品的流通"。但这与实际上的情况并不吻合，削减华人的经济利益在此时是不可能实现的事情，毕竟外资和华人资本实际上垄断着马来西亚独立后的工商业部门。

　　虽然马来人的经济弱势并未因政府倾向性的经济政策得到根本改变，但这一时期马来西亚社会各族群的收入分配是呈现出增长态势的。根据相关资料，1957—1967年，马来人家庭平均收入的增长率是高于华人和印度人家庭的，而在同时期，马来人中顶层20%的家庭收入份额则由42.5%增长至51.6%，中间40%的家庭收入份额由38%下降至35.2%，底层40%的家庭收入份额则由19.5%下降至13.2%；华人家庭的对应数据则是由46.8%增长至52.6%、36.2%降至34.1%与18.1%降至13.3%；印度人家庭则呈现出同样的态势，顶层份额由43.7%增长至54%，中间由36.6%降至31.2%，底层由19.7%降至14.8%。这就意味着，马来西亚各族群高收入的人群均在增加，但每个族群内部收入差距显著扩大，而马来人自身的经济弱势也并没有得到显著改变。与此同时，失业率的增长也不利于马来西亚社会与族群关系的稳定，到1967年，马来西亚农村和城市的失业率已经分别增长到5.3%和9.73%，其中尤其以年轻人的失业问题最为突出。总体来看，"自由放任经济政策"时期的马来西亚经济政策已经具有明显的马来人倾向，而马来人的经济弱势和社会贫富分化的加重、就业问题的凸显，都为后来1969年"5·13事件"的发生及"新经济政策"的出台做了铺垫。

三、"新经济政策"时期

1969年的"5·13事件"是马来西亚历史上具有转折性意义的事件，不仅对马来西亚的政治发展产生了深刻影响，也是马来西亚经济政策由"自由放任"转向国家干预的起点。"5·13事件"的发生在表面上是政治层面的原因，民主行动党等反对派在选举中的表现刺激了巫统和马来人的神经，但实际上，事件发生的根本原因是马来西亚社会发展矛盾激化，马来人的经济弱势与马来人特权形成了反差，失业率居高不下和贫富分化的加剧使马来西亚社会诸多矛盾不断发酵。对此，有学者认为，原住民和非原住民在经济领域的不平衡性导致了"5·13事件"的发生。虽然这在某种意义上也合理，但总体上来说马来西亚的社会矛盾要远远超越族群间的不平衡和矛盾。

而从结果来看，"5·13事件"后，马来西亚经济政策对马来人的倾向性更具明显。马来西亚政府从制定和实行新经济政策、国家发展政策着手，推出多项政策，如国家工业政策、国家农业政策、私营化政策等，以平衡各民族的经济地位。相关的经济政策由一向主张和谋求提高马来人经济地位的拉扎克主导制定，而在具体内容上主要包括四项要点：其一，工业政策不再奉行"自由放任"政策，而由政府开始主导工业化；其二，在小城市进行工业选址；其三，继续加强对技术培训的重视和充实；其四，农业的发展依旧需要得到重视，政府希望通过继续扩大农业生产、促进土地开发和农业多元化等举措来切实提高农民的生活水平。由于相对前一阶段的政策出现了很大的不同，马来西亚的经济政策步入了新时期，相关的政策被称为"新经济政策"。对于为何执行新经济政策，拉扎克于1969年7月8日在国家统一局成立仪式上说，"以往为了维护和睦与善意，我们一直回避民族间的经济差距问题，但是'5·13事件'以后我们必须正视这一现实"。虽然"新经济政策"中政府对工商业的干预与此前的契约相违背，但马来人参与工商业部门是政府新经济政策的既定目标，因而马来人并不在乎华人和印度人的反对。

"新经济政策"的实施在随后的20年间使马来西亚的经济得到了快速发展，对马来西亚族群经济与工业发展产生了深远的影响。马来西亚"新经济政策"的出发点是依靠国家政权的力量，提高马来西亚的马来人与国内其他民族的经济竞争力，全力扶植马来人向工商业领域发展，壮大马来人的资本，使马来人最终不仅在政治统治上占有优势的地位，而且在经济发展上也能占据主导地位。这主要表现在三个方面：第一，不分民族，为穷人获得土地、资金和其他社会福利提供更多机会，以增加他们的就业和提高其收入，并规定贫困家庭在全国总数中所占的比重必须由49.3%下降到16.7%，而实际上，马来人处在经济弱势地位，马来农民是马来西亚贫困人口的主要组成部分，因而此举明显旨在推动马来人获得更多的土地、资金及其他社会福利。第二，实行"各民族经济分配均衡"政策，政府积极促进马来人对工商业部门的参与及大大提高马来人在国家经济资本中的占有率，从原来的2.4%提高到30%。比如，各企业的董事局主席必须出身马来西亚土著族群，国有企业和产业多由马来西亚土著人士任职高层，政府更是设立了土著族群银行发展基金。第三，政府规定了在就业人口比率方面必须反映出民族人口的比率：马来西亚土著占53%，华人占35%，印度人占10%。借此，政府逐渐改变原来不平衡的就业状态，就业政策普遍向马来人倾斜。结果，随着马来西亚经济的大发展，马来人逐渐占据了马来西亚经济利益中的相当比重。

"新经济政策"对马来西亚工商业的发展有着极其显著的影响。步入20世纪70年代后，马来西亚实行以工业化带动经济多元化发展的体制，产业结构不断调整和优化，大力推进出口导向型的经济。在这一段时期，马来西亚电子业、制造业、建筑业和服务业发展迅速，马来西亚经济获得持续发展动力的同时，也极大地促进了马来西亚橡胶业、棕榈油和锡矿等农矿产业生产的扩大。此外，这一时期马来西亚已经开始增加石油的开采量。最终，工业制造业在马来西亚国民经济中的比重明显上升。20世纪70年代后期，马来西亚的"新经济政策"趋向推行均衡发展的外向型经济体制，注重经济发展中各种成分的同步发展和外向型经济发展；20世纪80年代，时任总理马哈蒂尔向人民宣布"向东学习"政策，鼓励人民对当时的两个亚洲东方先进发达国家——日本和韩国进行研究、观察和学习，采用工业与农业并重的政策方针。马哈蒂尔希望以此政策对国家社会的经济、工作技术、科技技术、管理经营模式、行政结构、人民工作和学习态度、组织结构等多方面进行改革。受此影响，马来西亚的经济结构明显变化，工业比重上升，马来西亚经济平稳发展。因此，可以认为，"向东学习"政策是马来西亚具有影响力的对外政策，对马来西亚日后经济发展产生了积极的深远影响。而随着马来西亚外向型经济的逐步确立，马来西亚对外开放的力度不断加大，工业区和出口加工区在全国各地设立，地区经济开发、就业和外汇收入等均有显著进步。外向型市场导向的"新经济政策"逐步在20世纪80年代后期完全形成，这在深刻作用于马来西亚经济社会结构的同时，还对马来西亚社会发展和族群关系产生了不可磨灭的影响，使其经济活动中的族群差异逐渐减少。

"新经济政策"的重心旨在通过经济增长来降低贫困率，也即以1970—1990年年均8%的国内生产总值的增长来促使贫困率由49.3%降至16.7%。但实际上，"新经济政策"的本质是马来人优先的经济政策。经过20年的发展，马来人与其他族群的经济差距不断缩小，马来人参与到工商业部门，政府在金融业、制造业等现代化产业部门培植马来人阶层。结果，马来人收入水平不断提高，马来西亚收入贫富分化问题也有所减弱；各个阶层之间收入不平衡程度也得到了控制和缩小；城乡收入差距也呈现出缩小的态势。

四、"国家发展政策"时期

"新经济政策"在实施20年后在20世纪90年代被"国家发展政策"取代，马来西亚经济发展因此进入了"国家发展政策"时期。从时间上来看，"国家发展政策"时期大致从1991年到2000年。实际上，这也是马来西亚第二个"远景计划"（第一个"远景计划"的时间与"新经济政策"时间大致同步）落实期间。根据马来西亚政府的规划，"国家发展政策"的目标指向2020年，希望凭借国家新的发展政策，通过加快国家工业化、现代化进程，促进经济增长，让马来西亚的经济、政治与社会发展等领域到2020年达到发达国家的水平。为了实现这个目标，马来西亚政府在这一时期实施了一系列举措，以期创造良好的投资环境，鼓励国内资本的投资。而具体来看，"国家发展政策"在延续了"新经济政策"目标和策略的同时，还增加了几方面新的内容：（1）关注最贫困的群体，消灭贫困同时减少相对贫困；（2）提高原住民在现代化领域中的参与，通过人力资源的使用促进原住民在工业和商业社会的发展；（3）开放更为广阔的领域，通过私人资金更加有效地参与以保证该领域的持续发展；（4）通过合适的培训以促进人力资源的发展，在现代化领域中创造更多的机会。

相比"新经济政策"中国家对经济，特别是工业化的干预，第二个远景计划吸取了第一个远景计划的经验，在减少直接干预的同时，倾向于政府引导，马来西亚政府希望通过实施私营化政策，使几个政府机构私营化并且将更多的职能赋予私营经济。一系列政策的实施不仅减少了政府的财政负担，还提高了资源管理和经济建设的灵活性。例如，从1991年开始，马来西亚政府逐步放松了对华人资本的管制和压抑，重新审视了经济发展与族群经济关系之间的关系，认识到经济发展与做大"蛋糕"的重要性，而将族群财富分配关系放在后面。因此，马来西亚政府对企业优惠中马来人持股标准进行了调整，从此前的50%降至35%。不仅如此，马来西亚政府还放宽了对外国人股本份额的限制。而在产业发展层面，马来西亚政府也发挥积极引导和资本的作用，着重发展制造业和信息产业，集中发展电力、电子设备、仪器设备、石化等产业。

在第二个"远景计划"的利好作用下，马来西亚经济以每年7%的增长率增长。而从需求、私人消费、商品出口角度来看，私营经济对经济的增长起了很大的促进作用，成为经济增长的主要贡献者，这也符合政府寄予此类领域发挥更大作用的愿望。同时，这也表明"国家发展政策"中政府的积极引导在产生积极效应。不过，由于1997年爆发金融危机，马来西亚"国家发展政策"受到了不小的影响。经历了金融危机的重创，私人投资的平均量有所降低，私营企业与预期目标7.2%相比只增长了5.5%，而国营企业增长了大约5.5%，基本实现了预定的5.8%的目标。公共投资增长率较高，达到了10.5%，这主要是因为几个非金融公共工业现代化发展项目的拉动，例如马来西亚石油公司、国家能源有限公司和马来西亚电信公司以及政府的一揽子发展计划，都对疲软的经济产生了积极的影响。因而，总体上，这一时期马来西亚的经济在进出口、制造业、石化等多个行业的带动下，保持着较高的年均增长率，马来西亚因而得以跻身于"亚洲四小虎"行列。

与此同时，在经济高增长的积极作用下，马来西亚消除贫困和减弱贫富分化方面取得了不错的成效，贫困率由1990年的16.5%降低到1999年的7.5%。但是，与"新经济政策"时期相比，这一时期却出现了收入分配更为不平衡的状况。根据相关数据，马来西亚1989—1999年全国基尼系数从0.442上升至0.443，由于地区、城乡与族群内部收入差距扩大，整体收入不平衡程度扩大。1989—1999年，马来西亚城乡家庭月均收入之比从1.68：1上升至1.81：1，城市的基尼系数下降，乡村的基尼系数反而上升，家庭月均收入城乡差距也不断扩大，例如吉隆坡与吉兰丹的差距就已经从2.89：1上升至3.12：1，而马来人、华人与印度人的基尼系数在这一时期均呈现出上升的态势。

🌸 五、"国家宏愿政策"时期

"国家宏愿政策"是与前序"新经济政策""国家发展政策"一脉相承的，它们有着共同的目标，即马来西亚政府1991年提出的要在2020年达到发达国家水平的宏大愿景。这就是"2020年宏愿"。依据"2020年宏愿"，马来西亚设立了九个主要的目标：（1）建设一个基于马来西亚民族的团结统一的国家，消除民族之间的矛盾；（2）建设精神自由、平等、安全的马来西亚社会；（3）促进马来西亚社会民主的发展；（4）建设多元民族和道德高尚的社会；（5）建设自由和包容性强的社会；（6）建设科技发达的社会；（7）建设充满爱的社会；（8）保证社会经济的平衡和财富分配的公正合理；（9）建设富有竞争力、充满活力的社会经济。为了实现"2020年宏愿"，马来西亚政府做出了重大的政策转变，首先致力于建设国家先进的工业化水平，其次逐步将制造业经济转变成为知识型经济，希望以此实现国民生产总值年均增长7%的目标。

然而，在"国家宏愿政策"实施伊始，马来西亚的经济发展就面临着市场自由化和全球化带来的巨大挑战①。受此影响，马来西亚在国际市场不得不面临着新的竞争形势，国家经济的发展不能再仅仅依靠工人、原材料和土地，新兴技术、知识型经济成为马来西亚应对未来更多挑战、竞争的关键。国家不能再固守旧的工业领域，需要与其他高速发展的国家竞争，21世纪的发展需要高技术工业和信息技术的稳定发展作为支持。而"国家宏愿政策"的落实与成功主要依赖于全社会的投入、国家的经济状况以及稳定的国际环境。在全球化浪潮中，任何国家发生的任何事都会直接或间接地对其他国家产生影响，因此社会需要运用现有的资源来稳固基础，需要最优化地使用信息资源以便将发展的负面影响降到最低。

工业化是国家经济稳定的基础，马来西亚通过工业发展大蓝图，实施了多项计划与政策来提升工业的发展现代化水平。而现如今，信息化、知识化成为马来西亚国家经济发展更趋稳定和持续发展的基础。这就要求马来西亚发展成为拥有知识型社会的国家，通过巩固投资和人力资源而不是直接依靠外部投资来加强当地资源的使用，并运用知识来提高第一、第二和第三产业的质量，进而促进马来西亚经济的稳步增长。这既是实现"2020年宏愿"的重要保障，也是马来西亚消除社会贫困的根本。

在马来西亚的计划里，知识型经济被定义为知识、创造和创新在促进和保持发展中发挥重要作用的经济。据马来西亚知识型经济发展的大蓝图，向知识型经济方向转变是实现"2020年宏愿"的重要因素。因为与相当一部分发达国家相比，特别是与发展知识型经济的国家相比，马来西亚的产品不具备竞争力；同时一部分发展中国家也因为廉价原材料和较低的工资而使生产出的产品更加价廉物美，更受世界消费者的喜爱，马来西亚面临着自身竞争力逐渐降低的困境。如今自由化和全球化的浪潮不断蔓延到各领域，这对于马来西亚的产品提出了更高的要求，传统的生产方式生产的产品附加值太低，无法适应

---

① 根据马来西亚第三"远景计划"，马来西亚在国际市场上面临的主要挑战有：国际市场自由化和全球化年代的竞争和挑战；由于税率的降低，贸易自由化造成了各国生产成本的降低，国家商业实体需要最优化地运用其潜力来应对各种竞争；输入型发展转变成为生产力推动型发展；对微型电子市场产品的依赖。

激烈的竞争，马来西亚必须生产出与其他国家相媲美的商品才能够在国际贸易中占有一席之地。因此，马来西亚还需要向更加先进的生产方式转变，实现精细化的生产，在产品的生产、包装全过程中改进技术、节约成本，采用新的能源和材料，提高生产力，真正实现向知识型经济的转变。

具体来说，"国家宏愿政策"提出了如下举措，这包括引进国外先进技术，提高产品科技含量，进一步使制造业、服务业及现代化农业成为经济持续增长的动力；通过推出经济特区和经济走廊计划，以期实现地区的平衡发展和缩小地区间的差距；继续私有化战略，逐步放宽在特定领域对外资股权的限制，并确保马来人的公司股权占有率。在社会影响方面，"国家宏愿政策"虽然提出了以经济可持续发展和建设"公平社会"的目标，但并未对全国整体的收入不平等程度产生实质性的影响。相关数据显示，马来人的股权占有率、就业率和就业质量均有显著提高；但在全国范围内，"国家宏愿政策"对收入分配产生的影响主要体现在全国整体收入不平衡程度先上升后下降，改善程度甚微，全国顶层20%的家庭1999—2004年收入份额由50%降至49.6%，而底层40%的家庭同期的收入份额仅仅由14.0%上升至14.3%。由此可见，"国家宏愿政策"的实施并未从根本上改变前一阶段马来西亚经济社会发展所面临的问题。

❀ 六、"新经济模式"时期

面对国家经济与社会发展累积的诸般问题，及在国际市场上面临的一系列挑战，马来西亚经济结构和体制性改革如箭在弦上，势在必行。2010年，"新经济模式"经济政策出炉，马来西亚的经济发展由此步入"新经济模式"时期。

在内容上，马来西亚"新经济模式"主要包括三大发展优势、三个阶段目标、四种发展动力和八项战略改革措施等四个部分。具体来看，三大发展优势是马来西亚已经成为中等收入国家，具有良好的基础设施和世界级的制造业基地；具有多元化的文化和多样性的生物资源；具有优越的地理位置。三个阶段目标则是2020年实现人均国内生产总值达到15 000～20 000美元、所有人充分受益于国家财富的增长、可持续发展。四种发展动力则是坚定的领导和政治意志力、动员人民群众形成的改革合力、同步政策举措和行动的推动力、政策改进和在执行中提高政策的适应力。八项战略改革措施则包括重振私营部门活力、培养高素质人力资源、提高国内经济的竞争力、强化公共部门能力、实施透明和市场友好型的平权政策、建设知识基础设施、扩大增长源泉与确保可持续发展。因而，可以认为，"新经济模式"的关键在于实现经济发展驱动模式的转向，主要表现为提高产业层面，扩大技术密集型、资本密集型和知识密集型产业的比重，延长产业链，提高计划含量较高产品的出口比例，并减少对国际市场的依赖与扩大内需，寻找更多的经济增长原动力。

为推进"新经济模式"政策的落实，马来西亚政府推出了一系列经济转型计划，这就包括131项"入口点计划"、12个国家关键经济领域、60个具有潜力的商机等。而根据资料，12个国家关键经济领域主要包括能源、棕榈油、金融服务、旅游、商业服务、电子机械、批发与零售、教育、保健、通信内容建设、农业与大吉隆坡计划。马来西亚经济转型计划的目标是通过发展高新技术产业实现产业升级，通过提高产品附加值增加产品出口竞争力，通过发展服务业扩大国内需求及减少对国际市场的依赖，通过激励私人投资减少对外资的依赖。2011年9月，马来西亚政府公布了"多媒体超级走廊计划"、"国家人才培育方案"和"土著中小型企业高绩效方案"。与此同时，马来西亚政府还围绕"一个马来西亚"（一个大马）的理念①，进行了一系列经济社会发展计划，例如"一马发展公司""一个马来西亚人民信托计划""一马房屋计划"等。

2015年，马来西亚出台了第十一个五年计划（2016—2020年），为实现"2020年宏愿"的目标，将注重加大基础设施建设，以促进经济增长、扩大就业、提高劳动生产率、加速行业增长和壮大中产阶层、增强城市竞争力等。不过，马来西亚近三年的经济增长依旧明显受到全球经济形势的影响。根据马来西亚官方的统计数据，2015年马来西亚经济增速放缓，当年马来西亚全年的增长率实际为5%，低于官方的预期值，而四个季度分别为5.6%、4.9%、4.7%与4.5%，呈现明

---

① 马来西亚政府的"一马理念"声称政府在未来拟定政策将照顾全体人民的需求，而不再依据民族，政府应该帮助所有人，这就包括马来人、华人与印度人。

显的下滑态势。而这一趋势到2016年并没有改观，继续保持着下滑态势，第一季度为4.2%，第二季度则下降为4%，而2016年全年的国内生产总值为2 965.36亿美元，相比2015年的2 964.34亿美元，并未出现明显增长。2017年，马来西亚的经济发展出现好转上扬态势。根据国际货币基金组织和亚洲银行的数据，马来西亚2017年的国内生产总值（GDP）增长约4.5%。而根据马来西亚统计局2017年8月18日发布的数据显示，2017年上半年，马来西亚国民经济运行速度继续加快，按可比价格计算，国内生产总值（GDP）同比增长5.8%。由此来看，马来西亚"新经济模式"政策初见成效，使马来西亚从增长疲软态势中走了出来，并实现了预期增长。

第二节　经济关键产业领域

❖ 一、能源与工业

　　工业在马来西亚国民经济中所占的比例最大，也最为重要。马来西亚的工业企业主要集中在全国200多个工业区和工业园区及13个国家自由工业区。自由工业区是为了满足出口导向工业需求而建立的出口产品加工区。自由工业区内的企业被允许免税进口生产过程直接需要的原材料、零配件和机械设备。马来半岛的主要工业有橡胶业、油棕加工制造业、轻工制造业、电子工业、锡矿开采和熔炼行业、伐木业和木材加工业。沙巴和沙捞越主要有石油生产和精炼工业以及农产品加工业。

　　马来西亚的采矿业包括煤矿业、有色金属矿业、铁矿和有色金属矿加工业等小部门和工业原料、石油及天然气开采及加工等大部门。除了石油和天然气，其他矿产开采和加工业由马来西亚的私人公司所有及运营，石油和天然气开采业务由国有油气公司或国有油气公司和外国公司联合经营。

　　据2007年亚太矿业大会报告称，矿业为马来西亚GDP直接贡献为78.03亿美元，约占国内生产总值的5.3%，其中92.6%来自天然气和石油。马来西亚生产的其他主要矿产还有煤、锡、金、铝土矿、稀土矿物、铁矿石、钛铁矿、硅砂和高岭土等。在马来西亚矿山生产企业中，只有石油、天然气和工业矿物生产具有较大的规模，煤炭、黑色和有色金属开采均为小规模矿山。

在石油和天然气产业领域，马来西亚国内现有的生产油气田63个，其中油田48个，气田15个。油田主要包括：坦皮亚斯油田，基纳巴卢油田，基卡油田，塞利基油田等。原油生产主要集中在西马近海区域，部分油田位于沙巴和沙捞越的近海地区。马来西亚每年原油日均产量在70万桶左右，其中凝析油占20%。天然气在马来西亚比石油更加重要，当原油产量下降时，天然气产量稳步上升，2005年产量为7 435.1万吨，比上一年增长10.1%。石油和天然气生产的长期可靠性和安全性保证了国家石化工业的持续发展。

埃克森美孚马来西亚勘探生产公司（EMEPMI）是马来西亚最大的原油生产企业，其原油产量约占到全国产量的一半。该公司在马来西亚半岛近海经营着7个作业油田，约1/3的产量来自塞利基油田。EMEPMI拥有塞利基油田78%的股份，其余的22%为马来西亚国家石油天然气公司的勘探公司（Carigali）拥有。2002年EMEPMI公司对区块PM5中的拉律海上油田进行开发，该油田的峰值日产量可达14万桶，在一定程度上弥补了后来马来西亚一些老油田出现的减产。

皇家荷兰壳牌集团是马来西亚另一个重要的油气生产商，目前该公司所属的沙巴壳牌石油公司经营着位于东部沙巴州纳闽岛区块SB-1中的基纳巴卢油气田。该油田自1997年12月投产以来，油、气日产量已经分别提高到了3.6万桶和79.29万立方米。作为区块SB-1的作业者，壳牌公司拥有80%的股份，马来西亚国家石油天然气公司拥有其余20%。

美国的墨菲石油公司也是在马来西亚进行油气勘探和开发的重要公司之一，目前正在勘探和开发沙巴州K区块的石油，该公司是在2002年在该区块发现石油的，也是在马来西亚发现的第一个深水油田，可得储量估计在4亿桶到7亿桶之间。该区块面积约800万英亩，墨菲石油公司拥有80%的权益，马来西亚国家石油天然气公司拥有其余的20%。墨菲石油公司计划该油田在2007年实现商业开采。

马来西亚进行天然气勘探和开发最重要的区域之一是马来西亚—泰国联合开发区（JDA），联合开发区位于下泰国湾地区，由马来西亚—泰国联合管理机构（MTJA）共同管理。马来西亚—泰国联合开发区包括区块A-18、B-17和C-19。马来西亚国家石油天然气公司与阿美拉达赫斯公司以均股的形式参与区块A-18的开发，泰国石油管理局（PTT）与马来西亚国家石油天然气公司以等额权益开发其余区块。

目前，马来西亚是原油和天然气的净出口国，是世界第三大天然气出口国，生产出的油气主要出口到日本、印度、泰国和中国。

石油化工业也是马来西亚的重要工业部门。近年来，在政府支持下的石油化工业取得了长足发展，马来西亚也从一个石化产品进口国变为主要石化产品的出口国。截至2008年年底，全国共有六座炼油厂，对原油的加工能力约为56.2万桶/日，年产乙烯178万吨。马来西亚生产的石化产品种类多，有石蜡、聚烯烃、芳香族化合物、乙烯氧化物、乙二醇、丙烯酸、邻苯二甲酰胺、乙酸、苯乙烯、聚苯乙烯、乙苯、氯乙烯共聚物和聚氯乙烯。原油和天然气供应的长期可靠性和安全性保证了国家石化工业的持续发展，为合成橡胶、合成塑料、合成纤维的生产打下了基础。

而在煤矿业方面，马来西亚的煤炭勘探和开采均集中在沙捞越州，生产煤田集中在沙捞越州的民都鲁、摩力特—比拉、西兰特和图多几个地区，其中摩力特—比拉是马来西亚最大的煤田。马来西亚的煤炭产量远远不能满足国内的需要，90%以上的煤炭需求依靠进口，进口煤炭主要来自澳大利亚、中国和印度尼西亚。2009年，马来西亚的煤炭产量为212.2万吨，但是仍需要进口煤炭528万吨。马来西亚国内煤炭需求的70%（国内产量加上进口量）用于电力生产，其余部分主要用于水泥和钢铁生产。

铁矿及钢铁行业也很重要。不过，由于国家缺少优质的铁矿资源，只能生产少量的低品位铁矿石（主要产自霹雳州、彭亨州和登嘉楼州），马来西亚不得不每年从巴林、巴西、加拿大和智利等国进口大量高品位的铁矿石用于炼钢。马来西亚拥有1 620万吨的钢铁生产能力，但实际利用率很低。

马来西亚的冶金工业包括钢铁产品子部门和有色金属产品子部门。目前，约有290家公司从事钢铁产品制造，行业雇佣工人达到2.94万人，年产值达到49.5亿美元。由于该部门为马来西亚的其他经济部门，尤其是建筑业、电子电气工业、汽车制造业、家具制造业、机械和工程制造业提供了基础原材料和零配件，因此作用十分重要。然而，马来西亚钢铁行业主要集中在小型轧钢厂上，几乎每个州都有小型轧钢厂，有些甚至是手工操作，技术水平与自动化程度低。作为钢铁工业的源头工业，即铁矿和煤矿工业，在马来西亚几乎为零。在马来西亚东北部的登嘉楼州有一处铁矿厂，现由中国的鞍钢集团同登嘉楼州政府合作进行选矿，但其所产的铁矿石品位不理想，数量也太少。其他地方的几个铁矿小且品位不够理想，未进行开采。炼铁工业没有高炉，只有一家企业直接还原铁和一家企业热煤还原铁。总的来说，马来西亚的炼钢业规模小、产量低，无法满足国内其他经济部门的需求。

此外，其他有色金属产业也是马来西亚工业不可忽视的部门。有色金属制品工业包括铝、锡、铜、锌和铅产品的生产，主要是基于本土锡矿的熔炼和基于进口金属原料的半成品铝和铜产品的生产，现有48家公司从事有色金属产品制造工业，年产值达4亿美元，雇佣工人总数达8 600人。该部门与建筑业、电子电气业、汽车制造业以及食品和包装业联系紧密。

马来西亚铝土矿生产集中在柔佛州，有两个正在生产的铝土矿山位于柔佛州的四湾岛地区，近年来由于资源的耗竭，铝土矿产量大幅度下降。马来西亚国内没有铝的精炼和冶炼厂，因此生产的全部铝土矿均出口到邻近的东南亚国家。近年来，马来西亚政府正试图通过引进外资来改变没有原铝生产的现状。锡矿是马来西亚的重要矿产，其锡矿产量在世界上曾经占有重要地位，经过100多年的开采，马来西亚的优质锡矿资源大幅减少，品位降低，锡矿产量连年下降，目前正运营的锡矿山约30多个，主要集中在西马地区，2010年锡矿山产量为3.3万吨。马来西亚冶炼公司（MSC）是马来西亚唯一的精炼锡生产商。马来西亚精炼锡国内消费仅占一小部分，大部分出口到新加坡、韩国、日本和中国台湾地区。马来西亚金矿石主要产自彭亨州的卑槟绒金矿，该矿山的所有者是英国的阿沃赛特公司，其经营者是该公司的子公司——马来西亚特种资源公司。此外，在吉兰丹州、彭亨州和登嘉楼州有一些较小的金矿。

🌸 二、交通设备工业

马来西亚的交通设备工业包括汽车、航空、造船、船只修理等子部门，其中汽车部门是最大的子部门。

马来西亚的汽车工业基础较好，生产能力较强。当前马来西亚仍进口相当数量的机动车零配件，如发动机、传动装置和机动车电子器件等。随着马来西亚机动车装配和生产工业的快速发展，马来西亚的国家汽车企业、组装生产线以及跑车合成车身生产商能够生产、组装各种车型的汽车，同时，还有超过590家的当地和国外零部件生产商，支持汽车工业的需求。2010年，马来西亚共生产和组装车辆56.8万辆，销售车辆60.5万辆。

航空航天工业是一个战略子部门，是世界上最大的技术和知识密集型工业，是衡量一个国家国防实力和经济实力的重要标志。该子部门的发展在马来西亚国家工业化计划和技术发展中具有巨大的潜力，行业的主要活动包括组装轻型航天器、生产零部件、保养和修理航天器以及改进转换服务。目前主要集中在生产航空电子设备、合成材料部件，以及设计、研发、组装或生产轻型航天器。马来西亚还致力于成为保养、修理、检查以及改进转换服务的地区航天中心。马来西亚强有力的国家支持、受过培训的熟练劳动力以及具有设计和研发能力的良好基础设施吸引了诸如波音、通用电气、霍尼维尔航空航天部、派克汉尼汾公司、MTU航空发动机公司、汉密尔顿标准公司和欧洲直升机公司在马来西亚建立公司。

马来西亚造船和船只修理子部门制造和修理所有型号的船只，包括休闲船只，如游艇、喷气式滑水机、帆船、快艇、轻舟、悬外挂/内置机艇等，以及特殊用途的船只，如驳船、打捞船、渡船以及水泥运输船等。马来西亚的休闲船、水翼船和气垫船的生产企业得到政府在税收鼓励，而马来半岛东部走廊各州、沙巴州和沙捞越则鼓励造船和船只修理活动。此外，马来西亚的工业联系计划也鼓励船舶零部件的生产以及船只附件的保养、修理、检查、改进和测试。

马来西亚的造船业主要生产各类民用船舶，为发展该国的内河、沿海、远洋航运事业做出了一定贡献。

电力及电气电子工业是马来西亚基础性的工业产业。电力工业能够为各类工业发展创造有利条件。近年来，马来西亚的水电工业发展迅速，而东马的电力工业更是以水电站为主。马来西亚建有巴甘水电站、丁明歌水电站、柏西亚水电站、格勒林水电站、肯益河水电站、河巴当艾水电站等大型水电站。

马来西亚的发电能源主要有油、天然气、水力和煤炭4种。能源利用政策是逐步减少燃油，促进利用天然气、水力和煤炭。目前天然气是一种最为廉价和清洁的发电能源，燃气轮机技术的不断完善并得到了愈来愈广泛的应用。2005年，2个容量分别为650兆瓦和330兆瓦的燃气蒸汽联合循环电厂和一个2×110兆瓦的燃气轮机电厂建成。煤炭是仅次于天然气的发电能源，现有巴生港口电厂装机2×300兆瓦，另外装机2×500兆瓦的燃煤电厂正在同一厂址上建设。在2000年至2004年新增容量分别为2 100兆瓦、1 400兆瓦和1 000兆瓦的燃煤火电厂。目前马来西亚输电电压有6.6万伏、13.2万伏和27.5万伏。从南部到北部的50万伏输电系统正在建设，从沙捞越的巴坤水电厂到马来半岛地区将采用40万伏直流输电方式。配电系统采用的电压为3.3万伏、1.1万伏和240伏。

电气电子工业是马来西亚的龙头工业部门，对国家的制造业的生产、出口和就业贡献极大。如今，马来西亚的电气电子产业已经在更宽领域的半导体装置生产、高端消费性电子产品和信息通信技术产品生产方面具备相当强的能力。马来西亚电子电气工业下面有三个子部门，分别为消费性电子工业部门、电子零附件生产部门、工业电子部门。消费性电子工业部门主要制造彩色电视接收产品，CD、VCD、DVD播放器，家庭影院，便携式数字音乐播放器等视听产品以及手提摄像机和数码相机等产品，正向平面显示技术的应用和多功能视听产品的生产方向发展。电子零附件生产部门主要生产半导体装置、无源配件和其他配件，电路板及金属和塑料的电子和电气零部件。目前，马来西亚是发展中国家中的第二大的半导体装置输出国。

工业电子部门生产信息通信技术产品，如计算机和计算机外围设备，无线电通信设备，光学设备，还有其他工业电子产品，如办公设备（复印机、传真机、打字机、自动数据处理机）和工业控制设备。这一个子部门的企业已经能够生产高端电子产品，如计算机网络设备、新一代数字视听设备和存储设备。

马来西亚的交通设施比较发达，以吉隆坡为核心已形成了由铁路、公路、海运及航空组成的完备的交通网络，呈现出四通八达的格局，吉隆坡也在朝着成为连接亚洲、欧洲、大洋洲等各大洲重要交通枢纽的方向努力。2010年，马来西亚交通运输业实现产值508.02亿令吉，约占国民生产总值的6.6%。马来西亚的交通设施包括：

（1）铁路运输系统。马来西亚最早的铁路是在锡矿业兴旺时期兴建的，当时为了将开采出的锡矿砂运出去，而修建了一些铁路专线，所以铁路主要穿行于各矿区到港口之间。现有的主要铁路线有国际线和东海岸铁路线。国际线以北赖为中心，南端连接新加坡，北端经玻璃市州直通泰国，是一条沿着西海岸纵贯南北的大铁路，途经新山、吉隆坡、太平、怡保等主要城市。东海岸铁路从金马士到北端港口城市哥打巴鲁，另有亚庇至道北和巴西马至兰斗班让两条支线。截至2009年，马来西亚铁路总长度为2 418千米，铁路干线贯穿马来半岛南北，年客运量540万人次。

（2）公路运输系统，马来西亚的公路交通发达，与铁路相比，人们选择更多的是使用公路交通，因此无论客运量还是货运量，公路交通运输都在马来西亚的交通运输中占着极大的比重，成为马来西亚国内交通运输的主要方式。马来西亚的公路主要分布在西马，几条纵横西马的联邦大道连接着500多条州属公路和600多条乡村公路，形成了一个纵横交错、四通八达的公路交通网。20世纪90年代修通了连接西马南北的高速公路（亦称"南北大道"）和穿越中央山脉的一大段东西高速公路，把东西海岸的公路衔接起来。这两条高速公路的使用，大大缩短了纵贯西马南北和横穿西马东西的时间。南北大道全长达848千米，可说是西马交通的主动脉。

此外，1998年3月底全面竣工的莎阿南大道是长34.5千米，耗资约3亿美元的高速公路，采用现代化系统管理，每个交通枢纽都设有闭路电视，以便有效地监督和控制交通，并设有摩托车专用道，每隔1.5千米设有一台紧急电话，并有二十四小时巡逻车服务、停车场和休息室，是东南亚最先进的大道之一。莎阿南大道经过吉隆坡外围及巴生地区众多的交通枢纽，直达多个城镇、发展区、住宅区和工业区，这条大道的启用刺激了各项经济活动，加强了吉隆坡商业中心与这些地区的联系。马来西亚大多数公路质量不错，道路指示牌设立较为明显、清晰、科学，一般道路指示牌以马来文书写，也有的是以马来文、英文书写。虽然多数公路是在丘陵和山地上修筑的，路面弯曲，但路面质量较好，平整、光洁，通行能力强。

（3）航空运输系统，马来西亚目前共有117个机场。其中铺设了砖石跑道的有37个，没有铺设砖石跑道的机场为80个；其中跑道长度超过3 047米的5个，跑道长度为2 438～3 047米的9个，1 524～2 437米的8个。直升机机场有2个。马来西亚现有的5个国际机场中，三个在西马，分别为吉隆坡国际机场（KLIA）、槟城国际机场、浮罗交怡国际机场；两个在东马，分别为沙巴的亚庇国际机场和沙捞越的古晋国际机场。这些机场都拥有发展完备的空运货柜设备。近几年，航空货运取得了较快的发展，目前，航空货运量已经超过总货运量的32%。

（4）水路与海运运输系统，马来西亚内河运输不发达，主要集中在东马地区的沙巴和沙捞越两州。全国最长、最宽、流量最大及河水最深的河流，大多在这两州内，这里盛产的热带木材可以顺河而下，运往沿海各港口。马来西亚濒临马六甲海峡，具有得天独厚的海运优势，而马六甲海峡又是世界上最繁忙、通航船只数量最多、航运量最大的航线之一。马来西亚大部分进出口货物依靠海上运输，所以港口在国家的经济发展中占有重要地位。马来西亚的13个州都有临海港口，共19个港口。马来西亚在马六甲海峡沿岸有多个城市，如槟城、巴生、波德申、马六甲、新山等，这些城市都有良好的港口，关丹是东海岸的主要港口。此外，在东马的沙巴州和沙捞越州，有米里和古晋等多个港口。近年来马来西亚大力发展远洋运输和港口建设，共有各类船只1 008艘，其中100吨位以上的注册商船508艘，注册总吨位175.5万吨；远洋船只50艘。现在，世界上95%的国家的海上贸易经过马来西亚的7个国际港口：西马的槟城港、巴生港、柔佛港、丹戎帕拉帕斯港、关丹港和甘马挽港以及沙捞越的民都鲁港。马来西亚主要航运公司为马来西亚国际船务公司。

❧ 三、农业

农业产值在马来西亚国民经济中占主要地位，被国家视为基础性产业。政府历来十分重视农业的发展，并将其与国内稳定发展紧密联系起来，从独立初期开始，政府就在农业发展上投入较大精力，确保农业发展和国家粮食供应充足，同时农民富裕问题也是政府一直致力于解决的问题。一直以来，马来西亚的农业发展特色在于其将经济作物作为农业发展的主要推动力，通过经济作物的种植来实现农业稳定的发展。马来西亚现有耕地面积414平方千米，占可耕地面积的30.6%，同时沙巴、沙捞越地区还有大量未开垦的荒地，这些荒地都很适合农作物的生长，因此马来西亚具有较大的农业发展潜力。马来西亚有丰富的热带林业资源，是世界上热带硬木的主要生产国和出口国，曾提供世界硬木消费量的25%。20世纪70年代初，马来西亚林地面积约为2 343万公顷，由于大量的采伐使森林资源遭受严重破坏，为此国家出台了一系列保护措施，鼓励植树造林和保护森林资源，但是森林面积仍然锐减，2010年，马来西亚森林总面积为1 808万公顷。作为沿海国家，马来西亚政府十分重视渔业的发展，采取了多项发展措施，如低息贷款供渔民购买设备，因此近年来深海捕捞和养殖业有了相当的发展。

马来西亚的农业以发展经济作物种植为主，经济作物主要有棕榈树、橡胶树、热带水果等，大量出口棕榈油、天然橡胶、棕榈油仁等农产品。马来西亚的粮食生产比较薄弱，国内粮食产量长期不能满足自给，水稻的自给率只有65%左右，差额需要进口，政府将大米生产作为确保国家粮食安全的重要保障手段之一，其目标是实现83%的大米自给率。此外，马来西亚每年还需要进口大量的农产品以满足国内生活需要，其中鱼类及海产品进口数量较多，其次为乳制品和新鲜冷藏牛羊肉，再次为新鲜的和加工过的蔬菜、水果等。在进口粮食作物中，玉米主要从中国、泰国、缅甸、阿根廷等国家进口，小麦主要从澳大利亚、加拿大、印度和美国等国进口，大米主要从泰国、日本、澳大利亚、柬埔寨和中国台湾等国家或地区进口。

1997年，由于亚洲经济危机，马来西亚农业受到较为严重的冲击，出现了负增长。从1998年开始，国家鼓励农业的发展，充分利用国家资源促进经济的恢复，但是由于农业产品的价格不断下跌，其中棕榈油、大豆、橡胶等农产品价格下跌较多，给农民带来了较大的损失。随后，政府通过一系列刺激计划，到1999年农业实现了正增长，农业秩序恢复稳定。21世纪以来，各项农产品的价格都实现了正增长，且涨幅较大，农业因此有力地促进了马来西亚国民经济的增长。

（一）橡胶

从20世纪初开始，橡胶树种植就受到了马来西亚政府的关注。1910年，马来亚地区的橡胶树种植园面积为20万公顷，1914年种植面积翻倍，其后每年以4万公顷的速度递增，到1930年，橡胶树种植园面积占全国可耕地面积的2/3。此后，由于世界大战的爆发，国际市场对橡胶的需求量减小，橡胶价格降低，但是橡胶树种植面积仍然以每年1万公顷的速度增加。

第二次世界大战以后，橡胶产业迅速恢复，成为国家经济的支柱性产业。20世纪50年代，马来西亚橡胶最大出口国的位置被印度尼西亚取代，国内橡胶产业受到国际市场激烈竞争的冲击，因此重点转向保持主要橡胶出口国的地位，以保证橡胶树种植园业主能够通过该行业的发展获得经济利益，同时促进国家经济的发展。

20世纪80年代以来，马来西亚橡胶树种植范围不断扩大，出口量也持续增大，国家也逐渐加大在技术方面的革新以保证天然橡胶业的发展，并建立橡胶树种植园小业主发展格局，以提高小业主们的产量和帮助他们解决实际问题。进入21世纪，橡胶的种植面积逐渐减小，2004年，马来西亚橡胶树种植面积为128万公顷，投产面积为119万公顷，产量达117万吨，是世界第三大天然橡胶生产国。橡胶树主要种植区位于西马，2004年，西马的橡胶树种植面积达到99.6万公顷，占整个马来西亚橡胶树种植面积的78%，沙巴和沙捞越两州的种植面积为28.6万公顷，占全国橡胶树种植面积的22%。马来西亚橡胶树种植有国营和私营两种经营模式，其中以私营种植为主，2004年马来西亚橡胶树私营种植面积为116万公顷，占全国总种植面积的90%以上，国营种植面积仅为12.6万公顷，占全国总种植面积的9.8%。2007年时总种植面积减小到125万公顷，由于干旱和橡胶树种植面积的减小，2007年马来西亚天然橡胶的产量下降了6.4%，产量约为120万吨。2010年，马来西亚的橡胶树种植面积只有102万公顷创历史新低，相应的产量也减少到93.9万吨。

（二）油棕

油棕产业在马来西亚国家的农业发展中拥有非常辉煌的历史。19

世纪末，马来半岛上已经开始尝试种植油棕，并于1917年开始实行商业种植。1930年开始，英国、法国等西方国家在柔佛进行大量的种植，到1947年油棕种植面积达到约3万公顷，1962年种植面积翻了一番，达到6万公顷。

20世纪60年代开始，联邦土地发展局开始制订种植油棕和橡胶的计划。1978年，油棕种植面积提高到85万公顷，产量达到170万吨，占全世界棕榈油产量的46%。在第四个马来西亚计划期间，棕榈油超过橡胶成为马来西亚最大的出口产品，油棕的出口成为国家农业增长的主要推动因素，出口量以每年9.9%的速率增长，从1980年的257万吨到1985年的413万吨。虽然在1987年经历了一段时间的产量降低之后，但随后又以10.3%速率增长，产量达到500万吨。柔佛、彭亨、霹雳、雪兰莪和马六甲是当时油棕种植比较发达的州，由于种植面积的不断扩大，各州的产量都有较大的提高，国家的棕榈油出口也是逐年增加。1988年，由于国家降低出口关税，棕榈油生产力得到进一步的提高。

1997年，马来西亚油棕栽种面积达到289万公顷，年产约1000万吨棕榈油，其中超过90%出口国外，当年马来西亚的棕榈油出口占全世界产量的51.9%，成为全球最大的棕榈油出口国。2005年，马来西亚棕榈油产量达1500万吨，占全球产量的44%。2007年，天然棕榈油产量下滑，相比上一年减少了0.4%，但是仍然达到了1580万吨，这也是21世纪以来棕榈油产量的首次下降，其主要原因是由于处于生物产量下降周期，同时也因为该年年初西马南部区域的洪水泛滥，最终导致西马地区棕榈油产量下降3.9%，但沙巴和沙捞越的产量分别增加了2.9%和8.8%。2010年马来西亚油棕种植面积达到485万公顷，棕油产量也随之达到1699万吨，其中1666万吨出口国外，创外汇约620亿美元。

（三）水稻

水稻是马来西亚的主要粮食作物。虽然马来西亚国家气候宜人，适合水稻种植，但是长期以来，水稻产量只能满足国内约60%的需求，差额需要从邻国特别是泰国进口。政府为了增加水稻产量，采取了多种措施鼓励农民种植水稻。马来西亚共有8个水稻主产区，西马约占总产量的87%，沙巴和沙捞越分别占5%和8%。目前，虽然马来西亚的水稻产量已经有所提高，但是还需从国外进口才能满足国内的需求。

（四）可可

20世纪70年代以后，马来西亚政府开始发展可可的种植。可可的产量在20世纪80年代末期实现了快速的增长，从1986年的7万吨增长到1989年的10万吨。但是进入90年代以后，可可产量急剧下降，主要原因是由于国际市场可可价格的降低导致马来西亚可可种植面积的减少。1994年，马来西亚的可可产量约为7万吨。可可的主要产区在沙巴州，约占总产量的62%，其他地区，西马约占27%，沙捞越约占11%。由于20世纪90年代可可价格大跌，大量可可种植园主改种油棕和橡胶等，21世纪初，马来西亚的可可种植面积急剧减少，已由原来的40万公顷降到2万多公顷，并且还有持续减少的趋势，受此影响可可产量也是急剧下跌。

（五）畜牧业、渔业

20世纪90年代，马来西亚政府开始重视畜牧业的发展，畜牧业产值在1994年约增长了10%，达到387万林吉特。增长的主要原因是家禽和猪的养殖量增加，这两项的产值占畜牧业总产值的70%，约合270万林吉特。

如前文所述，马来西亚海岸线长达4 492千米，沿海鱼类1 000多种，其中有食用价值的约250多种，渔民经常捕捞食用的仅100多种，其中海鱼90%，淡水鱼10%，主要是红笛鲷鱼、马鲛鱼、鳗鱼和江鱼等。马来西亚沿岸还盛产虾、螃蟹，沿岸及河口一带产蚝及其他贝类。马来西亚政府一向十分支持渔业的发展，并向渔民发放低息贷款以供其购买设备，因此渔业在20世纪60年代后期发展很快，产量也由1970年的29.7万吨增至1992年的103万吨以上。20世纪90年代以来，渔业达到了约6.5%的增长率，主要原因是深海捕捞技术的创新以及对近海渔业资源的保护。2010年，马来西亚的渔业产量约为142万吨，创造价值约67亿林吉特，比2009年增长约2.56%。

❀ 四、 金融服务业

马来西亚的金融体系由传统金融体系和伊斯兰金融体系组成。马来西亚的传统金融体系中包括三个分支，分别是银行体系、证券市场体系和外汇管理体系。其中银行体系主要包括四大法定机构，即中央银行、国家储蓄银行、雇员准备基金及评判委员会，他们都处于财政部的管辖之下。证券市场体系主要由五大部分组成，分别是吉隆坡股票交易所、中央存保系统、证券委员会、马来西亚证券交易及自动报价公司、马来西亚商品交易中心。外汇管理体系主要由中央银行、商业银行等负责外汇业务。

在传统金融体系之外，马来西亚还有伊斯兰金融体系。20世纪80年代风靡马来西亚的伊斯兰复兴运动与中东地区伊斯兰银行的兴起和发展是伊斯兰理念进入马来西亚金融领域的两大推动因素。马来西亚伊斯兰金融体系的建立和发展大概经历了三个历史阶段：初期阶段（1983—1992年）、发展阶段（1993—2000年）和起飞阶段（2001—2010年）。在初期阶段，马来西亚政府参照他国伊斯兰银行经验并以本国实际情况为依据，制定并颁布相关法规，为马来西亚伊斯兰金融体系的诞生做好了制度准备，同时开始建立和发展伊斯兰政府基金。此外，在这一阶段马来西亚成功建立了第一个伊斯兰银行和首家伊斯兰保险公司。在发展阶段，马来西亚的伊斯兰金融制度在政府扶持下逐渐完善，金融活动逐渐增多并开始市场探索。国家伊斯兰咨询理事会正式成立，更多的具有伊斯兰特色的产品和服务相继推出。伊斯兰银行开始接受窗口业务，资金可在伊斯兰银行间相互流动，伊斯兰金融服务逐渐步入人们的生活领域。在起飞阶段，马来西亚伊斯兰金融体系确定步入现代体系的战略计划，其中包括规范伊斯兰银行业务、完善伊斯兰金融立法工作框架、增加银行服务产品项目以及引入知识与专家经济管理体系等。此外，马来西亚国内伊斯兰金融服务管理委员会成立，旨在进一步规范国内的伊斯兰银行和金融业务。同时，马来西亚政府逐步开放国内伊斯兰金融体系，允许国外企业的加盟，以与国际接轨。目前，马来西亚已经建立起了相对完善的伊斯兰金融体系，其中包括伊斯兰银行市场、伊斯兰保险市场和伊斯兰资本市场。

马哈蒂尔在1981年上台之后就积极推动马来西亚伊斯兰银行的建

立，并于1981年7月30日成立"国家伊斯兰银行指导委员会"，对伊斯兰银行的创建问题展开研究，最终规定了马来西亚伊斯兰银行的基本规则。1983年，《伊斯兰银行法案》正式出台，规定马来西亚中央银行将对伊斯兰银行的开设、业务经营进行规范和监督。同年，马来西亚第一家伊斯兰银行——"马来西亚伊斯兰银行有限公司"成立。该银行运行的宗旨是"公司所有业务将依据伊斯兰教原则、法规和实践运作"。马来西亚伊斯兰银行有限公司不向客户支付存款利息，而是以7∶3的比例与储户分享投资利润。马来西亚伊斯兰银行有限公司在最初的十年里发展相对缓慢，最初的业务也比较简单。政府是其主要的投资机构，其他的投资者包括朝觐管理和基金委员会、各个州属的伊斯兰委员会以及帕克姆组织等与伊斯兰教相关的团体。1989年，马来西亚《银行和金融机构法案》出台，国家银行允许现有银行机构从事伊斯兰银行服务，为伊斯兰银行的进一步发展壮大创造了良好的条件。

　　20世纪90年代，随着马来西亚经济的迅速发展，马来西亚伊斯兰银行有限公司也逐渐步入其成长期。1992年，马来西亚伊斯兰银行有限公司成功上市，截至1994年年底，该银行已经在全国范围内建立52家分行，拥有雇员1 280人，储户47.7万名。同时，伊斯兰经营理念也被全面应用于金融领域，伊斯兰银行的服务项目大大增加，对客户的吸引力以及自身的竞争能力都相应地得到了提升。1994年，马来西亚伊斯兰内部金融市场正式建立。1999年，随着马来西亚第二家伊斯兰银行成立，国家银行对伊斯兰银行系统中的商业银行和金融公司的组成结构进行了调整，提升了业务规格，同时增设了分行，在全国范围内扩大了伊斯兰金融的规模，这标志着马来西亚伊斯兰金融体系已基本建立。截至2006年3月，马来西亚国内已有正规的伊斯兰银行2家，分行达136家。伊斯兰银行系统的资产总额达1 180亿林吉特，占全国银行系统资产总额的11.6%，存款额和贷款额分别高达11.6%和15.7%。经过将近20年的飞速发展，马来西亚伊斯兰银行已经自成体系，成为该国金融体系中非常重要的组成部分。

　　伊斯兰保险是伊斯兰教的道德要求与现代经济理念相结合的产物。1984年马来西亚政府正式颁布《伊斯兰保险法》。该保险法并不禁止非伊斯兰保险公司的开设和成立，但规定了在马来西亚援引此项法案注册的伊斯兰保险公司必须严格遵守伊斯兰教法，并建立伊斯兰教监督委员会以对公司业务进行监督和指导。1985年7月，隶属于马来西亚伊斯兰银行的首家伊斯兰保险责任有限公司正式投入营业。"国民马来西亚伊斯兰私人保险有限公司"是马来西亚另一家著名的伊斯兰保险公司。截至1999年，两家伊斯兰保险公司在全国共开有113家分公司，净资产达2.05亿林吉特。2000年以来，马来西亚国内伊斯兰保险业的年增长率高达20%。截至2005年，伊斯兰保险业占据了该国保险业5.4%的市场份额。2006年，马来西亚国内注册的伊斯兰保险公司就多达8家，资产总额在国内保险业中所占的比重上升至5.6%，业务量占全国市场的6.7%，显示了马来西亚伊斯兰保险市场的强大潜力。

伊斯兰资本市场是马来西亚国内整体资本市场的重要组成部分，是在政府的关注和支持之下，随着马来西亚国内伊斯兰金融体系的完善而逐渐成长起来的。目前，马来西亚国内伊斯兰资本市场能向国内外民众提供多种投资和交易产品，主要包括伊斯兰债券、伊斯兰基金和伊斯兰股票。伊斯兰债券是一种特殊的债券，是符合伊斯兰教法的信托凭证。马来西亚是世界上首个发行伊斯兰债券的国家。1990年，壳牌马来西亚公司率先发行了价值1.2亿林吉特的债券，标志着马来西亚伊斯兰债券业的正式开端。截至2006年，马来西亚国内发行的116家债券中有64家为伊斯兰债券，资产总额达420.2亿林吉特，占债券发行总量的55.4%。2006年，马来西亚国有投资机构发行了价值27.5亿林吉特的可转换伊斯兰债券，这成为世界上首例可转换的伊斯兰债券，不管是在马来西亚还是在世界伊斯兰债券市场都具有里程碑式的意义。债券作为一种风险低、受益稳定的投资方式，目前也是马来西亚民众尤其是马来西亚穆斯林重要的投资渠道。根据马来西亚国际伊斯兰金融中心2010年公布的数据显示，截至2010年，马来西亚国内58%的优秀债券为伊斯兰债券。

马来西亚伊斯兰信托基金在20世纪90年代末期有很大的发展，从1997年至2006年，伊斯兰单位信托基金的复合增长率高达33.8%，远远高于国内基金产业15.4%的整体增长速度。截至2006年，马来西亚国内伊斯兰信托基金已达100家，占据该国基金总数的24%。

马来西亚伊斯兰股票市场发展迅速，截至2006年年底，共有886

只伊斯兰股票在马来西亚股票交易所挂牌交易，占据交易股票总量的86.1%。2007年1月，马来西亚股票交易所构建了一个新的伊斯兰基准指数，为马来西亚国内伊斯兰股票市场赢得了更广泛的国际认同。

❧ 五、旅游业

马来西亚政府非常重视旅游业的发展，不仅成立了旅游发展局，各州还成立了旅游协会和各种旅行机构。20世纪80年代后期以来，马来西亚采取了多种措施以发展旅游业，如加强组织管理、增加财政拨款、扩大税务优惠、展开强大的促销攻势、改善客运交通系统、培训导游和酒店服务人员、增加旅游景点和活动项目等。在政府的大力推动下，马来西亚旅游业得以迅速发展，1990年旅客人数达到750万人，创汇收入45亿林吉特（1林吉特约合0.2387美元），占国家外汇收入的5%。

马来西亚游客大多来自东盟国家，约占游客总数的70%，虽然1997年的金融危机对马来西亚的旅游业影响较大，游客人数从1997年的620万人次减少到1998年的550万人次，收入同比减少93亿林吉特，但旅游业仍是马来西亚国家收入的第三大来源，仅次于制造业和油棕业。旅游业同时也拉动了酒店、商店和餐饮业的发展。进入21世纪，由于全球化的程度不断加深，越来越多的国外游客前往马来西亚旅游，一方面是由于马来西亚优美的自然风景和丰富的旅游景点，另一方面也因为马来西亚政府的各项旅游优惠政策，这使得马来西亚的旅游业逐渐发展，国际地位和国际声誉也逐渐提高。2009年，到马来西亚旅游的外国游客达2 350万人次，创汇收入510亿林吉特，旅游业占全国GDP的19%。据马旅游部统计，2017年赴马游客人数为2 590万人次。

❧ 六、大吉隆坡计划

在"新经济模式"政策时期，马来西亚政府将以1 720亿林吉特打造"大吉隆坡"，让吉隆坡在2020年跻身于世界20个最适合居住的城市，同时成为世界前20个经济增长率最高的城市。马来西亚官方资料显示，"大吉隆坡"是其中一项国家关键经济领域之一，而这项计划也涉及9项入口点计划，以将大吉隆坡地区提升为国际大都市。

根据计划，马来西亚政府将从硬体设备、人民收入及居住环境等五方面来进行"大吉隆坡"计划：

1. 硬体设备建设

政府主要是计划大幅提升公共交通系统，而最引起瞩目的项目就是兴建从大吉隆坡至新加坡的高速铁路的计划（即"新隆高铁"计划），一旦落实，从吉隆坡至新加坡仅需2小时。这项计划分为两期，第一期，从吉隆坡到新加坡的高铁行程将途经吉隆坡国际机场、芙蓉、爱极乐、蔴坡、巴株巴辖、新山的依斯干达经济特区，再进入新加坡。第二期，从吉隆坡延伸至槟城，途经怡保，搭乘高铁从槟城到新加坡全程预计只花2小时40分钟。高铁的最高时速为每小时280千米及最低每小时250千米，而根据建议，由吉隆坡至新加坡的高铁将参考中国的高铁技术，以降低建筑和制造成本。政府也计划在"大吉隆坡"计划下，将吉隆坡打造成购物天堂，吸引更多外国游客在马来西亚购物，这也是另外一项大型的硬体设备计划。政府计划在吉隆坡城中城至武吉免登兴建7千米长的购物街，这条购物街区将发展成为有盖走道、行人天桥及地下走道等。除了购物，政府也计划在大吉隆坡地区兴建45千米长的有盖行人道，衔接城市内各个主要地标及景点，让大吉隆坡地区成为四通八达的大都市。此外，政府也计划开设3条地铁线，其中两条以双溪毛糯为起点，另外一条则是连接吉隆坡经济区和商业区的环城线，以加强大吉隆坡地区交通的连贯性。根据计划，上述3条地铁线将连接现有的轻快铁站，预计将经过巴生谷一带的购物商场，并设立有盖行人道。

2. 提高收入水平

除了提升硬体设备以符合国际大都市的目标，政府也将在"大吉隆坡"计划下，致力提高人民的收入水平，即计划将人均收入从现有的每年4万林吉特，增加至2020年的7万林吉特。在有关计划下，政府计划将大吉隆坡地区人民的总收入提高至比新山人民总收入高7倍，预计2020年"大吉隆坡"将制造170万个就业机会。为了达到这个目标，政府将通过设立"投资吉隆坡"（Invest KL）机构，吸引100家世界著名企业来吉隆坡投资及设立营业据点，将吉隆坡打造成良好的投资地点。"投资吉隆坡"机构将由4个单位组成，这些单位扮演各自的角色，其中马来西亚工业发展局（MIDA）负责吸引外资来马、马来西亚雪兰莪州投资公司（SSIC）专注于制造业、大马多媒体发展机构（MDEC）负责发展赛城及联邦直辖区及城市福利部专注于吉隆坡的发展。为了吸引世界著名企业来马设立营业据点，政府计划提供特别奖励。

3. 增加地区人口

为了确保马来西亚在迈向2020年宏愿时有足够人力资源，政府将把住在大吉隆坡地区的人口增至1 000万人。为了达到上述目标，人才培训机构将吸引国内外400万人在大吉隆坡地区居住，以及吸引50万名专才在吉隆坡居住，包括吸引马来西亚专才回流。大吉隆坡计划将涉及10个地方政府，包括吉隆坡市政局、巴生市议会、加影市议会、士拉央市议会、安邦再也市议会、梳邦再也市议会、莎亚南市议会、八打灵再也市议会、布城联邦政府行政中心及雪邦市议会。

4. 打造绿色城市

政府计划在"大吉隆坡"计划下，推动"绿色发展"，将30%特定地区重新发展为绿肺。政府也计划通过园艺、绿色建筑等，让吉隆坡成为更舒适的城市。

5. 提升环境保护

基于世界各大城市的地点都离不开河流，吉隆坡也不例外，政府计划净化目前污染程度达第三级的巴生河，同时通过美化河流及河岸发展计划，发展吉隆坡地区的河流。在"大吉隆坡计划"下，政府也会减少土埋垃圾方式处理垃圾，并提高固体废料管理及公共清洁服务。

"大吉隆坡计划"的9项入口点计划具体如下：（1）吸引国际企业在马来西亚设立据点，通过"投资吉隆坡"机构，吸引全球顶尖100个国际企业，在马来西亚设立营业据点。提供吸引国际企业在大马设立营业中心的奖励。（2）吸引国内外专才，吸引专才在吉隆坡工作，满足人力资源需求。简化外国专才及回流专才的程序。（3）建立高铁连接马来西亚和新加坡公共道路交通委员会和经济计划组合作策划，以在两国建设高速铁路。（4）加强城市轻快铁路线的覆盖范围，在促进经济和旅游业的前提下，加强及结合轻快铁的覆盖范围。轻快铁公司和私人界的合作，研究加强交通网络的方案。（5）重新赋予大吉隆坡地区河流生命力，振兴巴生河流域的历史遗产和商业区域促进巴生河流域一带的经济发展。净化巴生河。（6）建造地标性建筑，在著名的地段建立地标性建筑，将富都监狱、博物馆、中央艺术馆等地发展为地标，并加速新街场的发展。（7）绿化吉隆坡在2020年种植10万棵绿树，打造绿色城市。（8）打造更广泛和综合性行人道建立超过45千米的行人道，由吉隆坡市政局与私人界合作策划，为吉隆坡市中心带来更方便的行人道。（9）提升垃圾处理系统以更环保、高效率和适合的方式处理垃圾的问题。

第三节　马来西亚经济发展特点与问题

❖ 一、经济发展特点

作为亚洲经济发展"四小虎"中的"马来虎"，马来西亚经济发展进程中有着不少值得其他发展中国家吸收借鉴的经验，例如适时推出国家新的发展规划并确保规划的延续性和因地制宜，及利用好国内外两种资源、两个市场等。实际上，也正是这些经验促使马来西亚在独立以来，总体上保持着经济发展的稳定性和持续性增长。而从马来西亚经济发展进程来看，其中存在着一系列显著特点，值得我们仔细研究，并从中把握马来西亚经济的运行轨迹与特点。

首先，马来西亚政府拟订具有显著连续性的国家经济发展计划是该国经济水平稳步发展与持续进步的关键。如前文第一节所述，独立后的历届马来西亚政府均为本国经济的发展制订了阶段性计划，连续性的五年计划与多个"远景计划"的实施虽然没能彻底解决经济发展面临的问题，但却对该国农业发展、工业现代化产生了显著的积极效益。最为重要的是，历届政府均能够根据当时国内外形势的变化对国家经济发展规划进行有效调整。

马来西亚的经济脱胎于英国殖民者的殖民经济，因此这也是马来亚独立后面临的形势。为此，以首任总理拉赫曼为首的马来亚联邦政府据此拟订了两个"马来亚五年计划"和第一个马来西亚五年计划。而在1969年"5·13事件"发生后，马来西亚政府具有马来人特权倾向但又奉行工业自由放任主义的经济政策，出现了显著调整，于是就有了"新经济政策"，并主导了马来西亚国家经济发展20年。20年的"新经济政策"的实施不仅使马来西亚的经济成功出现了转型，而且还对社会进步产生了积极的影响。这段时期，马来西亚的经济发生了质的飞跃，各民族的经济鸿沟不断缩小。到20世纪90年代，马来西亚全国年平均失业率已经低于5%，同时国内生产总值也实现了8%的增长，并由此奠定了"马来虎"在亚洲经济发展"四小虎"中的地位。随后，"新经济政策"为"国家发展政策"取代，马来西亚政府希望以此来实现国家经济发展的"提质升级"，由以往规模发展向质量发展；经过十年的发展，马来西亚经历了1997年亚洲金融危机的重创，并从中恢复过来，随后在新千年初提出了"2020年宏愿"，希望在2020年使马来西亚发展成为中等收入国家；在迈向"2020年宏愿"的进程中，马来西亚纳吉布政府提出"新经济模式"，希望以此在实现马来西亚"2020年宏愿"的同时，推动国家经济发展质量持续提升，并竭力打造"一个马来西亚"经济，以期各族群均能从国家经济发展中获益。

其次，马来西亚历届政府的国民经济计划总体遵循了产业发展规律，并稳步推进国家产业发展的调整与升级。在马来亚独立伊始，殖民时代的经济模式对马来亚独立后的经济发展产生的影响是极其深远的。鉴于此，在马来亚独立伊始，拉赫曼政府拟定的国家经济发展规划以发展农业、水利与交通运输为重点，以发展进口替代工业为导向。而步入"新经济政策"时期以后，马来西亚政府加强了对国家工业发展的介入与干预，连续制定了三个"工业发展蓝图"，并在1986—1995年为马来西亚制造业发展成为国家经济增长的主要动力源奠定了基础。而正是在这一时期，马来西亚在能源利用方式、产值的增加，以及出口的形式与增长等方面均取得了显著的效果，一改以往农业和棕榈油、橡胶出口为主的产业面貌，并以此促进了国家的发展。而随后，马来西亚连续推出了第二、三个国家工业发展蓝图，通过加强工业链、增加附加值和提高生产率来促进制造业的发展，并在2006年以来将制造业国际竞争力的提升作为重点，而制造业和服务业的转变与创新则是主要路径。

通过努力，马来西亚的产业结果出现了明显的改变。数据显示，在马来亚独立之初，农业在国内生产总值中的占比高达40%，而制造业仅仅占9%；而在此后50年的经济发展进程中，农业比重不断下降，制造业则相反，呈现出上升态势。1970、1980、1990和2000年的数据显示，农业在国内生产总值中的占比分别是31%、23%、18%与11%，呈现出明显的下降态势；而制造业同期的数值则是13%、20%、26%与38%。而在经历工业现代化发展之后，马来西亚政府则在新千年后将经济发展的质量和技术经济、信息经济与知识经济提上日程，并在一系列国家发展经济计划中重点聚焦。在政策的引导下，马来西亚第一、二产业的比重变化已经不再明显，而处于相对稳定、小幅度变化状态；但与此同时，服务经济的比重却开始显著上升，并在2010年前后达到了50%左右，俨然已经发展成为马来西亚国民经济发展的第一大产业。如此看来，马来西亚产业经济发展的轨迹与产业发展的规律高度一致，堪称发展中国家经济发展与产业结构升级的范例。

再次，马来西亚政府十分注重积极利用国内外两种资源、两个市场。在马来西亚国家经济发展进程中，贸易经济、投资经济是发展与持续增长的两个主要动力源泉，而国内外投资资源和外贸、内需两个市场也得到了马来西亚政府的积极关注。马来西亚工业现代化的发展与如今信息经济、知识经济与技术经济的发展均离不开马来西亚对外来直接投资的鼓励。为了吸引更多的外资，马来西亚政府制定各种优惠政策，积极打造自由开放的营商环境，并制定多项法律提供制度上的保障。独立以来，马来西亚政府多次颁布鼓励外资进入本国计划发展产业部门的政策措施，并在全国建立了大约数百个工业园区、自贸区与工业区。当然，马来西亚政府对外资的鼓励也并不盲目，而是将之与国内产业发展与国家经济发展计划的需要密切结合，对外资的进入产业进行积极引导，使之成为国家经济结构合理化、现代化、信息化与知识化发展的重要促进器。不仅如此，马来西亚政府在20世纪90年代以来，十分注重拓宽国内资本的投资渠道和提高内需对国家经济的拉动作用。举例来说，马来西亚政府在推出"国家发展政策"以来重新审视了经济发展与族群经济关系之间的关系，逐步放松了对国内华人资本的管制和压抑政策，进一步挖掘各族群资本在推动国家经济发展中的潜力。

还有，马来西亚政府极其重视基础设施建设。基础设施建设是马来西亚历届政府关注的重点，也在各个时期获得了大量的资金投入。

经过数十年的发展，马来西亚的基础设施项目及相关配套设施水平在东南亚地区已经发展到前列。配有数字、光纤技术服务装备的商务电子网络、具有航空货运设施的国际机场、高速公路与国际海港，使马来西亚与外国投资商获得良好投资和商业环境的同时，也为国内外投资者走进区域与国际市场打开了通道。马来西亚的基础设施目前虽然在发展上呈现出不平衡和老旧等问题，但总体来看，依旧是发展得相对较好的。

最后，马来西亚经济的发展还获得了该国各族群民众的积极参与与支持。作为一个多元民族国家，族群问题一直是马来西亚历届政府关心的重要话题。历经1969年"5·13事件"后，马来西亚政府推出"新经济政策"，以期在发展生产中消除社会贫困和达到民族团结的目的，进而建立一个公平、合理与进步繁荣的马来西亚社会。"国家发展政策"则重新审视了族群间关系与经济发展的问题，开始强调经济增长与利益分配在族群间的"均衡发展"；而在新千年以来，全民共享经济发展成果已经成为马来西亚历届政府的共同焦点，特别是"马来西亚人的马来西亚"理念的提出，使"一个马来西亚"理念深入国家经济发展进程中，并有效激发了各族群民众参与经济发展的积极性。

二、经济发展问题

在马来西亚经济发展进程中，不同的阶段，国家经济发展既面临着一系列诸如贫困问题、收入和财产分配问题、收入不平衡问题等传统的共同问题，又面临着经济发展特定时期才会出现的难题。

贫困问题与收入不平衡问题是世界各国政府和人民都共同面临的问题，解决这些问题是所有既定政策的最终目标。贫困是指所有家庭成员的生活在食品、服装、住房、健康和其他基本需求方面低于最低需求的一种生活状态。贫困标准是将满足最低的生活需求的收入或者是贫困线收入作为标杆，再将家庭成员收入的绝对水平来与之相比较，如果没有达到贫困线收入则被认为是贫困家庭。收入的分配是指经济体中特定的个人或者团体之间分配所有的收入，通常可以从两个角度来看待这种分配，即根据家庭、个人和团体所拥有的劳动多少（按劳分配）或者是根据各个生产要素例如工人、资金和土地的贡献（按生产要素分配）。这种分配是指社会中各个群体得到的收入的百分率，一个方式就是按收入水平从最贫困人口到最富裕人口的分配。

20世纪初期，马来亚的经济主要依靠农业和矿产业等基础领域的发展，例如橡胶和锡矿大约占当时全国出口总额的70%，国家经济依靠这些国际市场重要原材料的出口而迅速发展，但同时也导致马来亚经济发展比较脆弱，缺乏多样化的产业来保证经济的平稳发展。结果，贫穷和失业率在乡村地区不断扩大，单一的产业结构直接导致实行传统经济的乡村地区一直处于落后状态，乡村地区缺乏发展，鲜有就业机会。在"5·13事件"后，马来西亚政府开始高度重视贫困与不均衡的问题。为此，马来西亚政府实施了新经济政策。

随着新经济政策的实行，马来西亚贫困比例得以从1970年的49.3%降低到1990年的16.7%，再由1995年的8.7%降低到1997年的6.1%，然后降低到2000年的5.5%，直到2009年的3.8%。从1995年到2009年，城市地区与非城市地区贫困家庭的减少也取得了令人鼓舞的成绩。城市地区的家庭贫困比例从3.7%降低到2.1%，但在2000年又稍有回升达到2.2%，2009年则降到了1.7%。在非城市地区，贫困比例也由1995年的15.3%降低到1997年的10.9%，然后又降低到2000年的10.3%，以及2009的8.4%。由于受到世界金融危机的影响，2009年马来西亚国内生产总值出现了负增长，但是在2010年国家经济又实现了强势反弹，增长率达到7.2%。减少贫困的成功源于经济快速发展的速率的提高，同时还提供了更多的就业机会。

在前文所述中，马来西亚各族群间及内部收入分配问题一直存在。例如，在1976年的西马，大约占20%的最富裕家庭拥有全国大约60%的财富，相反40%的最贫困家庭只拥有国家财富的10%。经过数十年的发展，马来西亚经济在一系列经济发展计划的积极引导下，经济发展多元化与现代化水平显著提高，马来西亚产业经济结构也呈现出显著的改善与进步。但分配不均的问题依旧存在于族群内部、地区之间。发达核心地区与欠发展州的差距依旧明显。例如，在"七五"计划期间，马来西亚国家人均国民生产总值（GNP）以平均6.3%的比率增长，发达州平均每年的人均国民生产总值增长率达到了6.1%，从1995年的12 940林吉特提高到2000年的17 410林吉特。吉隆坡联邦地区人均国民生产总值最高，达到30 727林吉特，超过国家平均国民生产总值14 548林吉特的两倍，其他超过人均国民生产总值的发达州分别是槟城、雪兰莪和马六甲。欠发达州的人均国民生产总值也由1995年的8 027林吉特提高到2000年的10 893林吉特。同时，从人均国民生产总值的年增长率来看，欠发达州达到了6.3%，超过了发达州的增长率，这显示出发达州和欠发达州之间的收入分配差距依然存在，但也在逐渐减小。

与此同时，根据政府发布的2009年国家财富比例数据，马来西亚财富分配还呈现出不均衡的状态，20%的高收入人群占有国家收入的49.6%，40%中等收入人群占有36.1%，而40%的低收入人群则只占有国家收入的14.3%。虽然相比80年代经济差距有所缓和，但是贫富差距问题、财富分配问题仍然是马来西亚政府需要面对的问题。这一情形直到最近几年依旧未能改变。马来西亚《2016年家庭收入及开支统计报告》显示，马来西亚基尼指数从2012年起稳步下跌，2012年时是0.431，2014年是0.401，2016年则是0.399，但相比其他族群，马来西亚华人族群内的贫富分化问题却在恶化加剧。根据该份报告，马来西亚国内土著群体的基尼指数从2014年的0.389，下跌至2016年的0.385，但华人族群的基尼指数却从2014年的0.405增至2016年的0.411。

而随着马来西亚经济的持续发展，现如今有十分突出的三大经济问题摆在马来西亚民众面前，即物价上涨、货币贬值和资本外流。如今，在马来西亚，通货膨胀已成为一个热点问题，因为它正在加速并将继续膨胀。影响零售价格的一次性因素有，如取消食用油补贴，影响蔬菜产量的天气或世界油价小幅回升。但总体价格受到林吉特疲软的影响，其导致进口价格升高，而马来西亚非常依赖各种产品的进口，从食品和家用器具到汽车、电脑和其他各种商品的机械和组件。货币（林吉特）贬值则是另外一个显著问题，但具有两面性。不过，消费者必须为进口商品和服务支付更高价格，进而影响着马来西亚贸易商与零售商店的发展；当然这通常也会对马来西亚的出口产生积极影响，棕榈油、橡胶和油气资源产品等在国际市场上将更具竞争力。虽然如此，马来西亚的贫民和中产阶级的生活质量依旧会受到显著影响，进而影响了公众与整体经济发展。货币贬值对外资与国内资本的投入均产生了深刻影响，资本外流问题显然不利于马来西亚国家经济的稳定健康发展。

上述三大突出的问题在本质上是马来西亚经济发展陷入"中等收入陷阱"的体现，其有着更多深层次的结构性、制度性问题，而这也是当前马来西亚经济发展面临的根本性难题。对此，学者分析认为，由于特殊利益集团的存在，马来西亚族群间存在着明显的结构性矛盾、制度僵化，结果导致马来西亚现如今投资和创新动力明显不足，技术与知识水平也难以实现提升。这些因素使马来西亚的产业升级相当困难，经济增长进而失去了足够的驱动力，创新驱动和财富驱动明显不足，马来西亚在走出"中等收入陷阱"方面还面临着非常艰巨的挑战。

面对上述一系列问题，马来西亚政府别无他法，唯有在积极审视当前国内外经济环境的基础上，制定适合的经济发展政策与计划，在发展与结构调整中稳步推进国家经济向好发展及在其中缓和与解决相关的难题。无疑，这深刻影响着未来马来西亚经济的发展前景。

第四节　马来西亚经济发展前景

马来西亚经济的发展前景既取决于国际与区域经济环境的发展，也在根本上受制于国内的经济政策及产业的持续调整与升级。在外，马来西亚面临着2008年金融危机重创后的国际市场与近些年来日渐发展的东盟经济共同体的挑战；而在内，马来西亚政府在2015年出台了第十一个马来西亚计划，以期持续推进"2020年宏愿"的实现，并在这一过程中加强国家经济建设。

❖ 一、经济发展的现有环境

全球金融危机余温未退及由此引致的全球经济发展不景气是马来西亚经济发展面临的最大国际环境。2010年前后，马来西亚的经济逐渐从危机中恢复，并在2010年第一季度国民生产总值的增长率已经达到10.1%，到达了近十年来的最高水平。此后，马来西亚的经济发展虽然出现了波折，但总体还算平稳。不过由于国际经济形势不明朗，马来西亚实现经济长期稳定发展还面临着不小的制约，例如全球竞争环境的变化、现有战略与国际环境的不协调等。

　　而在区域层面，东盟经济共同体的建设与发展也不尽然完全给马来西亚经济发展带来正向积极因素，同样带来了不可忽视的挑战。目前，随着东盟经济共同体的发展，马来西亚企业与区域企业也存在着相互竞争。在高端产品和服务方面，无法与新加坡竞争；中端产品和服务方面，与泰国和印度尼西亚等国在吸引外资方面存在竞争；低端产品与服务更已逐步转移至越南、柬埔寨和缅甸等生产成本低廉的国家。随着区域内关税的进一步降低或取消，马来西亚企业，尤其是规模较小和缺乏竞争力的企业，将会面对更为激烈的挑战①。

　　鉴于此，马来西亚经济发展依旧处于十字路口这一关键时刻，面临十分艰巨的挑战，在吸引外资和促进出口方面与同一地区的国家相比已经逐渐落后。在吸引外资方面，马来西亚不仅要与本地区国家竞争，甚至还要与南美和东欧地区的国家竞争。世界的经济前景仍然具备不确定性，全球经济正面临着一系列结构性问题，例如发达国家的高失业率、期货价格的不稳定和欧洲南部地区的金融危机等。因此，当今国际环境不仅竞争日趋激烈，全球经济增长的不确定性更加剧了发达国家对发展中国家投资和贸易的减少。

　　全球经济危机加速了亚洲各经济力量中心的转型，而这使马来西亚周边的经济环境正在经历前所未有的变化，而这种变化对马来西亚经济来说具有两面性。这些经济力量中心主要包括中国、印度和印度尼西亚等，相对于马来西亚，这些国家具有低耗费和国内市场较大的优势。由于不能与那些低耗费的出口国相竞争，同时与高度创新的发达国家相比又不具备竞争力，收入水平只能算作中等的马来西亚经济陷入两难的境地。马来西亚已经通过以往的经济政策成为中等收入国家，但这些政策对于建设更加发达的国家已经不再适应。受此影响，马来西亚作为地区经济领导者的地位已经受到动摇。特别是过去10年里，马来西亚经历了资本的流出，包括金融资本和人才资本，这对马来西亚经济的转型产生极其不利的影响。人才资本对于建设知识型、创新型经济的作用是显而易见的，但是马来西亚如今却经历着不同程

　　① [马来西亚]《光华日报》2015年3月1日报道。引自"马媒评论东盟经济一体化给马来西亚带来的机会和挑战"，中华人民共和国商务部驻马来西亚参赞处，2015年3月3日，http://www.mofcom.gov.cn/article/i/jyjl/j/201503/20150300906657.shtml。

度的人才流失，导致生产力的增长严重滞后，生产力水平也已经远远低于亚洲的一些高收入水平国家。由此可见，现有的国际经济环境与区域经济形势对马来西亚来说是挑战与机遇并存，但由于马来西亚身处中等收入陷阱之中，其能否通过与时俱进的国家经济发展政策抓住机遇和加快国家经济的稳步增长成为接下来经济发展的焦点。

❧ 二、经济发展规划

马来西亚在促进经济转型过程当中面临着各种问题，只有将所有的资源和力量都整合到这一方向，经济建设才能够成功。为此，纳吉布政府在2015年出台了其任内第二个五年计划，也即第十一个马来西亚五年计划。这是2020年前马来西亚最后一个五年计划，因此被国内外视为是马来西亚实现"宏愿"和成为高收入国家的最后冲刺。从具体内容来看，马来西亚第十一个五年计划主要包括下述几方面的内容：

1. 提高多个地方经济竞争力

马来西亚政府将把4个主要城市，即吉隆坡、新山、古晋和亚庇，打造成发展旗舰城市，刺激经济，提高竞争力，加速国家成长。

2. 经济走廊发展

五个区域的经济走廊（东海岸经济区、北部经济走廊区、依斯干达走廊、沙捞越再生能源走廊、沙巴发展走廊）将获得2 360亿林吉特的投资，并制造47万个就业机会。

3. 大马宏愿谷

马来西亚政府将在森美兰州打造大马宏愿谷，10.8万公顷的范围内涵盖汝莱、芙蓉及波德申。计划从2016年开始，直至2045年总值高达6 410亿林吉特。未来的芙蓉将全面集中为商业经济发展区、汝莱则被打造为大学城、波德申则全面倾向为旅游区。另开拓6 100英亩的新工业发展区，承接从巴生谷迁移的工业，嘉乐区将建设占地1 000英亩的巴生谷中央公园。并将配套建设芙蓉外环公路，从吉隆坡国际机场通往新那旺以及衔接加芙大道；从吉隆坡国际机场路通往波德申的新高速大道；在南北大道与加芙大道之间存在的衔接空隙，兴建衔接公路。

4. 重大基础建设发展

捷运第二路线（投资250亿林吉特）、西海岸大道（28亿林吉特）、槟城交通基建发展计划（270亿林吉特）、泛婆罗洲大道（270亿林吉特）、水务基建工程（30亿林吉特）、橡胶研究院基建（10亿林吉特）、马新高铁（300亿林吉特）、PAPID油气海事基建（30亿林吉特）、RAPID水务及废水处理（10亿林吉特）、沙登—金銮—布城大道（30亿林吉特）、新街场—淡江高架大道（20亿林吉特）、莎亚南多层大道（20亿林吉特）、吉隆坡118大楼（30亿林吉特）、第三轻快铁（90亿林吉特）、金马士—柔佛双轨计划（80亿林吉特）、单轨火车路线延长工程（25亿林吉特）。

建造两个新的7626兆瓦的发电厂，投资成本280亿林吉特，并创造3.5万个就业机会；防水灾计划工程：政府将在吉兰丹河推行综合防水灾计划；提升首都和高速发展地区网速，宽带速度达100 Mbps，乡区宽带网速20 Mbps；建设木胶和老越机场。

5. 增加房屋数量

马来西亚政府将建造65.3万单位的房屋，修复40万间甘榜与郊外房屋。

6. 乡村发展计划

该计划达成99%居民拥有水电供应的目标。拨出100亿林吉特给乡村供水计划。另外，拨出30亿林吉特给乡村电力供应计划，满足4万户家庭的电力供应；同时，马来西亚政府将在郊区建造3000多千米的公路。

7. 医疗设施发展

马来西亚政府将在甘马挽、文冬、华玲、巴西古当及马兰，兴建6家新医院。2家沙巴医院将获得升级；拨款3300万林吉特兴建165间一马诊所。

8. 教育培训发展

马来西亚政府将在全国兴建至少80所学校，其中2所在玻璃市，2所在马六甲，5所在沙巴，以及5所在沙捞越。

在第十一个马来西亚五年计划之外，马来西亚政府近年来还积极致力于推进财税政策的改革与调整，希望以此来逐步消除财政赤字。与此同时，马来西亚政府一如既往地重视国内的投资与消费的增长，将内需视为提振经济的重点。此外，为促进马来西亚对外贸易的发展，马来西亚在自由贸易体系打造方面持有积极态度，并在2016年1

月批准了"跨太平洋伙伴关系协定",希望以此来提升马来西亚的国家竞争力。

❖ 三、经济发展前景总体评估

马来西亚经济发展前景是国内外多重因素综合作用的结果,而其中国际经济大环境与马来西亚国内的经济政策处于决定性的位置。处在转型期和"中等收入陷阱"中的马来西亚,不得不在国内外面临着诸多问题与挑战。

马来西亚作为高度外向型和依赖油气资源出口的经济体,对国际市场有着显著的依赖性。但目前,国际经济处在深刻调整与变革中,全球经济增长并不景气,国际市场大宗商品的价格不理想,资本避险情绪与西方发达国家经济体呈现出的保守情绪,均影响着国际经济环境的稳定。虽然马来西亚的经济总体上能够保持增长态势,但由于不确定因素的增多,下行压力还是比较大的。例如,2015年4月27日马来西亚《光华日报》网站就刊登了一篇《马来西亚经济前景寒冬》的评论员文章,文章认为由于面对林吉特贬值、国际石油价格暴跌以及落实消费税的冲击,马来西亚经济实际上面临着不小的危机与挑战。

不过马来西亚同时还面临着不少的机遇。例如,东盟经济共同体的发展及东盟大市场的整合;又比如"一带一路"倡议的持续落实与发展。以后者为例,"一带一路"倡议可以为马来西亚接下来几年经济的发展与向着"2020年宏愿"的目标提供不小的助力。对此,马来西亚在其公布的《2017—2018年度经济报告》中首次将中国提出的"一带一路"倡议列入其中,并认为"一带一路"建设将为马来西亚经济带来巨大商机与多重红利。报告认为,"一带一路"倡议将帮助马来西亚开辟新市场、扩大本地产品和服务销路及吸引外资。"一带一路"带来的红利还包括改善物流服务、提高融资效率、在多个行业创造大量工作机会及促进文化交流,总体上有助于集成经济资源、协同经济政策,从而促进共同发展。

因而,正如国际货币基金组织的报告所强调的,尽管全球经济环境充满挑战,但马来西亚的经济依旧表现出趋好与维持稳健发展的态势。着眼于此,2015年,国际货币基金组织(IMF)第一副总裁大卫·利普顿表示,马来西亚可在2020年实现国民人均收入1.5万美元、成为高收入国家的目标。2017年，国际货币基金组织则表示，马来西亚在多元化生产、出口及强势的资产负债表、强劲的内需与相对稳定的出口等方面有着明显的优势，这些因素促使马来西亚经济在下行之余呈现出稳健发展的态势。鉴于此，国际货币基金组织2017年已经第三度上调马来西亚的国内生产总值增长率。

毋庸置疑，马来西亚经过数十年的努力及在一系列积极经济政策的作用下，逐步成长为一个中等收入国家，并在消除国内贫困等方面取得了显著的成绩。但是，马来西亚目前的发展水平距离发达国家水平显然也存在着不小的差距，其中就包括在产业发展水平、收入分配状况、技术与人才储备等方面。如今，马来西亚正处在实现"2020年宏愿"的冲刺阶段，但同时又在国内外面临着诸般问题与挑战。针对此，马来西亚政府唯有持续推进经济政策的与时俱进，才能在国家经济转型与产业发展方面持续取得进步，而这在逻辑上是马来西亚实现"2020年宏愿"的关键，在过程中则需要马来西亚政府处理好国内族群经济与分配问题、腐败问题，及激发全体马来西亚人民对经济发展的积极参与和支持。当然，"马来虎"经济发展的目标也不能完全停留在宏愿的实现上，应从国家经济持续稳定健康发展及打造"马来西亚人的马来西亚"的高度出发，使马来西亚走出"中等收入陷阱"，并为马来西亚的经济发展制定更为长远的发展规划，破除结构性和制度性的障碍，为马来西亚经济发展寻得更多的创新驱动力。

第九章 中马关系与"一带一路"倡议

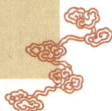

中马两国在1974年建交，距今已经45多年。45年来，在两国高层长远规划指导下，中马关系在两国人民传统友好交流与合作大潮下稳步向前发展。步入21世纪，中马关系在新时期面临着"提质升级"的核心任务，推进两国关系更上一层楼不仅成为时代的要求，也因"一带一路"倡议，特别是"21世纪海上丝绸之路"倡议落实及中国–东盟关系逐步走向成熟期，获得了新的发展契机与动力。在"21世纪海上丝绸之路"共建中，马来西亚有着非常独特的区位优势，处在东南亚这一枢纽地带的"枢纽位置"上，马来西亚在"21世纪海上丝绸之路"建设中的地位、角色将直接影响到"21世纪海上丝绸之路"倡议的落实和中马关系的持续稳步发展。

第一节 中马关系历史回顾与展望

一、中马关系的发展脉络

1974年，中国与马来西亚建交。此后，两国人民间的友谊进一步加深，这既为加强两国关系奠定了基础，又为两国在政治、经济、文化等各领域的全面合作与发展增加了源源的动力。中马关系历经40余年的发展，从两国建交之初的谨慎、疑虑到经济先行的两国关系开拓期，到冷战结束后20世纪90年代初的中马关系"蜜月时期"，到亚洲金融危机爆发后中国对马来西亚提供大力支持的适应期，再到如今，此间虽有曲折与坎坷，但总体朝着健康、成熟、稳定的方向发展。中马关系已成为中国与东盟国家友好合作关系的典范。

（一）建交初期的怀疑与谨慎相处

自1949年中华人民共和国成立至20世纪50年代末，中马两国关系一直处于封闭状态，当时的马来西亚仍处于英国殖民统治之下。由于建立的时间较短，百废待兴，国内事务成为中华人民共和国建设的重中之重，此时并无能力和闲暇关注马来半岛事务。

20世纪50年代末60年代初，中国由于国内社会主义改造的完成和在国际上中苏关系的恶化，中国国际身份随之发生了变化，此时中国是第三世界领袖的呼声亦此起彼伏。就马来西亚而言，这一时期的身份也发生了巨大变化，它从一个英国殖民地变成一个独立的民族国家。如按中国当时的想法，马来西亚作为一个刚进行完民族解放运动的国家应该成为中国的盟友，因为中国把其看作是被帝国主义压迫的民族，按国际共运的观点是应该得到支持与帮助的。但事与愿违，马来亚联合邦独立之日的1957年8月31日，中国国家领导人发去贺电并宣布承认其地位，表示愿与其建交，却被拒绝。究其原因，马来亚联合邦当时还有另一重身份，即西方国家所谓的"自由民主国家"中的一环，处于英美联盟体系中。直到20世纪60年代末，中马关系因马来西亚对华奉行敌对政策始终未变。随着冷战格局和地区环境的演变，马来西亚早期对华政策不再令国内民众信服，在时机成熟的条件下中马关系的缓和在20世纪70年代初得以实现。

20世纪70年代，中苏关系恶化，中美关系解冻，由此而来的是包括马来西亚在内的诸多国家开始与中国接触。此时的马来西亚在对外政策方面也发生了变化。1968年1月，时任外交部部长、内政部部长伊斯梅尔·拉赫曼首先提出了东南亚"中立化"的和平计划，并主张承认中国的国际地位。此后，马来西亚领导人和政府高级官员多次在公开场合表示愿以"和平共处、互不干涉内政"为原则，发展马中关系。同时，中国政府也根据国际和地区形势的改变重新调整了对马政策。1974年中马建交前，马方多次派贸易代表访华，并在第二十六届联大上支持中国恢复联合国的合法地位。中国也派出贸易代表团和体育代表团访马，并捐款救济吉隆坡水灾。此后两国的经贸和人文交流愈加频繁。在此背景下，中马两国打破对抗、建立关系的时机趋于成熟。

1974年5月31日，中马建交，马来西亚成为东盟成立后首个与中国正式建立外交关系的东盟国家，中马关系进入新阶段。但是，由于马来西亚政府认为中国仍然会对马来西亚的安全构成潜在的威胁，中马双边关系产生阻碍的深层次隔阂并未完全消除。在中马建交之后，因总理拉扎克逝世以及印支半岛局势变化，引起马来西亚内部出现危机，加之"20世纪70年代中国国内的意识形态和政治的不稳定因素，以及中国对马来西亚和东南亚地区华人华侨的含糊态度"等因素，都使得马来西亚无法全面发展与中国的关系。

20世纪70年代末，亚洲地区的安全形势因越南发动对柬埔寨的侵略骤变，中马关系随着两国领导人的成功互访得到了进一步发展。1978年9月，邓小平访问马来西亚，这是中国领导人第一次对马来西亚进行正式访问。1979年1月，在中国对越南自卫反击战前夕，马来西亚总理奥恩对中国进行了成功的回访。中马关系以此为开端不断平稳向前发展，逐步开启了以"合作"为主要特征的新时代。

（二）经济安全主导下的中马关系

20世纪80年代后，随着中国改革开放的不断推进，马来西亚也开始放宽对华投资限制，实施开放政策，两国贸易开始扩大，每年几乎保持着较大的增长速度，开启了中马关系的经济大门。早在1971年5月，以马来西亚国家贸易公司董事长哈扎姆为首的马来西亚贸易代表团访问中国，得到周恩来总理接见，中马两国之间以经贸关系为先锋开始了正式接触。为了给马来西亚的经济发展注入新的、更强劲的活力，以进一步推动"新经济政策"的实施，马哈蒂尔政府决定进一步改善和发展马中关系。1985年11月底，以马哈蒂尔总理为首，包括一支由203人组成的经贸代表团来华进行访问。访问期间，马哈蒂尔表示中国是一个发展中国家，对地区的政治与安全以及建立国际经济新秩序可以做出积极贡献，还提出了"求大同、存小异"和以经济关系拉动两国关系发展的新主张。对于此次访问，国内有学者认为："马哈蒂尔这次访华被誉为中马关系发展的里程碑，它再一次拉近了两国之间的距离，推动着中马两国在经贸合作下朝着友好合作方向不断发展。"中马两国各自在经济合作方面的利益促使两国的经贸合作关系得到了快速的发展。两国这一时期签订的一系列双边协定内容得到了进一步证实。1985年，中马两国签订了《避免双重征税协定》；1987年，两国签订了《海运协定》；1988年，两国签订了《贸易协定》《投资保障协定》《建立经济及贸易委员会协定》；1989年，两国签订了《航空服务协定》等。

尽管这一时期中马双边关系因经贸合作关系的扩大有所发展，但两国政治关系进步有限。1981年11月，时任马来西亚外交部部长沙菲曾在一次公开演讲中提到，"中国在东南亚地区有危险的野心，只是他们不承认而已。"直到1984年，中国仍然被马来西亚视为一种威胁，马方警告说："一个强大的中国将实施霸权政策，从历史上看，这个转变会影响到东南亚。"同时，由于东盟区域安全环境、南海争端等因素的影响，中马政治关系的进一步发展还需要克服更大困难。其中，南海问题则是中马双边关系面临的最大不稳定因素之一。南海是马来西亚国家安全的重要屏障，南海的安全问题也一直是马来西亚南海政策的核心。1982年《联合国海洋法公约》出台前后，南海争端进一步加剧，南海安全形势也因此面临着潜在的重大威胁。无论从安全角度来看，抑或从南海海域的油气资源经济价值而言，马来西亚在南海争端中均有着其切身利益。这一点在马来西亚国防战略中得到了明显体现。在马来西亚国防战略中，南海海域属于国家战略利益的临近点和区域地点①。据此，从安全角度出发，马来西亚马哈蒂尔政府在这一时期对发展马中关系持有了比较保留的态度。值得指出的是，1989年马来西亚在中国发生政治风波后与美国等其他国家抨击中国的言行截然不同，对华做出了"表示理解"的姿态。虽然如此，中马两国政治关系仍因互信较为匮乏而面临不少难题，进展也十分有限。

（三）"蜜月时期"的中马关系

所谓"蜜月时期"，指20世纪90年代亚洲金融危机爆发前的一段时间。中马全方位合作的双边关系在这一段时间内开启，并获得了实

---

① The Department of Defence of Malaysia, Dasar Pertahanan Negara, June 2009, http://www.mod.gov.my/images/files/dpn-terbuka.pdf。

质性进展。总体来看，这一阶段中马全方位合作关系得以全面开启的原因主要有两方面：一方面是国际格局进入后冷战时代，和平与发展逐渐成为世界主题；另一方面是20世纪80年代末，马来西亚共产党问题的解决使阻碍中马关系一直停滞不前的最大因素消失，为两国全方位合作关系的开启和发展铺平了道路。20世纪80年代末至90年代初，马来西亚经历了经济的快速增长，在国际舞台上也日益活跃。据此，马来西亚于1990年9月取消了公民来华限制，中马两国在政治、经济、经贸、文教、体育等方面全方位的合作关系正式恢复和发展，中马关系达到了前所未有的最佳状态。

中马政治互信关系逐步建立，双方高层互访日趋频繁，两国政治立场逐步接近。1990年10月，应北京亚运会组委会的邀请，马来西亚最高元首苏丹阿兹兰·沙阿以亚洲曲棍球联合会主席的身份来华观看比赛并参加闭幕式。在华访问期间，他会见了时任中国国家主席杨尚昆和国务院总理李鹏。1991年9月6日，阿兹·沙阿又应杨尚昆主席的邀请正式对中国进行国事访问，并代表马来西亚政府与人民向杨尚昆主席转交了约合600万元人民币的救灾款。1993年6月，马哈蒂尔第二次应邀来华，代表团达到了两国建交以来的最大规模。访华期间，马哈蒂尔指出："马中两国关系很好，今后会更加牢固，马中关系前景是十分美好的。"此后马哈蒂尔多次应邀访华，马来西亚政府和地方高官也相继来华访问。

与之相应，这一时期中国政府也对中马关系高度重视，国家领导人也频繁访问马来西亚。1990年12月10日—13日，李鹏总理应邀访问马来西亚。在李鹏总理访马期间，马哈蒂尔总理向李鹏总理第一次提出建立东亚经济集团（East Asia Economy Group, EAEG）的建议，并得到中国的理解与支持。1993年7月25日—29日，时任中国全国人大常委会委员长乔石对马来西亚进行了为期五天的友好访问。1994年11月，时任中国国家主席江泽民对马来西亚进行友好访问，将中马关系推向新的高潮。1995年，时任中国政协主席李瑞环访马。1997年，李鹏总理再次对马来西亚进行正式访问。在两国高层频繁互访期间，中马非官方交流合作也如火如荼地进行，不仅丰富了中马两国关系内涵，而且增进了两国人民友谊。1992年12月30日成立的马来西亚中国友好协会，肩负着促进马中两国友好和国内民族团结的双重任务，成立以来已举行过多项重大活动，为促进与加强马中友好关系做出了杰出贡献。

随着中马两国全方位合作关系的恢复和高层领导的频繁互访，两国政治互信取得显著的进展。20世纪90年代，日美先后在东南亚地区和其他国际场合宣扬"中国威胁论"，中国对外交往面临着重大挑战。马来西亚在这一问题上的态度立场证明了中马政治互信的发展进步。马方认为，中国是地区能在政治、经济和安全方面发挥建设性作用的大国，应该用友好务实的态度与中国合作。作为回应，中国政府则表达了对马来西亚首倡的"东亚经济集团"理解和支持。尽管如此，马来西亚因南海问题及对中国军费增长的忌惮，仍希望美国、日本、俄罗斯等区域外大国在该地区保持存在，以期达到"制衡"中国的目的。总体而言，这一时期中马关系合作友好是主流，争端分歧是支流。因此，金融危机前的中马关系被马来西亚传媒誉为"蜜月时期"。

（四） 金融危机后中马关系的进一步深化

进入20世纪90年代，中马两国关系发展势头良好，从较单一的贸易往来，逐步转向较全面的经贸合作，双边投资、旅游业、教育、劳务输出等都有了较大发展，两国政经关系较前一时期更为密切。中马各自均从"蜜月时期"的全方位合作中获益，这些成果的取得为两国政治互信的建立和双边关系的发展奠定了基础，使中马关系在亚洲金融危机爆发后仍能持续升温，相互欣赏、互信互利、相互支持一度成为金融危机后及21世纪以来中马关系的主流。然而，1997年7月开始的亚洲金融危机打乱了整个经济格局，马来西亚经济受到致命打击，中马关系由此出现了一些新变化。

当时执政的马来西亚马哈蒂尔政府认为亚洲金融危机原因在于西方国家的阴谋——西方国家试图以货币投机，沽空亚洲国家的外汇市场，搞垮亚洲国家的经济。鉴于此，1997年7月马来西亚表示希望东盟制定货币法律，以遏制投机集团在本地区开展的投机活动；8月，马来西亚提出应征收外汇交易全球税的建议，试图以此控制本地区的金融投机。在东盟尚无能力提出解决危机的有效举措的状况下，马来西亚政府于1998年9月推出了"激进资管措施"，试图以此寻求遏制货币投资。然而，马哈蒂尔此举遭到了美国等国的严厉抨击，马来西亚的对外交往一时间陷入困境。与此同时，马来西亚国内政局亦发生"安瓦尔事件"。

中国对地区和马来西亚所发生的金融危机的看法与见解和马来西亚基本一致。危机爆发后，中国政府坚持人民币不贬值，并向马来西亚等深受金融危机冲击的东南亚国家提供资金援助。这使马来西亚和东南亚大多数国家认为中国经济是亚太经济的稳定因素，并对中国经济引领东亚经济恢复寄予厚望。马来西亚政府官方报告中曾写道，没有中国的帮助，东南亚地区国家甚至难以克服此次金融危机。当美国等西方国家在对马哈蒂尔政府推行的政策猛烈抨击之时，时任中国国家主席江泽民在吉隆坡举行的亚太经合峰会上提出了尊重有关国家和地区为克服这场危机自主做出的选择和主张，这被马来西亚视为对马主权的尊重和对马哈蒂尔政府的间接支持。中国不仅没有加入以美国为首的外国政府、机构和舆论对马来西亚猛烈抨击的行列，而且在多种场合重申不干涉他国内政、尊重他国选择符合本国国情道路的主张。以金融危机期间建立的政治互信和相互欣赏为基础，中马全方位合作关系在金融危机后有了进一步的深化和发展。

1999年在中马关系发展历程中具有重要的里程碑意义。1999年5月，马来西亚外交部部长赛义德·哈密德访华，时任中国外交部部长唐家璇与其签署《中华人民共和国政府和马来西亚政府关于未来双边合作框架的联合声明》。同年8月，马哈蒂尔第五次访华；11月，时任中国国务院总理朱镕基对马来西亚进行了回访。两国领导人的互访，特别是合作框架联合声明的签署，为两国关系未来的发展指明了方向，勾勒了蓝图，在两国关系发展历程中具有十分重要的意义。步入新世纪后，中国政府进一步丰富了"睦邻"政策，提出继续加强睦邻友好，坚持"与邻为善、以邻为伴"的周边外交方针，使之发展成为"睦邻、安邻、富邻"的周边外交政策。在这一背景下，以全方位合作为主流特征的中马关系获得了持续发展的新动力。

进入21世纪的中马关系，政治互信和全方位合作关系是双边关系主流，这不仅反映在双方高层领导频繁的互访及其签订的一系列双边的、全方位、多层次的协定或协议，而且更深层次地表现为两国对地区事务看法的基本一致和对彼此的欣赏与支持。在政治层面，两国高层往来互动频繁。2013年10月，中国国家主席习近平访问马来西亚。2014年5月，马总理纳吉布正式访华；6月，马下议长班迪卡访华；9月，马最高元首哈利姆对华国事访问；10月，中国国务院国务委员杨洁篪访马。同年11月，纳吉布总理再次来华并出席北京APEC领导人非正式会议；12月，马副总理穆希丁访华。2016年10月31日—11月5日，纳吉布对华进行了为期一周的访问。2018年8月17日—21日，马哈蒂尔再度出任总理后率领政府大规模代表团来华访问。在两国领导人的推动下，中马两国先后签署了《中华人民共和国和马来西亚联合公报》(2005年12月)、《中华人民共和国政府与马来西亚政府关于中马战略性合作共同行动计划》(2009年6月)、《中华人民共和国和马来西亚联合新闻稿》(2013年10月)、《中华人民共和国和马来西亚建立外交关系40周年联合公报》(2014年5月)、《中华人民共和国和马来西亚联合声明》(2015年11月)、《中华人民共和国和马来西亚联合新闻声明》(2016年11月)、《中华人民共和国政府和马来西亚政府联合声明》(2018年8月)等重要文件，并在2013年建立了全面战略伙伴关系。

与此同时，中马两国的经贸合作也有不少闪光点。近些年来，马来西亚是中国在东盟国家中最大的贸易伙伴。中国已连续八年成为马来西亚的最大贸易伙伴，双边贸易额达近千亿美元规模。2015年中马贸易额972.9亿美元，同比下降4.6%，其中中方出口439.9亿美元，同比下降4.95%，进口533亿美元，同比下降4.3%。据中方统计，2018年中马双边贸易额1 086.3亿美元，同比上升13%；其中中方出口454亿美元，同比增长8.9%，进口632.3亿美元，同比增长16.2%，中国连续十年成为马来西亚最大贸易伙伴。截至2016年8月，马实际对华投资74.2亿美元，中国对马非金融类投资27.2亿美元。截至2018年11月，马对华投资累计达77.7亿美元，中国对马累计直接投资57.6亿美元。2016年，中国已成为马来西亚制造业最大的外资来源地，并连续多年成为马来西亚工程施工总承包最主要的合作方。不仅如此，中马金融合作也是如火如荼。两国本币互换持续扩大，人民币清算银行在马来西亚设立，资金融通进一步拓展。

❧ 二、中马关系发展的特征与问题

自1974年中马建交以来，中马关系虽历经曲折。但总体上两国关系发展迅速，不仅官方和民间的来往频繁，两国的合作也能够从政治和经济扩展到文化、教育、安全、卫生等各个领域。中马两国关系自建交以来，展现出一些新的特征。在平稳发展的同时，两国之间还有些许杂音，都需引起高度重视。

（一）中马关系发展的特征

第一，两国友好的历史基础是双边关系稳定发展的前提。马六甲王国与明朝建立的朝贡关系对现今中马双边友好发展起到了基石作用。今天的中马互信与合作的关系是源于朝贡体系，两国的友谊是能经得起历史检验的。虽然两国自建交以来双边关系出现了一些波折，但两国都从长远角度出发，都能克服困难，一道同行。六百多年前，明朝以朝贡体系中心王国的姿态介入马六甲王国与暹罗的争端中，曾三次制止暹罗对马六甲侵略的图谋，保障了马六甲王国的主权和安全，为其独立与发展创造了良好局面。1997年金融危机来临，马来西亚经济遭受重创，中国政府坚持人民币不贬值，并采取了一系列有效措施，积极应对。中国此举受到了世界各国的认同与赞誉，更赢得了马来西亚的尊敬。1998年，马来西亚国内政治出现危机，以美国为首的西方国家对马来西亚施压，给马国际形象造成负面影响，马外交出境堪忧。此时中国非但没有加入西方阵营，还在多个场合重申了中国的立场，给予了马来西亚莫大支持。2004年中马建交30周年，两国高度评价双边关系。马来西亚总理巴达维发表讲话，高度赞扬马中传统友谊。中马两国在友好传统的历史条件下不断深化发展，为双边关系指明方向。

第二，两国在政治和战略层面交流频繁，为双边关系奠定良好基础。两国高层领导人互访频繁，政治互信不断增强。两国建交伊始，时任马来西亚总理拉扎克率庞大代表团访华，毛泽东主席与之亲切会见。抱病参加接待、会谈的周恩来与拉扎克正式签署《中马建交联合公报》。可见中方领导人高度重视发展同马来西亚的外交关系。1978年9月，邓小平访问马来西亚，这是中国高层领导人第一次对马来西亚进行正式访问。1979年1月，马来西亚总理奥恩对中国进行了成功的回访。此后20多年间，两国高层频繁会面，就两国关系以及地区和其他国际问题深入交换意见，达成了一些共识。以马哈蒂尔执政马来西亚为例，对中国访问的次数就达5次之多，足见马方领导人对中马关系的高度重视，同时也说明中国越来越成为维护地区稳定、促进地区发展不可或缺的力量。进入21世纪，两国领导层将访问视为惯例，而且领导人出访期间两国间还签署了一系列合作文件、协议及备忘录。2004年5月，两国高层还就加强中马关系达成重要共识，一致同意推进两国战略性合作，为深化两国关系指明了方向，从而将双边关系提升到一个新的水平，也为两国各领域合作注入了新活力。中马两国建交40周年之际，两国高层增强了双边交流。2013年10月5日，习近平主席访马。2014年12月3日，国务院副总理张高丽会见了马方副总理毛希丁[①]。2015年5月8日，刘云山会见马方交通部部长等[②]，中马高层互访，为双边关系起到了推动作用。

　　第三，中马双边经贸关系发展迅速，成为促进双边关系稳定发展的重要表现。20世纪80年代，随着中国改革开放的不断深入，马来西亚开始放宽对华投资的限制，两国贸易随之扩大。20世纪末，马来西亚基于中国改革开放政策，对中国投资增长迅速，中马两国贸易发展提速。1990年中马双边进出口总额为11.76亿美元，此后每年的增长速度均保持两位数；2010年贸易额达742.15亿美元，其中中方出口238.06亿美元，进口504.09亿美元；2014年中马双边贸易克服国际大宗商品市场需求不振，原油与其他产品价格持续下跌等不利因素影响，双边贸易额仍达到1 020.2亿美元，马来西亚连续7年保持中国在东盟最大贸易伙伴地位[③]。两国领导人也高度关注双边贸易的发展。中

①　"张高丽与马来西亚副总理毛希丁会谈 中马两国关系呈现五大特点"，中国新闻网，2014年12月3日，http://epaper.chinanews.com/html/2014-12/03/content_70524.htm。

②　"刘云山：加强党际交往 为中马关系发展注入新动力"，中国网，2015年5月8日，http://www.china.com.cn/news/2015-05/08/content_35525939.htm。

③　"2014年中马双边贸易额再次突破千亿美元"，新华网，2015年1月6日，http://www.gx.xinhuanet.com/newscenter/dm/2015-01/16/c_1114018702.htm。

国国家主席习近平在2013年10月访马时指出，两国"结合各自发展战略扩大经贸合作，实现双边贸易额2017年1 600亿美元的目标"[①]。目前，中马在贸易、投资、技术合作等方面已形成双赢格局，双边在贸易总额和贸易结构上正朝着更高的目标迈进，双边贸易开创了前所未有的良好局面。此外，两国还充分利用中国—东盟自贸区这样的平台，进一步扩大双边贸易规模，优化贸易结构，深化拓展金融合作，加强基础设施建设合作等，一些官方或半官方性质双边团体和组织的成立，也极大地推动着中马双边贸易关系向前发展。

第四，中马双边合作领域广泛，极大丰富了两国关系的内涵，为两国关系发展注入新动力。中马双方在新世纪联合国改革、区域合作等诸多重大国际和地区事务中有着相似或相近的立场，并保持着良好的协调与配合。中马双方都认同各国事务理应由各国人民自己决定，全球问题应由各国平等协商。双方都认为应尊重文明的多样性，在发展中取长补短。中国对马方在国际问题上的态度表示赞赏与支持，先后参与了由马来西亚主办的东盟—中国、东盟与中日韩领导人会议和东亚峰会等多边交流机制。马哈蒂尔出任马来西亚总理时，多次公开驳斥"中国威胁论"；时任马来西亚总理巴达维，更是明确指出，中国的发展对马来西亚不是威胁，而是机遇。马来西亚在台湾等一些问题上明确表示支持中国，为推动中国与东盟国家关系发挥了积极作用。在非传统安全问题上，诸如反恐、禁毒、打击跨国犯罪以及地区及双边安全问题上能够相互合作与密切配合。对于两国就中国南沙群岛部分岛礁归属问题上存在争议，双方都争取能够从避免事态恶化，预防危机冲突，维护南海和平稳定的大局出发，表示要依据国际法，并与其他相关国家一道，通过友好协商和谈判来解决争议。在军事领域，两国于2005年9月签署了《防务合作谅解备忘录》；2009年，马来西亚希望解放军为其苏–30提供维修保障；2013年12月24日，中国国防部部长常万全会见了来访的马来西亚武装部队司令，双方承诺将进一步加强两国军队的务实合作和交流。

---

① "习近平：中马贸易额2017年实现1600亿美元目标"，凤凰网，2013年10月5日，http://finance.ifeng.com/a/20131005/10797203_0.shtml。

（二）中马关系发展的问题

中马建交已有40余年，可以说中马关系经受住了时间和国际风云变幻的考验，取得了长足的发展，双方在国际和地区事务中进行了卓有成效的合作。2013年10月，中马两国领导人会面时决定将两国关系提升为全面战略伙伴关系，这意味着中马双方的合作进一步深化，在中国与东盟自贸区的升级版中双边关系会达到新高度。然而，在双边关系平稳发展的同时，依然存在着一些不和谐因素，主要表现在如下几个方面。

首先是南海问题。

其次是台湾问题。

最后是华人问题。

❖ 三、中马关系发展的新动力与新未来

（一）中马关系发展的新动力

建交以来，中马关系的发展呈现出不断上升的趋势；而20世纪90年代以来，中马双边合作的内涵不断丰富，领域宽广、前景广阔。以"中国–东盟命运共同体"与"21世纪海上丝绸之路"倡议的提出为标志，中马关系的发展或将进入一个新时期，而两国在海上安全、经贸往来与人文交流等领域合作形式的多样化，则为中马两国关系的可持续发展增添了新动力。

一是安全与海事合作。自20世纪末中马两国国防部部长实现互访，两军交流便更加频繁，两国关系稳步发展。2005年，马来西亚副总理兼国防部部长纳吉布访华，两国正式签署了《防务合作谅解备忘录》，这是东盟国家与中国签署的第一份同类协定[1]。2013年12月，中国国防部部长常万全会见了来访的马来西亚武装部队司令，双方承诺

---

[1]　"中国和马来西亚将于2014年首次举行联合军演"，环球网，2013年10月31日，http://mil.huanqiu.com/world/2013-10/4513699.html，2015年5月14日。

将进一步加强两军的务实交流与合作①。2014年12月，"和平友谊—2014"中国和马来西亚军队联合桌面推演开始仪式在位于吉隆坡的马来西亚联合部队司令部模拟中心举行，这是两军首次联合桌面推演②。此次联合桌面推演期间，双方就联合护航、联合搜救、联合解救被劫持船只和人道主义援助与救灾等科目进行图上推演，并交流军队参与人道主义援助与救灾行动的机制及经验。通过这次推演，双方加深了对彼此的了解，增进了友谊。随后，"和平友谊"系列军演渐趋机制化、常态化，而这为双方未来开展人道主义救援和救灾打下了良好的基础。这次推演也表露出双方都不希望马航类似事件再次发生。马六甲海峡既是中国的海上石油生命线，也是通向中国广阔南海海域的南大门，与中国的国防安全、经济安全和能源安全密切相关。以马六甲海峡为基础的双方防务合作，不仅对中马关系，甚至对中国与东盟国家间关系都具有重要意义。2013年7月31日，中国海事旗舰"海巡01"抵达马来西亚巴生港，展开对马为期5天的访问。访问期间，代表团与马执法机构进行了海事执法方面的交流，了解了马方对海事的管理办法。中马两国在防务与海事领域的合作，有利于中马两国军事安全合作关系，更有利于保障马六甲海峡航道安全，同时也为东盟与中国区域安全合作发展起到了积极作用。

二是建立"两国双园"合作项目。中马钦州产业园区和马中关丹产业园区"两国双园"建设开启了中国与东盟国家产业合作新模式。2012年3月，国务院正式批准设立中马钦州产业园区。同年4月，时任国务院总理温家宝和马来西亚总理纳吉布亲临钦州为园区开园奠基。2013年10月，国家主席习近平、国务院总理李克强先后出访东盟各国，并在会见马来西亚总理纳吉布时明确提出：建设好钦州、关丹产业园区，将其打造成两国投资合作的旗舰项目，带动两国产业集群式发展。2014年11月，习近平主席、李克强总理在人民大会堂会见赴

①　"常万全会见马来西亚武装部队司令"，新华网，2013年12月24日，http://news.xinhuanet.com/mil/2013-12/24/c_118688585.ht，2015年5月15日。

②　"'和平友谊—2014'中马军队联合桌面推演开始"，人民网，2014年12月23日，http://world.people.com.cn/n/2014/1223/c1002-26255957.html，同上。

京出席第二十二次 APEC 领导人非正式会议的马来西亚总理纳吉布时指出，要对接各自发展战略，将钦州、关丹产业园区打造成中马合作旗舰项目和中国–东盟合作示范区①。双方合作建设产业园区，不仅有利于深化中国与马来西亚和东盟国家的战略伙伴关系、丰富中国—东盟经济合作内容、巩固发展中马传统友谊，同时也是服务中国周边外交战略的迫切需要，利于深化睦邻友好合作，营造和平稳定、平等互利、合作共赢的地区环境，更是中国–东盟合作的新动力。

三是人文交流频繁。在教育合作方面，中国与马来西亚双方在互换大学教师、开展校际交流和学术交流合作等方面成绩显著。2009年，中马两国签署《高等教育合作谅解备忘录》，2011 年签署《关于高等教育学位学历互认协议》。目前中国在马留学生已达 1.3 万人，马来西亚在华留学生 3 000 余人。在文化合作方面，中马两国政府代表团互访频繁，两国的艺术表演团体经常进行互访表演。截至 2012 年，双边人员往来达 260 万人次，中国是马来西亚主要海外客源国之一②，日益密切的民间交往极大增进了两国人民的彼此了解和友谊。据此，人文交流成为中马关系发展的又一新动力。

（二）中马关系发展的未来展望

建交 40 多年来，中马关系虽然经历了不少风风雨雨，但总体上已经进入成熟、互信、全面发展的时期。未来，两国关系在现有基础上，仍将保持良好的发展势头，具有广阔的发展空间。

一方面，中马关系将进一步加强。究其原因有五。第一，中马建交 40 多年来双边关系的发展，已为两国友好合作关系的进一步发展奠定了坚实基础。第二，进一步发展两国睦邻友好合作关系，符合双方根本利益，并已成为两国政府和人民的普遍愿望。2013 年习近平主席访马，两国领导人决定将两国关系提升为全面战略伙伴关系。习主席表示，马来西亚是东盟国家中第一个同中国建交的国家，中马关系走

---

① "中国—马来西亚钦州产业园区简介"，中国—马来西亚钦州产业园区，2015 年 4 月 14 日，http://www.qip.gov.cn/News/Detail2/7ba78e32-9430-438f-bf4d-06f73d219d39?SignName=yqjj。

② "习近平抵达吉隆坡开始访问马来西亚"，新华网，2013 年 10 月 3 日，http://news.xinhuanet.com/world/2013-10/03/c_117591998.htm。

在中国同东盟国家关系前列。纳吉布总理表示，两国关系自1974年建交以来取得了长足发展，中国是马来西亚可以信赖的朋友①。第三，中马关系已有了明确的发展方向和发展规划。第四，中国经济未来仍有可能保持较高的增长速度，市场潜力巨大。2013年习近平访问马来西亚期间，与马总理共同见证了两国政府经贸合作五年规划及钦州、关丹产业园区等多项合作协议的签署。这些文件与协议，将会对未来中马关系的发展指明方向。第五，在南海问题上，双方对争端进行着相对有效的管理。2016年7月12日，在所谓"南海仲裁"做出判决的当天，马来西亚外交部发表声明，表示"马来西亚促请各方全面、有效地执行《南海各方行为宣言》，并相信中国与各国就南海问题所产生的争端可通过对话、谈判、协商等具有建设性的途径解决"，并强调"各方必须自我克制，以防问题复杂化或加剧紧张局势，维护地区和平、安全与稳定。"

另一方面，两国友好合作的领域将进一步拓宽。2014年5月，中马两国发表建立外交关系40周年联合公报。双方一致认为，1974年建交以来，中马两国不断拓展和深化双边关系，给双方带来实实在在的利益，也为促进两国和本地区的繁荣与进步发挥了重要作用。双方重申将进一步加强在广泛领域的协调与合作，共同促进两国和本地区的和平、稳定、安全、和谐与发展；双方重申这一联合公报和两国此后发表或签署的其他文件在指导中马关系长期发展中的重要性，这些文件包括1999年5月31日《中华人民共和国政府和马来西亚政府关于未来双边合作框架的联合声明》等；双方认为，40年来中马两国交往与合作显著加强。双方在政治、贸易、投资、旅游、教育、金融服务、基础设施建设和执法、安全、防务等众多领域的合作取得重要进展和成就。双方重申将致力于深化和拓展上述领域的互利合作；双方重申愿扩大教育、文化、青年、出入境管理、防务、安全、农业、媒体、

---

① "习近平访问马来西亚 受到最高规格仪式迎接"，凤凰网，2013年10月5日，http://news.ifeng.com/mainland/special/xijinpingapec/content-3/detail_2013_10/05/30072902_0.shtml。

旅游、体育等领域合作等[1]。中马两国发布的联合公报在回顾与总结了中马建交40年来所达成的重要共识、签署的条约和备忘录，并对未来指导中马关系发展构建了合作框架，拓宽了两国友好发展的领域，推进双边关系向更稳定、更高层次的方向迈进。

第二节   马来西亚与"一带一路"倡议

马来西亚是陆上东南亚与海上东南亚的连接点，因而在东南亚地区处于极佳的地理位置上。在"一带一路"倡议，特别是"21世纪海上丝绸之路"倡议落实进程中[2]，马来西亚的角色可见一斑。马来西亚采取何种举措抓住机遇、发挥优势、应对挑战，进而实现参与"21世纪海上丝绸之路"建设的目标，将是考察马来西亚在共建"21世纪海上丝绸之路"进程中角色与地位的关键影响因素。

❖ 一、马来西亚在"21世纪海上丝绸之路"建设中的优势

"21世纪海上丝绸之路"，为中国与马来西亚等东南亚国家的进一步合作与未来发展描绘了一幅宏伟的蓝图，也切实地指明了中国和马来西亚等国政治、经济、安全与人文关系未来的发展方向。"21世纪海上丝绸之路"倡议的落实遵循共商、共建、共享的原则[3]。这表明，该倡议的落实就是要发挥沿线国家的相关优势，在共商共建中实现产业互补与互利共赢，达到沿线国家共享繁荣的目标。东南亚地区自古以来就是"海上丝绸之路"的重要枢纽，而马来西亚作为地区的中心，在接下来"21世纪海上丝绸之路"建设中有着显著的多方面

---

[1]   "中马联合公报：不直接相关方干涉无助解决南海问题"，中国新闻网，2014年5月31日，http://www.chinanews.com/gn/2014/05-31/6234445. shtml。

[2]   笔者在此着重探讨马来西亚在"21世纪海上丝绸之路"落实进程中的优势、角色、机遇与挑战等。

[3]   《推动共建"丝绸之路经济带"和"21世纪海上丝绸之路"的愿景与行动》，《新华网》，2015年3月28日，http://news.xinhuanet.com/2015-03/28/c_1114793986_2.htm。

优势。

第一，马来西亚有着非常良好的地理条件和显著的区位优势。具体来看，马来西亚良好的地理条件和显著的区位优势集中体现在三个方面：一则，马来西亚在东南亚地区处于中心位置。从地图上看，马来西亚位于北纬1°至7°和东经97°至120°之间，是坐落在东南亚地区中心位置的海洋国家，这就使马来西亚在作为枢纽位置的东南亚地区占据着"21世纪海上丝绸之路"建设的中心位置。二则，马来西亚是亚洲大陆和东南亚海洋国家的重要衔接部分，面北与泰国接壤，南向与新加坡间隔柔佛海峡相望，东临南海，西部与西南部隔马六甲海峡和印度尼西亚的苏门答腊岛相望，与菲律宾、文莱等国家也是相邻。这意味着，"丝绸之路经济带"和"21世纪海上丝绸之路"分别沿着中国西南地区、中南半岛和南海，可在马来西亚形成良好衔接。三则，马来西亚还扼守着马六甲海峡。马六甲海峡连接着南海与印度洋，是亚洲、非洲、欧洲与大洋洲之间相互往来的海上重要枢纽，历来被美誉为"东方的直布罗陀"。身为马六甲海峡最重要的沿岸国，马来西亚在该海域有着大面积的领海，也被其视之为最重要的对外航运通道。不仅如此，在马六甲沿岸还分布着马来西亚大部分重要的城市，是马来西亚社会和谐与经济繁荣的重要支柱。马六甲海峡在"21世纪海上丝绸之路"沿线中的重要地缘价值，及马来西亚经济社会的非凡意义，都决定了马来西亚在"21世纪海上丝绸之路"建设中将有着非常重要的地位。

第二，相比其他大部分东南亚国家，马来西亚国内的经济条件，特别是工业基础具有明显的优势。马来西亚工业的快速发展开始于20世纪80年代，政府通过实施工业发展蓝图，希望在2020年前实现工业化达到发达国家水平的目标。这就是所谓的"2020年宏愿"。通过多个五年计划的实施，马来西亚的工业化发展虽然遭受了1997年东南亚金融危机的冲击，但借助此后的发展，依然保持着很高的竞争力，而相比之下东南亚地区其他国家的国际竞争力水平相对较低。根据联合国工业发展组织（UNIDO）公布的1980—2005年各国工业竞争力指数（CIP），在全球122个国家和地区中，马来西亚从第四十位跻身第十六位，在东南亚地区仅次于新加坡。较高的工业竞争力使马来西亚的国际竞争力也相对靠前。资料显示，1992—2012年瑞士洛桑国际管理学院（IMD）国际竞争力世界排名中，马来西亚在世界59个国家和地区中的国际竞争力排名保持在第十四位，而泰国从第二十六位降至第三十位，印度尼西亚从第三十七位降至第四十二位，菲律宾从第三十三位降至第四十三位；2011—2012年世界经济论坛（WEF）的全球竞争力世界排名中，马来西亚在世界139个国家和地区中名列第二十一位。马来西亚在工业发展方面的现有成就与强劲竞争力将使其在"21世纪海上丝绸之路"建设中发挥着十分关键的作用。

第三，马来西亚的民族多元与文化多样也具有相对优势。马来西亚是一个多元民族共存、多元文化共生的国家，全国有30多个民族，其中马来人、华人和印度人在其人口中所占的比重最大。由于英国殖民者奉行的是"分而治之"政策，长期的殖民遗毒表现在民族关系方面则深远地影响着马来西亚独立后及现代化建设过程中的民族问题。虽然因民族矛盾，马来西亚经历过大的社会动荡，但是经过历届政府的努力，马来西亚国内的族群关系总体来说趋于稳定。多元民族在相互往来中既相互交融，又保持着各自显著的差异，多元文化共生则成为马来西亚文化的一大特征，马来文化、儒家文化和印度文化在马来西亚生活中各有呈现。多元民族共存、多元文化共生的优势，有利于马来西亚在"21世纪海上丝绸之路"建设中有效发挥自身的作用，并在中国和东南亚国家与印度等印度洋国家间充当有益角色。

二、马来西亚对共建"21世纪海上丝绸之路"的态度

马来西亚在地缘、经济与人文领域的客观优势，需要满足一定的条件和在有利的氛围中或才有可能转为其在"21世纪海上丝绸之路"建设中的有益举措及在这一过程中的益处，而事实上，马来西亚对共建"21世纪海上丝绸之路"的态度，是为马来西亚参与共建"21世纪海上丝绸之路"创造有利氛围的前提。

马来西亚是东南亚国家中最早和中国建交的国家之一，在发展对华关系，特别是经贸关系方面，向来持有比较积极的态度，而这种态度也深刻地影响着其他地区国家的对华经贸政策。因此，马来西亚作为东南亚地区的大国，和2015年东盟的轮值主席国，其对共建"21世纪海上丝绸之路"的态度也颇具示范意义和引领作用。

总体上来看，到目前为止，马来西亚官方对"21世纪海上丝绸之

路"倡议的回应是积极的。"21世纪海上丝绸之路"倡议提出于中国国家主席习近平访问印度尼西亚期间，马来西亚正是他访问行程的第二站。在访问期间，习近平主席和马来西亚总理纳吉布举行会谈，并表示建立中马全面战略伙伴关系。以此为契机，中马关系的发展步入了一个新时期。这为马来西亚审视"21世纪海上丝绸之路"倡议提供了根本的大环境。

对于中国提出的"21世纪海上丝绸之路"倡议，马来西亚总体的认识是，认为这将涵盖中国、马来西亚和其他多个东盟国家，符合东盟国家的利益，有助于推进东盟与中国在基础设施建设、金融、电子商务等多方面的合作向更深层次发展，有助于加强中国与东盟国家双边关系[①]。在双方寻求建立全面战略伙伴关系的大背景下，借助2014年中马建交40周年的良机，马来西亚政界、商界等人士纷纷表达了对马来西亚参与共建"21世纪海上丝绸之路"的积极态度。

2014年9月15日，时任马来西亚国际贸易与工业部副部长李志亮在南宁出席了第十一届中国—东盟博览会。其间，他接受媒体访问时表示，马来西亚政府支持中国提出的"21世纪海上丝绸之路"，并希望马中双方增进互信，加强基础设施建设和互联互通领域的合作，发挥好双边经贸磋商机制作用，促进双方关系向着更好的方向发展。2016年11月，由马来西亚政府出资，中国交建承建，双方签订了马来西亚东海岸铁路项目。根据当时的规划，铁路全长688千米，合同总额约550亿林吉特，按签约时汇率约合人民币870亿元。2017年8月，该项目正式动工。2018年5月，再次当选马来西亚总理的马哈蒂尔以外债不堪重负为由，宣布取消东海岸铁路项目，并于7月3日下令要求停工。2019年4月，双方经过友好谈判，签署了该项目的补充文件，同意项目合同金额下调至440亿林吉特，约合人民币717亿元。同时缩短铁路规划长度，增设建立合资企业运作项目。双方同意继续推进东海岸铁路项目。[②]在中国—东盟博览会上，马中总商会会长黄汉良

---

① 《支持中国"21世纪海上丝绸之路" 期望进一步加强双边合作》，南博网，2014年8月19日。

② 《马来西亚贸工部副部长：支持"21世纪海上丝绸之路"建设》，国际在线，2014年9月16日，http://gb.cri.cn/42071/2014/09/16/5931s4693698.htm。

在商界领袖论坛上发表《马来西亚共建"21世纪海上丝绸之路"》的主题演讲。在演讲中，他指出，马来西亚作为中国的友好邻邦，将会全力支持共建"21世纪海上丝绸之路"，并认为马来西亚可以发挥各项优势在共建中发挥重要作用；同时，他还代表商会做了表态，认为东盟商协会应加强合作与交流，充分学习和理解"21世纪海上丝绸之路"的具体内涵，支持与配合本国政府，促进官方与民间的互动，实现共同推动"21世纪海上丝绸之路"建设的发展①。11月，马来西亚总理纳吉布来华访问和参加中国主办的APEC领导人会议。在正式出访前夕，纳吉布接受中国新华社的采访。在采访中，他对于共建"21世纪海上丝绸之路"的倡议给予了积极的看法。他对"21世纪海上丝绸之路"倡议表示欢迎，认为这既体现了中国强大的领导力和对亚太地区繁荣发展所承担的责任，又将为马中两国带来巨大商机；因此，他认为马中两国"都应抓住这一机遇来扩大双边贸易和投资合作"②。2017年5月，中马双方签署了《关于通过中方"丝绸之路经济带"和"21世纪海上丝绸之路"倡议推动双方经济发展的谅解备忘录》。2019年4月，马哈蒂尔总理应邀来华出席第二次"一带一路"高峰论坛，并在开幕式上做嘉宾演讲。其间，在会见记者时，马哈蒂尔表示：共建"一带一路"是伟大的倡议，潜力巨大。它不仅可以解决制约各国发展的基础设施和交通运输瓶颈问题，还能解决国家之间的发展不平衡，促进文明对话交流，有助于从根本上铲除人类面临的战乱、极端主义、恐怖主义等问题的根源。国际社会需要更好地了解和认识"一带一路"，它有利于世界。马方支持"一带一路"倡议。马是海上丝绸之路沿线国家，具有独特的区位优势，马方期待通过共建"一带一路"加快自身发展，促进地区发展。

　　除政界外，马来西亚的华侨界团体和人士对共建"21世纪海上丝绸之路"也持有十分期待的积极看法。马中国际文化经贸促进会2014年8月31日至9月6日访问了广东，并就"21世纪海上丝绸之路"与

---

① 《马商界呼吁中马共建"21世纪海上丝绸之路"》，中华人民共和国驻马来西亚经商参处，2014年9月18日，http://my.mofcom.gov.cn/article/sqfb/201409/20140900735808.shtml。

② 《亚太地区的和平、稳定和发展需要中国——访马来西亚总理纳吉布》，新华社，2014年11月10日。

广州、清远、佛山、中山四市政府部门、企业进行交流。在访问期间，马中国际文化经贸促进会总会长陈泰隆在中国新闻社广东分社参加了座谈和接受采访。对于"21世纪海上丝绸之路"，他表示，希望这能够进一步促进沿岸各国政府、民间的交流，带来更多商机，并强调在政府之外，要更多地发挥民间的力量，推动"21世纪海上丝绸之路"建设拥有更为稳固的社会基础[①]。

马来西亚虽然总体上对共建"21世纪海上丝绸之路"给予了积极的回应，但马来西亚长久以来对华发展存在的疑惧心理并没有在短时间内消除，而这也不可避免地对马来西亚审视共建"21世纪海上丝绸之路"倡议产生了深刻的影响。虽然如此，与马来西亚各界对"21世纪海上丝绸之路"倡议的积极正面回应相比，马来西亚国内存在的"谨慎和观望"态度并非处于主流位置。相反，这也正为我们分析马来西亚在参与"21世纪海上丝绸之路"建设中面临的机遇与挑战打开了一扇窗口。

❀ 三、马来西亚在"21世纪海上丝绸之路"建设中的机遇

马来西亚在中马共建"21世纪海上丝绸之路"中有着明显的优势，而马来西亚国内对该倡议的主流态度则为其能够参与共建"21世纪海上丝绸之路"，以发挥前述相关优势提供了可能。对于马来西亚来说，"21世纪海上丝绸之路"倡议，对该国下述几个方面或将产生最为显著与深远的影响：

首先，马来西亚产业发展与对外经贸将在该国参与"21世纪海上丝绸之路"建设中获得无限的发展机遇。从产业发展的角度来看，"21世纪海上丝绸之路"区域合作倡议倡导沿线国家的产业合作与产业对接。马来西亚作为东南亚国家中工业基础优势明显的国家，一直以来，在引领东南亚区域经济发展中发挥着不俗的作用。未来，在参与"21世纪海上丝绸之路"建设的过程中，马来西亚既有产业结构方面的相对优势，又可在参与过程中获得产业持续优化与升级的内外促进因素。对马来西亚来说，他们期待，"21世纪海上丝绸之路"倡议以

---

① 《马来西亚侨团望海上丝绸之路建设促交流谋商机》，中国新闻网，2014年9月5日，http://www.chinanews.com/hr/2014/09-05/6568530.shtml。

经贸往来为主轴①，以产业的合作与对接为基础，马来西亚与中国等沿线主要国家的往来产业投资、贸易往来与技术往来势必扩大。正如新加坡南洋理工大学拉惹勒南研究院高级访问学者胡逸山博士所言，"21世纪海上丝绸之路"共建过程中经贸往来是双向的，这意味着中国、马来西亚等沿线国家的原产品与工业制成品都能以较低的门槛进入对方市场。显然，这将十分有利于马来西亚对外经贸的发展。

其次，马来西亚的基础设施或将在共建"21世纪海上丝绸之路"过程中实现大幅度的完善与改建。马来西亚未来几年内规划的基建项目较多，主要涉及公路、铁路、港口、电站等领域。其中，马来西亚政府在公路建设方面计划修建连接沙捞越和沙巴州的泛婆罗洲公路项目，长达1663千米，预计耗资83亿美元；港口建设方面，巴生港和关丹港等港口是马来西亚政府未来建设的重点。相信，马来西亚在"21世纪海上丝绸之路"建设中的角色对其在亚洲基础设施投资银行（下述简称"亚投行"）中的地位产生积极作用，而这势必会给马来西亚国内的基建设施带来利好信息。

再者，随着积极参与共建"21世纪海上丝绸之路"，马来西亚的旅游业或将受更多的利好因素影响。目前，马来西亚是东南亚地区旅游市场中吸引中国及其他外国游客最多的国家之一。然而，受制于人员自由往来的瓶颈，马来西亚与中国等国家的人文交流门户并未完全打开。因此，在"21世纪海上丝绸之路"建设过程中，如中国与马来西亚可达成相互入境免签证的话，双方的全方位交往势必将大幅度推进②。显然这对马来西亚旅游业的发展无疑将是一个绝佳契机。

最后，马来西亚人文与教育科研的发展或将也因此受到更多积极因素的影响。多元文化是马来西亚参与共建"21世纪海上丝绸之路"的优势之一，也是其在人文领域能够与中国等国家迅速形成对接的重要促进因素之一。在教育科研方面，马来西亚未来无疑将增强与中国等国家的合作关系，让更多青年学生到其他国家的学校里和企业里去

---

① 胡逸山：《"海上丝路"拓宽中马合作空间》，21CN新闻网，2015年1月19日，http://news.21cn.com/today/topic/a/2015/0119/07/28911541.shtml。

② 胡逸山：《"海上丝路"拓宽中马合作空间》，21CN新闻网，2015年1月19日。

学习、实习，而中国的大学（如厦门大学）、研究院还可以到东南亚开分校、分院。这些对马来西亚的人文与教育科研发展势必将注入新的活力。

❀ 四、"21世纪海上丝绸之路"建设中的中马合作

中马合作是马来西亚参与共建"21世纪海上丝绸之路"的核心环节，也是马来西亚尽可能地发挥自身优势，在"21世纪海上丝绸之路"共建与区域合作中获取更多实质利益的最大影响因素。2014年是中马建交40周年，双方在政治、经贸、人文交流与安全领域的交流，在两国领导人的共同努力下稳步推进。如今，中马关系站在历史的新起点上，以马来西亚各界对"21世纪海上丝绸之路"总体的积极态度为推动因素，或将迈入合作关系的新阶段、新时期，双方在"21世纪海上丝绸之路"共建中或可在原有领域加深合作，更可在新领域开拓合作。

持续推进中马经贸关系，增强两国相互投资，是中马在共建"21世纪海上丝绸之路"过程中，是既有领域加深和扩大合作的首要选项。

发展经贸关系是"21世纪海上丝绸之路"发展的主轴，目标就是希望在产业对接和产业合作基础不断加深的情况下，推进沿线国家经贸关系的发展。在现有经贸关系基础上，中马的合作前景广阔。相关资料显示，2009年以来中国连续多年成为马来西亚最大的贸易伙伴，而双方在2013年签署的《中马经贸合作发展五年规划》中，也明确表示要在2017年实现贸易总额突破1 600亿美元的目标[1]。为尽早实现这一目标，马来西亚国际贸易与工业部副部长李志亮2014年在广西南宁出席中国—东盟博览会时表示，两国应以共建"21世纪海上丝绸之路"为契机，发挥好双边经贸磋商机制作用，充分利用中国—东盟自贸区政策优势[2]。

不仅如此，以两国双园为模式与基础，大力增强相互投资和加强双方在清真产业方面的合作，也应是重中之重。目前，马来西亚在中

---

[1] 《中马签署经贸合作五年规划》，《南方都市报》，2013年10月5日。

[2] 《马来西亚贸工部副部长:支持"21世纪海上丝绸之路"建设》，国际在线，2014年9月16日，http://gb.cri.cn/42071/2014/09/16/5931s4693698.htm。

国的投资超过60亿美元，未来中国将有5 000亿美元的资金投向海外，马来西亚应关注如何吸引其中的部分投资流向本国市场。为持续推动双向投资的发展与增长，中马钦州产业园在2008年广西北部湾经济区开放开发上升为国家战略后顺势诞生。与此同时，在距离钦州港约1 200海里的马来西亚关丹港，中马钦州产业园区的"姊妹园区"——马中关丹产业园区也在两国政府的共同努力下积极建设。"两国双园"模式，是中国与马来西亚在共建"21世纪海上丝绸之路"中产业融合的创新和探索，将加快中国—东盟合作升级和"钻石十年"的建设步伐。此外，中马两国在清真产品行业方面的合作也渐趋成为一大亮点。据悉，巴生港自贸区建立后，马来西亚方面已经开始着手将该自贸区打造成全球穆斯林国际采购中心，巴生港中国区与中国天津自贸区、上海自贸区、福建自贸区、广东自贸区建设大马仓相对应，为中马两国清真产业的合作创造新的平台①。

再有，就是发挥清算行业的优势，拓展两国在金融领域的合作。中国已经在吉隆坡设立了人民币清算行，两国在此基础上应扩大人民币与马币的互换规模与范围，拓展跨境贸易人民币结算业务，降低贸易和投资的汇率风险和结算成本。当然，两国作为"亚投行"的创始国，也应加强协调与沟通，为马来西亚与东盟其他国家的互联互通提供融资平台。

加强中马在基础设施建设方面的合作是两国在共建"21世纪海上丝绸之路"过程中的要义之一。完善马来西亚"21世纪海上丝绸之路"的基础设施平台，推动泛亚铁路、南部双轨铁路取得突破性进展是中马两国政府目前应努力寻求合作的重点内容之一。此外，鉴于马来西亚在"21世纪海上丝绸之路"中的地缘优势，马来西亚十分期待在马六甲打造出一个国际性港口，加强马中两国经济合作并配合中国海上丝绸之路建设②。此外，两国企业在交通、电力与污水处理等基础设施领域的合作空间也较大。

文化方面，中马的合作前景同样广阔。马来西亚与中国一样，均是多民族、多元文化的社会。传承传统多元文化固然必要，但如何把这些传统多元文化、这些民族艺术的精髓加以现代化、大众化，又不

---

① 中新社2015年3月27日电。
② 新华网吉隆坡2015年2月27日电。

流于形式则更为重要。在这方面，比如演艺事业发展等领域，中国做得尤其出色，可与马来西亚分享[①]。

　　作为中马合作的薄弱环节，区域安全合作，特别是非传统安全合作的重要性却十分突出。近年来，受国际恐怖主义持续发酵的影响，中马在各自国内均面临着不小的反恐压力。而对于马来西亚而言，类似不法分子中转、意图招收成员与非法募集用于恐怖主义活动的经费等则已成为其"反恐"过程中处理的凸显问题。因此，中马两国之间更应加强反恐方面的合作。不仅如此，双方作为南海争端的当事国，在继续保持克制和低调处理的同时，还应放眼大局、持续努力经营，既实现不让这种争端影响两国间更全面合作关系的目标，还能在打击海盗、走私贩毒、人口偷渡等方面紧密合作，继续为本区域带来繁荣稳定的发展。

　　[①]　胡逸山：《"海上丝路"拓宽中马合作空间》，21CN新闻网，2015年1月19日。

参考文献

[1]　龚晓辉,蒋丽勇,刘勇,葛红亮等. 马来西亚概论. 北京:中国出版集团,广州:世界图书出版公司,2012.

[2]　芭芭拉·沃森·安达娅,伦纳德·安达娅. 马来西亚史. 黄秋迪,译. 北京:中国大百科全书出版社,2010.

[3]　温斯泰德. 马来亚史. 姚梓良,译. 北京:商务印书馆,1959.

[4]　顾长永. 马来西亚:独立五十年. 台北:台湾商务印书馆,2009.

[5]　贺圣达. 东南亚文化发展史. 昆明:云南人民出版社,1996.

[6]　邱新民. 马来亚史前史. 新加坡:新加坡青年书局印行,1966.

[7]　孙大英,高歌. 东南亚各国历史与文化. 南宁:广西人民出版社,2011.

[8]　宋哲美. 东南亚建国史. 香港:东南亚研究所,1976.

[9]　施兴和. 近代国际关系史. 合肥:安徽大学出版社,2003.

[10]　谢诗坚. 马来西亚华人政治思潮演变. 吉隆坡:友达企业有限公司,1984.

[11]　周伟民,唐玲玲. 中国和马来西亚文化交流史. 海口:海南出版社,2002.

[12]　林水檺,骆静山. 马来西亚华人史. 吉隆坡:马来西亚留台校友会联合会,1984.

[13]　陈晓律,等. 马来西亚:多元文化中的民主与权威. 成都:四川人民出版社,2000.

[14]　杨建成. 马来西亚华人的困境——西马来西亚华巫政治关系之探讨 1957—1987. 台湾:文史哲出版社,1983.

[15]　尼古拉斯·塔林. 简明东南亚史. 美国:美国普里泽公司,1966.

[16] D.G.E.霍尔. 东南亚史. 北京:商务印书馆,1982.

[17] 曹云华. 东南亚的区域合作. 广州:华南理工大学出版社,1995.

[18] 陈乔之,等. 冷战后东盟国家对华政策研究. 北京:中国社会科学出版社,2001.

[19] 陈奕平. 依赖与抗争:冷战后东盟国家对美国战略. 北京:世界知识出版社,2006.

[20] 廖小健. 世纪之交:马来西亚. 北京:世界知识出版社,2002.

[21] 王士录,王国平. 从东盟到大东盟:东盟30年发展研究. 北京:世界知识出版社,1998.

[22] 王子昌. 东盟外交共同体:主体及表现. 北京:时事出版社,2011.

[23] 朱振明. 当代马来西亚. 成都:四川人民出版社,1995.

[24] 李金明. 南海波涛(下):东南亚国家与南海问题. 南昌:江西高校出版社,2005.

[25] 龚晓辉. 马来西亚海洋安全政策分析. 世界经济与政治论坛, 2011(3):102-104.

[26] 廖小健. 马华社会面面观. 八桂侨史,1999(4):57~61.

[27] 黄光成. 多元文化下的马来西亚华人社会. 东南亚,1995(1): 58~63.

[28] 陈志明. 海峡殖民地的华人——华人的社会与文化. //林水 、骆静山. 马来西亚华人史. 吉隆坡:马来西亚留台校友会联合会, 1984.

[29] 许利平,骆永昆. 马来西亚的种族政治与和谐社会的构建,东南亚南亚研究,2011(3):7~14+92.

[30] 陈志明,李远龙. 马来西亚华人的认同,广西民族学院学报(哲学社会科学版),1998(4):13~19+24.

[31] 马进,王瑞萍,刘建宁,等. 族群认同和国家认同的断裂与冲突: 马来西亚华人穆斯林身份转换的现象和本质. 世界民族,2016 (4):55~62.

[32] 曹庆锋. 马来西亚民族政策的历史嬗变及其启示. 西北民族大学学报:哲学社会科学版,2013(4):67~72.

[33] 许红艳. 马来西亚国族建构研究. 广西民族研究,2015(1):15~ 22.

[34]　穆哈穆德·罗斯兰. 马来西亚宗教包容述论,商万里,译,民族论坛,2013(3):97~100.

[35]　王成. 从西方化到本土化:英国的殖民统治与马来西亚的政治发展. 史学月刊,2003(8):85~91.

[36]　陈晓律,王成. 马来人特权与马来西亚社会. 历史教学:高校版,2014(8):3~13.

[37]　黄云静. 马来西亚现代政治制度的确立:兼论英国殖民统治的遗产问题. 东南亚研究,2000(1):29~33.

[38]　庞卫东. 反思与重释:英国殖民统治对马来西亚的影响. 史学月刊,2013(9):131~135.

[39]　廖小健. 英国战后马来亚政策的演变及其影响. 世界历史,2009(3):51~60.

[40]　郭继光. 利益集团、制度僵化与马来西亚中等收入陷阱. 东南亚研究,2012(4):14~19.

[41]　高源. 近年马来西亚经济发展与政策调整. //王勤,东南亚地区发展报告(2015—2016). 北京:社会科学文献出版社,2016.

[42]　高岱. 殖民主义统治对殖民地工业发展的影响. 北京大学学报:哲学社会科学版,2002,39(6):130~136.

[43]　岸胁诚. 独立初期马来西亚的经济开发与国民统一. 南洋资料译丛,2005(1):45~57.

[44]　李志龙. 马来西亚的"新经济模式"与收入分配. //王勤,东南亚地区发展报告(2015—2016). 北京:社会科学文献出版社,2016.

[45]　达图·阿卜杜拉·马吉德. 中马关系与马来西亚的对外政策,张洁,译. 当代亚太,2003(9):3~6.

[46]　塔侬·阿南瓦达纳. 马来西亚的成立及其对外政策. 东南亚纵横,1987(4):51~52.

[47]　石井孙三郎. 美、英、日在"马来西亚联邦"计划上的矛盾,郑焕宇,译). 东南亚研究,1963(3):97~98.

[48]　顾长永. 从区域的观点看中国与马来西亚政治经济关系的变化. 南洋问题研究,2006(2):19~27.

[49]　龚晓辉. 2011年马来西亚南海政策分析. 东南亚研究,2011(6):23~28.

［50］ 李皖南,许鋆. 论马来西亚与日本经济关系的新发展. 南洋问题研究,2009(2):24～31.

［51］ 廖小健. 马来西亚与APEC. 东南亚研究,1997(3):27～29.

［52］ 苏莹莹. 马来西亚务实南海政策及其新变化. 东南亚研究,2017(5):89～140+157.

［53］ 龚晓辉. 马来西亚南海安全政策初探. 南洋问题研究,2012(3).

［54］ 普拉善思·帕拉米斯瓦兰,随缘. 安全地玩:马来西亚的南海政策及其对美国的预示. 南阳资料译丛,2016(1):12～19.

［55］ 张磊. 马来西亚最新反恐立法及其借鉴. 江西社会科学,2017,37(6):187～196.

［56］ 廖朝骥. "伊斯兰国"在马来西亚的扩张:基础及其应对. 南洋问题研究,2017(3):65～78.

［57］ 葛红亮. 东盟在南海问题上的政策评析. 外交评论(外交学院学报),2012,29(4):66～80.

［58］ 葛红亮. 非传统安全与南海地区国家的策略性互动. 国际安全研究,2015,33(2):139～156+160.

［59］ 葛红亮. 马来西亚与东盟的区域一体化发展. 学术探索,2017(11):36～45.

［60］ 葛红亮. 马来人的命运与前途　马来西亚巫统风云. 世界博览,2015(9).

［61］ 李益波. 安静的合作:美马军事关系的演进及前景. 太平洋学报,2016,24(5):71～78.

［62］ 李一平. 中国与马来西亚:平稳发展开新篇. //杨晓强,庄国土:东盟黄皮书:东盟发展报告(2014),北京:社会科学文献出版社,2014.

［63］ 庄礼伟. 第十三届国会选举前夕的马来西亚:选举型威权的终结? 东南亚研究,2013(2):15～22.

［64］ ROCKHILL W W, HIRTH F: Chau Ju-Kua; his work on the Chinese and Arab trade in the twelfth and thirteenth centuries, St. Petersburg:Printing office of the Imperial Academy of Sciences,1912.

［65］ COLLINGS H E,A Plei stone site in the Malay Peninsular,1938.

［66］ TWEEDIE M W F. The Stone Age in Malay. 1953.

［67］ WOLTERS O W. Early Indonesian Commerce：A Study of the Origins of Srivijaya. Ithaca，New York：Cornell University Press，1967.

［68］ MIGDAL J S. State in Society：Studying How States and Societies Transform and Constitute One Another. Cambridge：Cambridge University Press，2004.

［69］ KAHN J S，WAH F L K. Fragmented Vision. University of Hawaii Press，1992.

［70］ Jomo K.S.，etal. Malaysian Industrial Policy. Singapore：National University of Singapore，2007.

［71］ AHMAD D A. Tenku Abdul Rahman and Malaysia's Foreign Policy 1963—1970，Kuala Lumpur：Berita Publishing，1985.

［72］ RAJENDRAN D，ASEAN's Foreign Relations：A shift to Collective Action. Kuala Lumpur：Arenabukul，sdn，bhd，1985.

［73］ BHATTACHARJEE G P. Southeast Asian Politics：Malaysia & Indonesia. Calcutta：Minerva Associates Publication，1976.

［74］ SEVERINO R C. Southeast Asia in search of an ASEAN Community. Singapore：Institute of Southeast Asian Studies，2006.

［75］ SHAFIE M G. Neutralization of Southeast Asia，Pacific Community，1971，13（1）.

［76］ LIOW J C Y. Malaysia-China Relations in the 1990s：The Maturing of a Partnership，Asian Survey，2000，40（4）：672-691.

［77］ 中华人民共和国驻马来西亚大使馆经济商务参赞处. 马来西亚概况（2014-07-06）[2018-04-01]. http://my.mofcom.gov.cn/article/ddgk/201407/20140700648135.shtml.

［78］ 中华人民共和国外交部. 马来西亚国家概况.（2016-12-06）[2018-04-01]. http://www.fmprc.gov.cn/web/gjhdq_676201/gj_676203/yz_676205/1206_676716/1206x0_676718/.

［79］ 葛红亮. 马来西亚将成"海上丝路"经济文化重心. 国际在线，（2015-06-19）[2018-04-01]. http://gb.cri.cn/42071/2015/06/19/2165s5003695.htm；

［80］ 黎萌. 马来西亚总理纳吉布布七天超长访华都谈什么？. 国际在

线 , (2016-11-1)[2018-04-16]http://news.cri.cn/20161101/e51b7dc4-
80a5-6cc7-fde0-6a8f2f35a3db.html.

[81] 杨华. 文化软实力视角下的马来西亚华文教育. 暨南大学,2013.

[82] 郭伟伟,徐晓全. 独具特色的马来西亚政党政治. 学习时报,
2013-09-16(002).

[83] 吉尔汉·马哈兹. 马来西亚军队现代化计划及其面临的挑战(知
远战略与防务研究所吴新建编译). (泰国)亚洲军事评论,2017
(4).

[84] "马来西亚国防预算2018年预计将达56.8亿美元". 中国新闻
网 , (2013-04-26) [2018-03-06]http://www.chinanews.com/mil/
2013/04-26/4767860.shtml.

[85] 许瑞麟. 马来西亚向中国购买军舰的意义. (新加坡)联合早报,
2016-11-5[2018-04-12]. http://www.zaobao.com/forum/views/opin-
ion/story20161105-686462.